O Caminho do
Guerreiro

Howard Reid
Michael Croucher

O Caminho do Guerreiro

O Paradoxo das Artes Marciais

Tradução
MARCELO BRANDÃO CIPOLLA

EDITORA CULTRIX
São Paulo

Título do original: *The Way of the Warrior: The Paradox of the Martial Arts.*

Publicado pela primeira vez em 1983 pela Century Publishing Co. Ltd.
Portland House, 12-13 Greek Street,
London W1V 5LE

O primeiro número à esquerda indica a edição, ou reedição, desta obra. A primeira dezena à direita indica o ano em que esta edição, ou reedição, foi publicada.

Edição	Ano
1-2-3-4-5-6-7-8-9-10-11	03-04-05-06-07-08-09-10

Direitos de tradução para o Brasil
adquiridos com exclusividade pela
EDITORA PENSAMENTO-CULTRIX LTDA.
Rua Dr. Mário Vicente, 368 — 04270-000 — São Paulo, SP
Fone: 272-1399 — Fax: 272-4770
E-mail: pensamento@cultrix.com.br
http://www.pensamento-cultrix.com.br
que se reserva a propriedade literária desta tradução.

Impresso em nossas oficinas gráficas.

Este livro é dedicado às nossas famílias, que com tanta paciência nos encorajaram durante os longos meses de pesquisa, filmagem e elaboração do texto sobre as artes da luta.

Howard Reid dedica-o a Valerie, Amie e Leila.

Michael Croucher dedica-o a Anne, Alice e Maud.

Manifestamos a nossa mais profunda gratidão aos muitos mestres de artes marciais, e aos seus discípulos, que nos transmitiram de boa vontade o seu conhecimento e a sua sabedoria, e que com paciência nos explicaram os detalhes mais sutis de suas artes. Sem a ajuda deles, este livro e nossos filmes não existiriam.

Agradecemos, no Brasil, a Shinzato Sensei e a Eugênio Magenta, do karatê-dô Shorin Ryu de Okinawa. Na Índia, nosso muito obrigado a Panickar Gurrukal, Vasudevan Gurrukal e Natasan Asan, do kalaripayit. Nas Filipinas, agradecemos a Eulogio, Mumoy e Cacoy Canete, do Doce Pares Eskrima Club, bem como a seu amigo californiano Dan Inosanto. Em Hong Kong, nossa gratidão ao Sifu Chan Hon-chung, do kung-fu Hung chuen. Em Taiwan, agradecemos ao Sifu Hung I-hsiang, do T'ang shou dao, e a seu filho Tze Han. No Japão, agradecemos a Otake Sensei e a seus dois filhos, da Tenshin Shoden Katori Shinto Ryu; a Ohba Sensei e Kogure Sensei, do aikidô Tomiki; a Sawada Hanae Sensei, da Federação Pan-Nipônica de Naguinata; e a Yamasaki Sensei e Arai Sensei, do Shorinji kempô. Em Okinawa, nosso muito obrigado a Higaonna Sensei e a seus companheiros, mestres do karatê goju-ryu; e, em Londres, ao Sifu Simon Lau, do kung-fu wing chun, e ao falecido James Elkin, do aikidô Tomiki.

HOWARD REID
MICHAEL CROUCHER

SUMÁRIO

Há uma coisa intrínseca e natural
Que existia antes do céu e da terra.
Imóvel e insondável,
Ela é solitária e não muda jamais;
Penetra todos os espaços e nunca se exaure.
Pode ser considerada a Mãe do Universo.
Não conheço o seu nome;
Chamo-a de Tao, e denomino-a suprema...

Tao Te Ching,
de Lao Tzu

PREFÁCIO

Este livro é o produto final de vários anos de pesquisa sobre a natureza dos sistemas marciais do mundo inteiro. A pesquisa cresceu rapidamente quando a BBC Television nos contratou para fazer uma série de documentários sobre os sistemas asiáticos de luta. Quando a BBC encomendou a série, Howard Reid já tinha vários anos de experiência prática de uma arte marcial e um conhecimento superficial de outros sistemas. Depois, nós dois estudamos os sistemas que íamos filmar, tanto na teoria quanto mediante a observação prática. No ano de 1981, Howard Reid viajou extensamente pela Ásia, estudando, visitando academias e agendando a programação de filmagem. Nesse mesmo ano, mais tarde, viajamos com nossas famílias para o Oriente a fim de fazer as filmagens de artes marciais para a série de televisão.

Infelizmente, a televisão só permite que uma pequena fração do conhecimento adquirido pela equipe de produção seja incorporada no documentário final. As imagens móveis que aparecem na tela dizem muita coisa que não poderia jamais ser comunicada por palavras ou fotografias, mas, como a quantidade de palavras que pode ser dita junto com essas imagens é necessariamente pequena, é preciso omitir muitas informações, tanto contextuais quanto diretamente relacionadas aos fatos mostrados na tela. A intenção deste livro, portanto, é a de desdobrar e desenvolver as idéias apresentadas de forma embrionária na tela, e a de apresentar pela primeira vez as idéias que fomos obrigados a excluir dos programas de televisão.

As viagens que fizemos pela Ásia foram prolongadas e, às vezes, fisicamente árduas, mas os caminhos mentais que seguimos nos levaram em profundidade para dentro das culturas asiáticas e para o passado remoto. Nesse caminhar, encontramos tanto a realidade da existência dos conflitos quanto a vontade de resolvê-los.

Todas as sociedades humanas conhecidas, e até mesmo as proto-humanas, trazem em seu bojo conflitos que tendem a manifestar-se em diversas formas de luta. Hoje em dia, a experiência que temos da luta geralmente assume duas formas. Por um lado, temos o espetáculo horrível e grosseiramente destrutivo da guerra moderna; por outro lado, as ações drásticas e repentinas da autodefesa e do combate individual, corpo a corpo. Neste livro, nós tratamos de tudo o que o ser humano aprendeu acerca deste segundo tipo de conflito e dos métodos que desenvolveu para lidar com isso.

Uma das primeiras coisas que descobrimos quando começamos a pensar no nosso tema foi que o modo pelo qual essas experiências de luta são abordadas é muito diferente no Ocidente — na Europa e nas Américas — e no Oriente. Ao passo que os europeus, no decorrer da História, tradicionalmente dedicaram-se a desenvolver e aperfeiçoar os armamentos de destruição em larga escala, na Ásia esse processo foi precedido — e, provavelmente, várias vezes impedido — por uma maneira muito mais refinada de encarar os conflitos humanos, maneira essa a que geralmente damos o nome de "artes marciais".

Mas o que esse termo significa? Trata-se evidentemente de um termo ocidental, que deriva do nome latino do planeta Marte, o deus romano da guerra. Foi escrito pela primeira vez em língua inglesa no ano de 1357, por Geoffrey Chaucer, que se referiu ao "tourney marcial" da época medieval. Em 1430, o termo já era usado em referência ao treinamento para guerra, aos próprios atos de guerra e também aos esportes. Já nessa época recuada, portanto, a idéia de praticar e treinar para desenvolver a capacidade de combate já era reconhecida na Europa; na Ásia, porém, os sistemas marciais foram desenvolvidos de modo a ultrapassar em muito os estreitos limites de um combate livre, ou mesmo controlado.

Parece provável que, por pelo menos dois milênios, as artes marciais asiáticas tenham constituído uma parte essencial das grandes culturas dessa região, em muitos níveis diferentes.

No nível físico, todas as artes marciais contêm sistemas completos e cuidadosamente planejados de exercício corporal, a fim de conservar a saúde e a vitalidade. Porém, a forma específica assumida por esses exercícios quase sempre envolve o perigo de ferir o parceiro ou companheiro de treino. Os movimentos são difíceis, executados rapidamente e com força, e freqüentemente contra um colega de treinamento. Por causa disso, os alunos rapidamente disciplinam-se e tomam consciência da necessidade de não se machucar nem machucar os outros. Os impulsos agressivos que levaram o aluno à academia são logo controlados e direcionados, por obra do instrutor ou mestre, para uma atividade construtiva. Sob a orientação desse mestre, a confiança do aluno aumenta e o seu medo diminui. Ao mesmo tempo, cria-se uma consciência do ser físico, da forma, do tamanho e das capacidades potenciais do corpo.

À medida que passam os meses e os anos, essa consciência física aumenta e sutiliza-se. Adquire-se uma compreensão natural dos princípios e da mecânica do movimento e da atividade humanos. Aprendendo a atacar, defender e contra-atacar, bem como a fazer uso das alavancas naturais do corpo, o aluno se deixa envolver pela anatomia, pela estrutura e pelas funções dos ossos, tendões e músculos. Nas academias de artes marciais, os acidentes são freqüentes e, quando acontecem, o mestre tem de saber curar as lesões que surgem. Esse conhecimento, por sua vez, é absorvido pelos alunos; e, ao mesmo tempo que o mestre os convence da necessidade da precisão e do controle absoluto dos golpes, revela-lhes também uma compreensão sofisticadíssima da circulação sangüínea, do sistema nervoso e do sistema de força vital que se expressa no antigo conhecimento dos pontos vitais. Esse antigo conhecimento é mais conhecido pelos ocidentais sob a forma da acupuntura, mas o mesmíssimo sistema é estudado pela maioria dos mestres asiáticos das artes da luta.

Não nos surpreendeu constatar, portanto, que quase todas as pessoas que seguem o caminho das artes marciais são também versadas nas ciências da medicina e da cura. Praticamente todos os mestres indianos, chineses e japoneses que filmamos eram não só artistas marciais como também médicos praticantes.

Os ensinamentos das artes marciais asiáticas não têm por limite uma compreensão do aspecto físico do ser humano. No decorrer de toda a História, os mestres de artes marciais sempre provaram que, além de guerreiros e médicos, são também pensadores e religiosos, seres profundamente conscientes da necessidade de uma atividade moral. Estas palavras de um mestre da espada do século XVIII o expressam muito bem:

"O perfeito espadachim evita brigar e lutar. Lutar, para nós, significa matar. Como pode um ser humano levar-se a matar outro ser humano? O que devemos fazer é amar uns aos outros, e não matar. É abominável que alguém pense o tempo todo em lutar e vencer. Somos seres dotados de consciência moral; não vamos nos rebaixar ao estado dos animais. De que serve tornar-se um grande espadachim se se perde, nesse processo, a própria dignidade humana? A melhor de todas as coisas é vencer sem lutar."

No decorrer da História, as artes marciais asiáticas sempre tiveram uma íntima relação com as religiões e sistemas filosóficos do Oriente. Tanto a teoria quanto as técnicas de muitos sistemas de luta foram desenvolvidas em harmonia com a filosofia moral de seus mestres. Um dos principais objetivos deste livro é o de investigar essa relação que existe entre a teoria e a prática e mostrar como os sistemas marciais em sua totalidade evoluíram, foram transmitidos, transplantados e transformados nas grandes civilizações da Ásia.

É impossível pôr em questão a riqueza e a variedade dos sistemas asiáticos de luta ou negar a imensa contribuição que deram às civilizações do Oriente, e só temos a lamentar que a maioria dos ocidentais saiba e compreenda tão pouco a respeito deles.

HOWARD REID

MICHAEL CROUCHER

1 A ARTE DA LUTA

Podes acaso concentrar perpetuamente a alma e impedi-la de transviar-se?
Podes regular a respiração e tornar-te macio e maleável como um recém-nascido?
Podes libertar-te do imprevisto e livrar-te das culpas?
... Podes, acaso, tornar-te iluminado e penetrar todas as coisas sem fazer uso do conhecimento?

Tao Te Ching,
de Lao Tzu

Foi um mestre de kung-fu de Hong Kong, Mestre Chan, que nos disse que as artes marciais "fazem uso da matemática do corpo humano". Queria ele dizer que o corpo pode ser concebido como uma máquina complexa, dotada dos seus rolamentos, tirantes, cordas e polias; e, à semelhança de qualquer máquina, ele pode quebrar se for forçado a trabalhar contra a sua natureza. O cotovelo, por exemplo, é flexível em todas as direções menos uma, de modo que a pressão aplicada sobre a articulação segundo essa única direção na qual ela não se flexiona pode imobilizá-la ou quebrá-la.

A arte da luta está em usar esse complexo mecanismo contra si mesmo. Golpeando-se músculos e nervos, o sistema de força fica danificado; os ossos podem ser travados de modo a impedir os movimentos; e o equilíbrio de todo o sistema pode ser destruído de modo que a estrutura inteira venha abaixo.

Um processo de pensamento que deve ter começado quando o primeiro homem passou deliberadamente uma rasteira em outro evoluiu e transformou-se numa poderosa combinação de disciplinas intelectuais e físicas, análogas às empregadas por um músico ou dançarino profissional.

Quando um mestre de t'ai-chi ch'uan defronta-se com um adversário, ele leva ao confronto milhares de anos de pensamento filosófico, religioso e prático. Viveu quase toda a sua vida de acordo com princípios estabelecidos há séculos e, nesse processo, fortaleceu o corpo e provavelmente também garantiu para si uma vida longa e saudável.

Os ingredientes que compõem uma arte marcial foram misturados, um por um, desde antes dos inícios da civilização. O básico: chutar, dar rasteira, arranhar, morder, puxar o cabelo, bater com a mão aberta, enfiar o dedo nos olhos, empurrar e puxar são movimentos naturalmente usados pelas crianças ao brincar. Certas técnicas mais sofisticadas, como a do soco, têm de ser aprendidas. As chaves, lançamentos e técnicas de ataque e defesa empregados pelos artistas marciais são dotados de uma complexidade de ordem completamente diferente.

Guerra x Artes Marciais

A distinção fundamental entre a luta como diversão, esporte ou ritual, executada dentro da tribo; e, por outro lado, a guerra, que é o combate contra outras tribos, provavelmente foi traçada já nos tempos pré-históricos. Na época em que se estabeleceram as primeiras civilizações, essa divisão já fora ritualizada. Os gregos, por exemplo, tratavam os jogos olímpicos como um festival religioso, e, durante os jogos, paralisavam-se as atividades guerreiras em todo o país.

Em geral, as habilidades de guerra são mais grosseiras que as das artes marciais, e as armas utilizadas são mais pesadas. A Epopéia de Gilgamesh, escrita por volta do século XVIII a.C. na Mesopotâmia — um dos mais antigos centros da civilização — mostra que, naquela época, a

O Sexto Patriarca do Budismo Zen atinge a iluminação pelo simples ato de cortar bambu (detalhe de um códice chinês do século XIII, de autoria de Liang K'ai). Como se crê que o Budismo e as artes marciais foram criados pela mesma pessoa, suas filosofias — baseadas na natureza — e suas histórias e mitos são inextricavelmente ligadas.

maioria das armas de guerra já tinha sido inventada. Só faltavam os explosivos, que surgiram quando os chineses inventaram a pólvora, cerca de vinte e oito séculos depois.

Gilgamesh foi um herói do reino de Uruk (atual Erech), na Babilônia, e lutava com o machado, a espada, o arco e flecha e a lança. Nos assédios, os sumérios usavam aríetes contra as cidades de seus inimigos, cujos muros eram construídos de grossas camadas de terra batida. Iam à batalha em carros puxados por cavalos.

PONTOS DE FRAQUEZA

Na maioria dos sistemas marciais do Oriente, o corpo é manipulado por meio de técnicas semelhantes às ilustradas nestas páginas. Muitos dos métodos de superação das resistências serão conhecidos dos ocidentais, em virtude das brincadeiras de luta durante a infância. Outros são muito mais sofisticados.

As tentativas de imobilizar um oponente são especialmente eficazes quando se aplica pressão às articulações ou nervos das mãos e dos braços. Geralmente, quando se exerce sobre esses pontos um tipo correto de pressão, o adversário é forçado a ir ao chão. Tais ações são acompanhadas por diversos graus de dor.

Os ossos do pulso são dispostos de tal modo que a articulação não tem rotação lateral. Quando um oponente torce o pulso, o corpo inteiro é forçado a virar para absorver a pressão. Os pequenos ossos do pulso são deslocados de seus lugares e a dor é intensa.

A maioria das articulações do corpo simplesmente não pode flexionar-se em todas as direções. O cotovelo, por exemplo, não pode ser forçado para mais de cento e oitenta graus numa só direção. Quando se aplica pressão na direção em que a articulação não pode se mover, o corpo inteiro é obrigado a reagir.

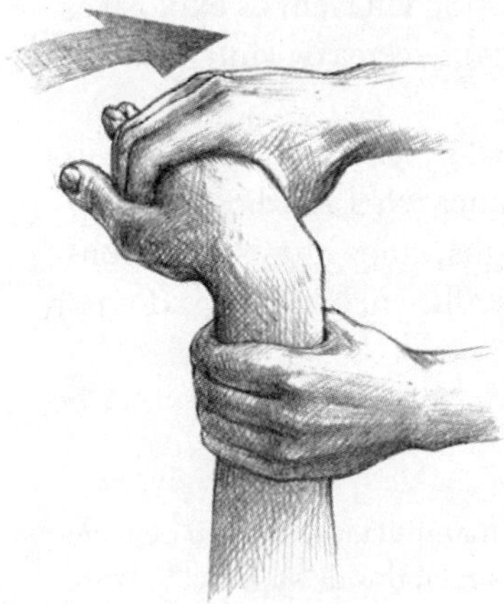

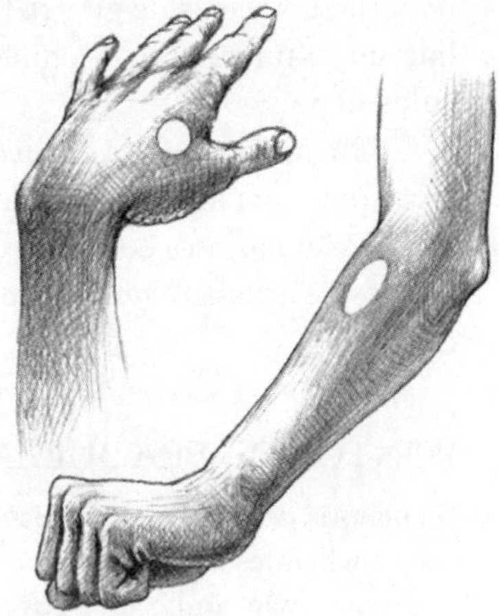

O ato de golpear certos pontos e áreas do corpo pode causar paralisia e dor aguda. A maioria dos meninos conhece a “paulistinha”: quando se golpeiam com o joelho os músculos do lado exterior da coxa, a perna fica temporariamente paralisada. Existem pontos parecidos nas mãos e no antebraço, *acima*. Entretanto, os adeptos das artes marciais asiáticas conhecem mais de cem outros pontos que, quando atingidos com precisão e com a pressão correta, podem causar não só dor e paralisia temporária como também ferimentos permanentes e até mesmo a morte.

Atingir a cabeça de alguém é sempre perigoso, pois pode causar concussão e lesões cerebrais. Numa emergência, porém, um golpe nas têmporas ou no queixo de um agressor basta para deixá-lo inconsciente instantaneamente.

O plexo solar, centro a partir do qual nervos irradiam-se, localizado na "boca do estômago", é um conhecido ponto vital. Quando é atingido, a dor é tão grande que a pessoa é obrigada a flexionar o tronco.

O centro de gravidade do corpo localiza-se aproximadamente sete centímetros (quatro dedos) abaixo do umbigo. É esse o ponto ao redor do qual devem equilibrar-se a maior parte dos grandes movimentos do corpo. Se você se inclina para a frente, precisa pôr uma perna para trás para equilibrar-se; se se curva para baixo, seu peso tem de estar distribuído igualmente na frente e atrás desse ponto. Um adversário que tentar lhe dar um soco vai perder o equilíbrio se você o puxar na mesma direção do soco.

Os chineses dão a este ponto o nome de tan-tien, e consideram-no o centro da força vital do corpo. Tanto as artes da dança quanto as artes marciais servem para conscientizar a pessoa da presença do tan-tien.

Um ataque na barriga da perna ou no calcanhar-de-aquiles — respectivamente, os tendões atrás dos joelhos e dos tornozelos — pode deixar uma perna ou um pé fora de combate.

Neste objeto de cobre da Babilônia, datado do terceiro milênio a.C., vêem-se dois lutadores empregando uma técnica de luta corpo-a-corpo que hoje em dia só se encontra na luta japonesa chamada sumô. O lutador agarra o cinto do seu adversário e o usa para tentar desequilibrá-lo e levá-lo ao chão.

Este detalhe de uma placa de pedra entalhada na Babilônia há mais de 5.000 anos nos dá uma pista acerca das origens das artes marciais. A figura da esquerda está usando uma posição de bloqueio característica das artes marciais asiáticas: levanta o antebraço para aparar um golpe. Esta técnica não é usada no boxe ocidental — o boxeador apararia esse golpe com a mão ou com o braço.

Essas descrições das lutas da antigüidade sempre parecem implicar uma mobilidade maior do que hoje nos parece possível. Os sumérios usavam armaduras; ora, a armadura mais antiga que conhecemos, datada do século XIII a.C., o período da história grega que Homero nos descreve na *Ilíada*, assemelha-se a um gigantesco barril feito de tiras de bronze. Protege, mas é canhestra e pesadíssima.

No século XVIII a.C., portanto, a via da guerra já se identificava à via da força, do uso de armas pesadas para esmagar o inimigo; e assim continuou até hoje.

Desde as épocas mais antigas temos registros de lutas a dois. A história de Davi, que matou Golias com uma pedra atirada por uma funda, é uma das descrições mais detalhadas de um "acontecimento marcial" ocorrido na antigüidade.

Com a sua arma simples de pastor, Davi foi capaz de obter uma precisão comparável à de um samurai quando dá um golpe com a espada. Só a prática constante pode proporcionar a atitude e a concentração necessárias para tal economia de esforço e precisão de mira. Os exércitos usam técnicas diferentes. Alcançam seus resultados por meio do poder de fogo. Os arqueiros de Agincourt não eram perigosos por causa de sua mira, mas porque juntos encheram o ar com chuvas de flechas que devastaram o exército francês. Robin Hood, por outro lado, se a sua legendária perícia com o arco e flecha for baseada em fatos concretos, foi um verdadeiro artista marcial.

Artes Marciais x Esportes de Luta

As artes marciais não foram criadas para garantir a defesa de soldados que lutam em campos de batalha; também não são esportes. O combate que os artistas marciais praticam não tem restrições, a menos que seja praticado como um esporte de luta. O boxe e a luta livre sempre foram submetidos a regras, por mais violentas e elásticas que estas fossem. Já as artes marciais têm somente um objetivo: neutralizar o mais rápido possível os ataques, empregando para isso todos os meios necessários.

Alguns mestres tradicionais opõem-se a que as artes marciais sejam transformadas em esportes. O ataque que não pode ser conduzido até o fim, mas tem de ser contido, será desencadeado a cada vez com menos convicção, e assim ficará enfraquecido. É por isso que, na maioria das artes, há tão pouco treinamento de luta propriamente dita durante as sessões de treinamento. Séries planejadas de movimentos podem ser praticadas entre parceiros, mas a verdadeira arte é tão imprevisível e perigosa que não pode ser praticada, nem sequer com armaduras.

Os Primórdios Ocultos das Artes Marciais

Quando e onde surgiram as artes marciais? Um dos enigmas com que se defronta o estudioso que busca identificar-lhes as origens é o de que elas encontram-se disseminadas por todo o Oriente, mas ao que parece nunca chegaram a ser praticadas na Europa, nem mesmo no litoral do Mediterrâneo, onde o contato com o Oriente estabeleceu-se desde antes da fundação do Império Romano.

As descrições dos métodos de luta praticados no Ocidente no passado não fazem menção alguma às técnicas em uso a leste da Índia. O boxe e a luta livre gregos e romanos, embora fossem violentos, eram muito diferentes das lutas orientais. Os gregos tinham uma forma de luta particularmente violenta, o pancrácio, que terminava com a submissão ou a morte do perdedor. Numa famosa luta, o vencedor morreu no momento em que seu adversário se rendia. Não obstante, parece que essa luta consistia principalmente em técnicas de chão, estilo pouco usado no Oriente.

Os gladiadores romanos empregavam hábeis técnicas de luta. Treinavam em escolas especiais, e os melhores tinham alguma chance de sobreviver até a aposentadoria. Não obstante, por mais sofisticada que fosse a luta, o combate de gladiadores era uma disputa pública e não chegou a se desenvolver até se tornar aquilo que hoje chamamos de uma arte marcial.

Pode ser que o testemunho mais antigo da existência das artes marciais, a ser levado em conta com muito cuidado, nos seja dado por duas pequenas peças babilônicas datadas de entre 3000 e 2000 a.C. Ambas são representações de dois homens a lutar. O braço de um deles está na característica posição de bloqueio que é tão fundamental nas artes marciais modernas. A outra peça consiste numa estatueta de dois homens lutando, cada um dos quais segura o cinto do outro. Trata-se de uma forma rara de luta de agarrar, desconhecida no Ocidente mas muito famosa na luta japonesa chamada sumô.

Não há nenhum outro indício de que as artes marciais tenham surgido no Crescente Fértil, mas muitas outras idéias importantes começaram lá e de lá disseminaram-se para o Oriente e o Ocidente.

A cultura da Mesopotâmia era rica o suficiente para permitir a existência de muitos tipos de profissionais. Os artistas marciais precisam de tempo para praticar e estudar, e a corte de um soberano seria o local mais provável de os encontrarmos. Na qualidade de guarda-costas de reis ou mercadores viajantes, ou como guardas de templo, eles teriam tido tempo para fazer experiências e praticar, sem porém envolver-se com prolongados exercícios militares.

E acaso era possível que, naquela época, certas idéias fossem transmitidas por toda a Ásia? Sim, era, e muito mais do que nos parece à primeira vista. Sabemos, por exemplo, que o povo da cultura de Harappa, uma antiga civilização do norte da Índia, fazia comércio com a Mesopotâmia por volta de 2500 a.C. Além disso, temos indícios de que, em torno de 1300 a.C., um determinado tipo de machadinha de bronze era empregada em toda uma região muito vasta, que ia da Europa à China.

Muito antes de a Rota da Seda estabelecer-se entre os impérios da China e de Roma, os chineses já gostavam muito das apresentações de acrobatas da Índia e do Mediterrâneo oriental. Porém, dentre todos os acontecimentos daquela época, os que com menor probabilidade tiveram suas datas registradas foram esses antigos intercâmbios culturais.

Não obstante, ninguém pode negar que existe uma relação evidente entre os movimentos dos acrobatas e dos praticantes das artes marciais, e uma longa tradição de relações entre as artes de luta e as de espetáculo.

O certo é que a arte marcial que chegou ao Oriente vinda do Crescente Fértil era primitiva, e só na Índia e na China é que começou o desenvolvimento que culminou nos sofisticados sistemas de hoje em dia.

Há um elemento fundamental das técnicas de luta que provém dos contextos da religião e da medicina. Trata-se do uso deliberado da respiração para desenvolver a força, a postura e o poder. Os sistemas respiratórios ainda são utilizados nas religiões do Oriente Médio e são fundamentais na yoga e nos exercícios chineses de longevidade. Desenvolveram-se há tanto tempo que, por volta de 500 a.C., já havia sido posto por escrito na China um sistema de exercícios que talvez seja o precursor longínquo do t'ai-chi.

A Tradição do Segredo

Um estudo da história das artes marciais não pode ser mais do que um conjunto de especulações baseadas num pequeno número de fatos conhecidos. Os mestres de antigamente não revelavam seus conhecimentos com facilidade. O privilégio de conhecer as técnicas e a sabedoria que eles acumulavam no decorrer de anos de dedicação só era concedido a uns poucos. São abundantes as histórias de jovens que aguardavam anos e anos pela honra de poder entrar no campo de prática e que, depois de entrar, eram proibidos de partilhar com os "de fora" o conhecimento adquirido com o treinamento.

Em muitas escolas, a prática era secreta e a própria existência da escola era ocultada das autoridades. As tradições de luta não eram registradas por escrito, mas transmitidas oralmente, e somente aos que juravam guardar segredo. Sabemos, por exemplo, que o t'ai-chi baseia-se num corpo teórico que tem pelo menos dois mil anos de idade; não obstante, sua teoria só foi registrada em 1750. Essa tradição de segredo torna excepcionalmente difícil a pesquisa sobre o desenvolvimento das artes marciais.

Em certa medida, essa paixão pelo segredo continua determinando o pensamento e as atitudes dos mestres modernos. As técnicas são detalhadas em papéis secretos que são copiados e passados do mestre ao aluno.

Mesmo o mestre que tomou a decisão de revelar sua arte costuma reter um âmago central de ensinamentos avançados que só transmitirá àquele que designar como o seu sucessor. Caso nenhum discípulo seja qualificado para sucedêlo, a técnica morre, a menos que um dos seguidores do mestre seja capaz de redescobri-la ou reinventá-la.

2 DO MITO À HISTÓRIA: AS RAÍZES DAS ARTES MARCIAIS

Todas as coisas vêm à existência,
E desta vemo-las retornar.
Vê as coisas que estiveram florescendo:
Todas elas voltam à sua origem.
Voltar à origem chama-se "paz";
Significa uma volta ao destino.
A volta ao destino chama-se "eternidade".
O que conhece a eternidade chama-se "iluminado".
O que não conhece a eternidade corre às cegas rumo à infelicidade.

Tao Te Ching,
de Lao Tzu

Quando as artes marciais primitivas chegaram ao Oriente, lá lançaram raízes e começaram o gradual processo de diversificação que gerou seus vários ramos, todos eles perfeitamente desenvolvidos. Infelizmente, no que diz respeito ao primeiro crescimento e à disseminação das artes marciais, a esmagadora maioria dos indícios de que dispomos é de mitos, especulações e histórias transmitidas oralmente. Não obstante, certos fragmentos de informação, tirados das antigas tradições artísticas e literárias da China e da Índia, dão a entender que as artes marciais começaram a desenvolver-se nessas civilizações em algum momento entre o século V a.C., quando começou a manufatura de espadas em grande quantidade na China, e o século III d.C., em que os exercícios nos quais baseiam-se as artes marciais foram escritos pela primeira vez.

Segundo a lenda, depois de chegar ao Mosteiro de Songshan Shaolin, Bodhidharma passou nove anos olhando para a parede de uma caverna, "ouvindo as formigas gritar". Esse fato impressionou a tal ponto um dos monges que este cortou fora uma de suas mãos como gesto simbólico de compaixão. A cena está representada nesta pintura feita no século XIII, na época da Dinastia Sung.

Caso você ache tudo isso muito vago, compare-o com os esforços que se fazem para determinar a data de certos acontecimentos essenciais para o desenvolvimento de outras artes antigas — a culinária, a fabricação de vinhos, a fabricação de queijos ou a própria agricultura, por exemplo. As origens dessas habilidades não podem ser determinadas com precisão, mas de tempos em tempos surge um documento que prova que, em certa data, as técnicas haviam mudado.

É exíguo o número de documentos ou objetos que se referem aos primórdios da história das artes marciais, mas muitos artistas marciais acham que sua arte começou na China, no começo do século VI d.C.

A crença deles baseia-se numa lenda segundo a qual um monge indiano chamado Bodhidharma chegou certo dia ao templo e mosteiro de Songshan Shaolin, ao pé das Montanhas Songshan, no Reino de Wei, na China, onde passou a ensinar um tipo novo e mais direto de Budismo, que envolvia longos períodos de meditação estática. Diz-se que Bodhidharma passou nove anos sentado de frente para a parede de uma caverna, e instruiu os outros monges a fazer a mesma coisa.

Para ajudá-los a agüentar as longas horas de meditação, ensinou-lhes técnicas de respiração e exercícios para desenvolver-lhes a força e a capacidade de defender-se na remota e montanhosa região onde residiam.

Acredita-se que foi dos ensinamentos de Bodhidharma que nasceu a escola dhyana ou meditativa do Budismo, chamada Ch'an pelos chineses e Zen pelos japoneses. Diz-se ainda que a arte marcial conhecida como Shaolin ch'uan-fa, ou boxe do Templo de Shaolin, desenvolveu-se a partir dos exercícios transmitidos pelo monge indiano. Muitas artes marciais chinesas e japonesas nasceram dessa tradição.

Há muitas dúvidas acerca da realidade dessa lenda, mas, se ela for verdadeira, alguns dos fatos históricos que ela parece revelar mostram-se muito interessantes. A lenda reflete o fato de que o interesse mútuo pelo Budismo garantiu o contato entre a China e a Índia no século VI d.C., fato esse que é confirmado pela obra do Dr. Joseph Needham, grande sinólogo do século XX. Além disso, significa que, desde as épocas mais recuadas, a meditação e os exercícios marciais eram aspectos complementares do Budismo: a primeira, passiva e estática; o segundo, ativo e móvel.

Não obstante, o estudo cuidadoso das fontes históricas mostra que as artes marciais já existiam e floresciam na Índia e na China desde muito tempo antes da viagem de Bodhidharma.

As Tradições de Luta do Extremo Oriente

Como era a vida militar na China e na Índia entre 500 a.C. e o século III d.C.? Será que apresentava as condições adequadas para a evolução de uma forma especializada de luta que mais tarde poderia ser identificada como precursora das artes marciais de hoje em dia?

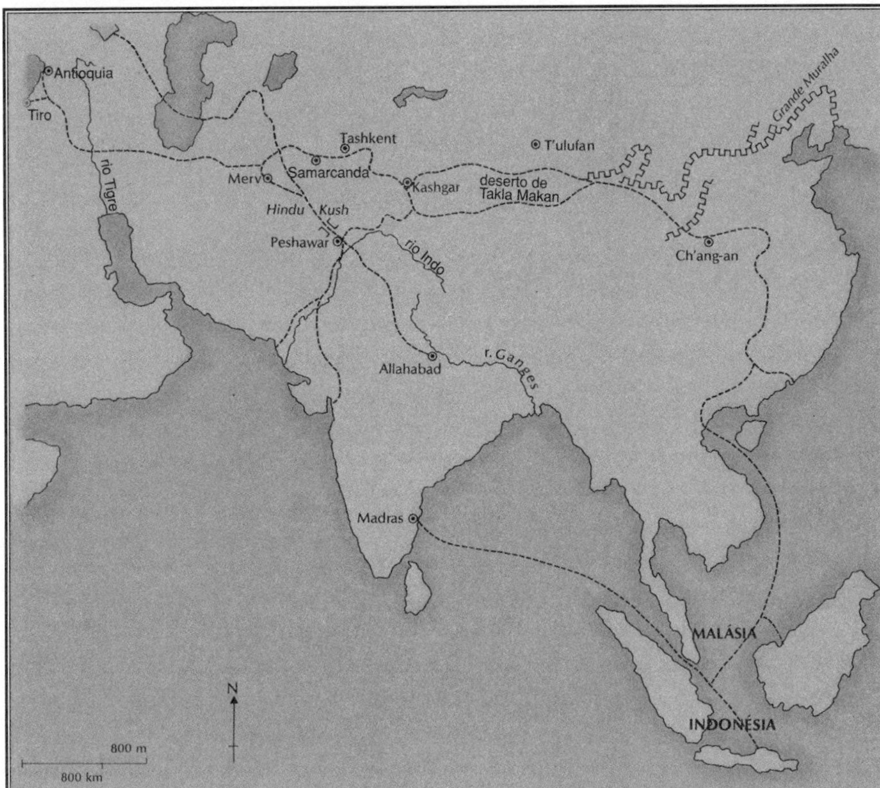

OS CAMINHOS QUE LEVAM AO ORIENTE

Até o século II d.C., a civilização chinesa desenvolveu-se isolada do Ocidente. Embora já houvesse comércio entre a Índia e a Mesopotâmia desde cerca de 2500 a.C., pensa-se que só no século VI a.C. é que começaram os intercâmbios comerciais entre a Índia e a China.

Muitos séculos antes de abrirem-se as rotas de comércio com a Índia, a China já fabricava a seda. Porém, foi só quando terminou o período feudal da história chinesa e começou a dinastia Han (206 a.C.-24 d.C.) — a qual disseminou por todo o país a sua influência civilizadora — que se fizeram as primeiras tentativas de exportá-la. O Imperador Han Wu Ti (140-87 a.C.) enviou as primeiras embaixadas chinesas rumo ao Ocidente, e estas foram logo seguidas por mercadores e comerciantes que levavam consigo fardos de seda fina e macia, um tecido desconhecido fora da China.

Os indianos vendiam a seda aos persas, que a trocavam com mercadores que iam à Síria. Na virada do milênio, caravanas gigantescas partiam de Ch'ang-an (a moderna Sian) e, passando por Kashgar, Merv e pelas grandes cidades caravaneiras de Hamadan, Damghan e Bagdá, percorriam mais de nove mil quilômetros e chegavam a Tiro, Antioquia e Palmira, nas fronteiras do Império Romano.

A partir do século VI d.C., porém, a Rota da Seda começou a perder sua importância. Dois monges cristãos conseguiram contrabandear para Constantinopla os ovos do bicho-da-seda, e a seda começou a ser fabricada no Ocidente.

Porém, nessa época, um outro tipo de intercâmbio estabelecera-se ao longo das antigas rotas. A Rota da Seda era freqüentemente percorrida por monges que atuavam como diplomatas, estabelecendo embaixadas em países estrangeiros sob a forma de templos e mosteiros, que se tornaram centros para a transmissão de influências culturais.

Bodhidharma foi um desses monges. Segundo a tradição, ele viajou de Madras a Nanquim de barco, parando várias vezes ao longo do caminho. De Nanquim partiu em viagem pela China e finalmente chegou ao Templo de Shaolin, nas Montanhas de Songshan, na China Central, onde estabeleceu a escola dhyana (Ch'an ou Zen) do Budismo e ensinou os exercícios em que supostamente baseiam-se as artes marciais modernas.

Os dados disponíveis nunca foram pesquisados nem apresentados com a intenção de dar uma resposta a essa pergunta acadêmica específica, mas os antigos sistemas militares da China e da Índia foram objeto de muitos registros, de maneira que dispomos de informações suficientes para formar uma imagem bastante correta da vida militar daquela época e nesses lugares. Tanto a guerra quanto as artes marciais são, essencialmente, formas de luta; por isso, convém examinarmos rapidamente o desenvolvimento das tradições de luta do Extremo Oriente.

Antes de 500 a.C., a China enquanto nação não existia. O território atualmente ocupado pela República Popular da China era dividido num grande número de Estados menores e independentes, cujos sistemas sociais obedeciam a uma estrutura essencialmente feudal.

As guerras ocorriam a todo instante, mas os exércitos de camponeses, comandados pelos nobres locais, geralmente eram pequenos. Os grandes generais eram levados em carros de batalha ao campo de guerra para desferir flechas sobre a infantaria camponesa, fraca e mal armada, reunida por seus adversários. Em certas ocasiões, os chefes de exércitos rivais engajavam-se em combate homem a homem, perante ambos os exércitos, para decidir a questão. Esta última forma de guerra era, na prática, uma arte marcial.

As guerras eram travadas de forma altamente ritualística. Eram proibidas em certas épocas e em determinadas circunstâncias, como, por exemplo, depois da morte de um comandante ou rei. Às vezes, os exércitos esperavam por dias e dias enquanto augúrios e oráculos eram consultados para se determinar a hora certa para o ataque.

Aos poucos, os pequenos Estados foram sendo engolidos por Estados maiores e, à medida que a prosperidade aumentava, surgiram na China cidades de até 750.000 habitantes. No fim do século VI a.C., o comércio entre esses grandes centros populacionais expandira-se muito. Os comerciantes compravam e vendiam, entre outras coisas, as ferramentas e armas que os mestres ferreiros começavam então a fabricar em grande quantidade. Foi naquela época que se aperfeiçoou um aço de baixo teor de carbono, de modo que os primeiros reis da Era dos Estados Litigantes (480-221 a.C.) puderam já equipar seus exércitos com armas fabricadas na forja e guardadas em arsenais.

Para que esses exércitos fossem equipados, alimentados e treinados, foi preciso expandir a antiga máquina burocrática do Estado. A arte da guerra, antes restrita aos generais aristocratas, passou a ser praticada por oficiais e homens profissionalmente treinados e equipados.

Por causa disso, as guerras tornaram-se muito mais destrutivas, traiçoeiras e decisivas. Exércitos de centenas de milhares de homens, acompanhados por todo o pessoal de apoio, começaram então a sair a campo.

Com os exércitos profissionais surgiu uma nova geração de especialistas: engenheiros, cartógrafos, especialistas em sinalização, em operações anfíbias, etc. Dentre eles, o mais famoso foi Sun Tzu, brilhante tático e estrategista cujo livro, *A Arte da Guerra* (c. 350 a.C.), ainda é de leitura obrigatória para quem quer que queira fazer carreira militar. Diz-se que os pensamentos de Sun Tzu sobre a guerra influenciaram Mao Tse-tung.

Portanto, no ano 300 a.C., as artes militares já não eram mais simplesmente artes marciais praticadas por generais de feudo. Não obstante, as condições presentes em outros campos da vida chinesa podem ter estimulado o desenvolvimento das artes marciais.

No decorrer de toda a Era dos Estados Litigantes e mesmo depois, a zona rural da China era infestada de bandidos e foras-da-lei. Porém, o comércio entre os diversos Estados era fonte de grandes lucros. Assim, os comerciantes empregavam guarda-costas para proteger-se a si mesmos e às suas mercadorias dos bandoleiros.

O emprego de guarda-costas — profissão em que o combate corpo-a-corpo é uma coisa esperada — era perfeitamente adequado ao artista marcial. Acompanhando caravanas de comércio que iam a partes distantes do país, os guarda-costas teriam sido expostos aos rigores de longas jornadas sob condições inóspitas, bem como aos conhecimentos e técnicas de outros guarda-costas. Pode ser que as artes marciais do Oriente tenham evoluído sob estas circunstâncias.

Não obstante, o surgimento de uma arte marcial não depende somente da prática de certos movimentos e da capacidade de resistir a provações físicas. As artes marciais também têm um conteúdo intelectual e um sistema de valores; baseiam-se numa visão específica do universo e do lugar que o homem ocupa dentro dele.

Os dois maiores filósofos da China haviam vivido na primeira metade do segundo milênio a.C. Por volta de 500 a.C., Confúcio estabeleceu suas teorias

Este relevo, entalhado na parede de um dos templos de Kanchipuram, do século VII, retrata o estudioso e peregrino Hsüan-tsang, que foi para lá (para a Índia) por volta de 640 d.C. Era conhecido como Tripitaka, e as lendas escritas por Wu Ch'eng-en no século XVI baseiam-se em seus relatos de viagem.

a respeito do homem e da sociedade humana. Segundo se pensa, Lao Tzu expôs sua visão mística do ser humano e o *tao,* ou "via da natureza", cerca de 300 a.C. O Taoísmo reveste-se de uma importância particular na história das artes marciais chinesas, embora só em tempos recentes as artes marciais taoístas tenham se espalhado para fora da Ásia chinesa.

Do mesmo modo, a filosofia do Budismo, fundado pelo príncipe Siddhartha Gautama, o Buda (que nasceu no nordeste da Índia por volta de 560 a.C.), influenciou profundamente os sistemas marciais de todos os países onde as duas correntes — a budista e a marcial — se encontraram: a China, o Japão, a própria Índia e os países do Sudeste Asiático.

Foi, portanto, na segunda metade do primeiro milênio a.C. que se constituíram as filosofias das quais dependem as artes marciais. É verdade que certas artes só surgiram numa época muito posterior, mas as condições para o seu desenvolvimento estabeleceram-se quando esses credos foram divulgados.

A Índia sempre foi uma terra de guerreiros. O país em que nasceu o Buda era composto de um grande número de pequenos reinos. Em certas regiões, as tensões geravam um conflito perpétuo entre os reinos, o qual se manifestava em guerras e escaramuças. Mesmo assim, houve épocas, como no reinado do grande imperador Ashoka (268-231 a.C.), em que grandes regiões da Índia foram unificadas sob o comando de um único soberano. Ashoka, imperador da Dinastia Maurya, cujo império abarcava cerca de dois terços do subcontinente indiano, chegou ao poder na qualidade de rei-guerreiro; mas, quando aderiu ao Budismo, a prudência mandou-lhe que renunciasse às guerras.

No decorrer da segunda metade do primeiro milênio a.C., o sul da Índia, em específico, foi governado por sucessivas dinastias de reis de diferentes convicções religiosas. Não obstante, as guerras movidas entre esses reis eram geralmente de pequena escala, mais ritualizadas e menos destrutivas do que as que aconteciam na China na mesma época.

Parece também que a Índia não conheceu o mesmo grau de especialização

Peregrinos, pintura chinesa do começo do século XVII, de autoria de Ting Yun-peng (1580-1621), representa um monge chinês, Ts'ai Yin, que no ano 65 d.C., obedecendo a uma ordem do imperador, partiu para a Índia a fim de trazer de lá os textos sagrados do Budismo. Voltou dois anos depois montado num cavalo branco, acompanhado de dois monges e trazendo as escrituras. Os quatro pequenos personagens que aparecem na parte de baixo da pintura nos lembram dos espíritos-guardiães Macaco, Areinha e Porquinho, que acompanharam Tripitaka na lenda Macaco, escrita por Wu Ch'eng-en.

das artes militares que a China. É provável que, na Índia, as artes marciais fossem apenas mais um dos elementos que compunham a formação global do homem culto, especialmente dos que nasciam na aristocrática casta guerreira. A tradição clássica indiana que determina a formação do indivíduo costuma ser atribuída a Agastiya, o mítico fundador das artes e ciências indianas. Dentre as artes cujo estudo ele recomendava, estavam as habilidades marciais de combate com ou sem armas.

O Budismo jamais chegou a superar o Hinduísmo tradicional na qualidade de principal religião da Índia, embora tenha sobrevivido nesse país por mais de 1500 anos. Mas, quando os ensinamentos budistas chegaram à China, atraíram imediatamente a atenção de cortesãos, estudiosos e aristocratas.

O ENIGMA DE BODHIDHARMA

Segundo alguns indícios de que dispomos, no ano de 520 d.C., um monge indiano, supostamente nascido em Kanchipuram, perto de Madras, viajou para a cidade de Kuang (a moderna Cantão), onde foi recebido em audiência pelo imperador Wu Ti, da Dinastia Liang. De lá partiu para um mosteiro no Reino de Wei, onde passava longas horas em meditação.

Se for verdadeira a lenda de Bodhidharma e ele de fato tiver visitado o Mosteiro de Songshan Shaolin, então ele é duplamente importante na história das artes marciais, pois não somente criou o estilo de luta de Shaolin como também foi o primeiro patriarca do Budismo Ch'an ou Zen.

Como tal, é ele o santo padroeiro da maioria dos artistas marciais japoneses, que chamam-no de Dharuma e exibem sua imagem em lugar de honra nos dojôs e salas de treinamento. Nessas imagens, Bodhidharma sempre tem aspecto feio. Tem penetrantes olhos azuis, barba e cabelos escuros, longos e desgrenhados.

O criador do estilo de luta de Shaolin e do Budismo Ch'an ou Zen é um personagem misterioso. Escreveram-se as biografias de muitos monges contemporâneos seus, ao passo que ele, o mais importante de todos para os seguidores de seus ensinamentos, foi ignorado. Só existe um relato de uma pessoa que o viu diretamente. Trata-se de um texto escrito por Yang Hsuanchih, cidadão do estado chinês de Lo-yang, na moderna Honan. O texto foi escrito em 547 d.C. e é intitulado *Lo-yang chia-lan-chi* (*Crônica dos Mosteiros de Lo-yang*).

O autor fala de uma ocasião em que subiu ao grande Templo Yung Ning acompanhado pelo prefeito da cidade de Lo-yang, e lá encontrou Bodhidharma: "... naquela época houve também o Sramana das terras do Ocidente, Bodhidharma, que não era outra coisa senão um Hon do Reino de Posseur [Pérsia]. Perante as maravilhas do templo, disse que já tinha 150 anos de idade e viajara por muitos e diversos reinos a norte, sul, leste e oeste, e que não encontrara nenhum outro templo que se igualasse a esse em beleza."

É possível fixar a data desse encontro. O templo foi construído em 516. Foi destruído pelo fogo em 535, mas desde 528 já havia sido transformado num quartel de exércitos. Isso significa que o encontro deve ter acontecido entre 516 e 528.

É muito útil dispor de um relato que parece provar a existência de Bodhidharma, mas é preciso examiná-lo com cuidado. Os textos chineses eram copiados muitas vezes, e os erros de cópia eram freqüentes. Além dis-

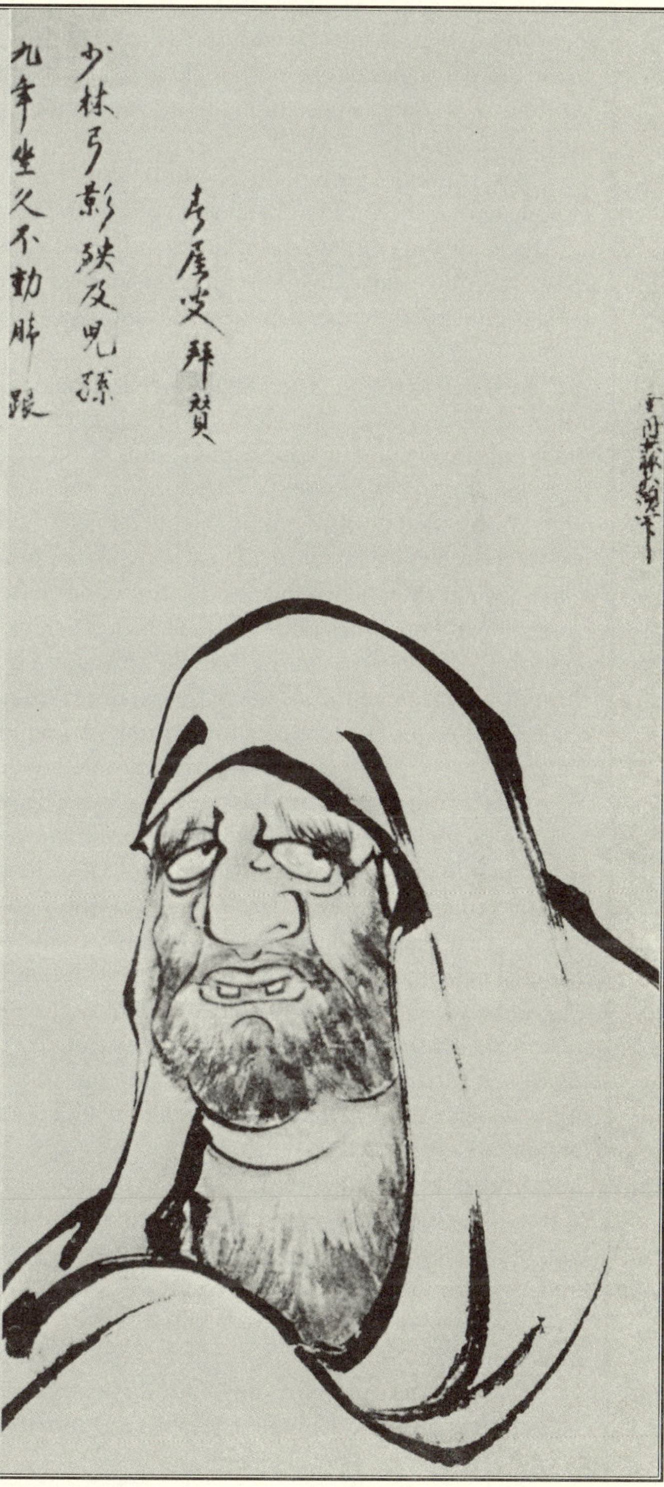

Este retrato de Bodhidharma, com seu típico aspecto feroz, está exposto no Templo Sangen-In, em Kyoto, e foi pintado no período Momoyama, no século XVI, por Ukkoku Togan (1565-1608).

so, ocorrem erros quando da tradução do texto para outras línguas. Esta é uma versão em português da tradução inglesa de uma tradução feita do chinês para o francês por um famoso orientalista, Paul Pelliot; por isso, está três vezes mais sujeita ao erro.

Mas, supondo que a tradução esteja certa, o que significa o texto? Qual a língua em que Bodhidharma falou com o autor? Será que falava bem o chinês? Será que quis mesmo dizer que já tinha 150 anos de idade? Caso o quisesse, será que estava falando o que considerava ser a verdade ou estava se expressando por enigmas, à maneira dos monges Ch'an e Zen de épocas posteriores?

Acaso a expressão "não era outra coisa senão um Hon de Posseur" significa que ele era mesmo tal coisa, ou simplesmente se parecia com um Hon? Na opinião de Pelliot, a frase significa um "Hon de olhos verde-azulados". A pessoa assim descrita poderia ser indiana, mesmo que tivesse a pele clara. No noroeste da Índia há muita gente de pele clara e olhos azuis.

Depois desse relato, que é frustrante por ser incompleto, Bodhidharma quase não é mencionado em texto nenhum por quase quinhentos anos. Não é mencionado nem mesmo por Hsüan-tsang, peregrino e erudito chinês do século VII, que visitou tanto o Templo de Shaolin quanto a cidade de Kanchipuram cerca de cem anos depois. Mas, de repente, por volta do século XI, surgem livros que contêm narrativas longas e complexas da estadia de Bodhidharma na China e da sua doutrina das artes marciais.

Essa lacuna de quatro séculos parece inexplicável. Existe, porém, uma linha de raciocínio que se coaduna com os fatos e os explica.

Quando surgiram os ensinamentos do Ch'an ou Zen, eles eram considerados radicais, talvez até heréticos. Os eruditos chineses da época dedicavam a vida ao estudo de manuscritos e suas práticas religiosas giravam em torno de elaboradíssimos rituais realizados em templos.

Já na escola Ch'an, as práticas religiosas eram simples, não havia manuscritos e nem mesmo o Buda era necessário. Diz a doutrina do Budismo Ch'an: "Se olhares fixo para a tua essência interior, encontrarás o Buda." O Budismo Ch'an, religião cujos adeptos buscam a iluminação repentina, não tem objetos de veneração.

Uma marcante citação de um texto de cerca do ano 840 dá apoio a essa tese. Diz-se que o mestre ch'an Hsuan-Chien disse o seguinte: "Não há nem Budas nem Patriarcas. Bodhidharma não passava de um velho bárbaro, de barba... as doutrinas sagradas... pedaços de papel que servem para limpar o pus das feridas." Mesmo Bodhidharma, contado como um dos mais importantes dentre os santos, era desnecessário para as crenças do Ch'an.

O Ch'an veio a público na época da perseguição às outras escolas budistas que ocorreu na China em 845 d.C. O movimento dirigia-se contra a riqueza e o poder acumulados pelos mosteiros; mas como o Ch'an não dependia, para a sua existência, da acumulação de riquezas e objetos materiais, acabou escapando à perseguição.

Mas, na mesma medida em que a escola deixou de ser considerada herética e assim sobreviveu, estabeleceu-se e prosperou, os monges, como todos os demais religiosos, sem dúvida sentiram a necessidade de escrever a biografia do seu grande fundador e divulgar sua doutrina.

Os livros que expunham a doutrina de Bodhidharma foram todos escritos muito tempo depois da sua morte; e os livros de exercícios provavelmente demoraram cerca de mil anos para ser escritos. Assim, os possíveis fragmentos que eles ainda trazem da doutrina original de Bodhidharma sobre as artes marciais devem ter sido modificados e diluídos no decorrer dos séculos de tradição oral, a tal ponto que hoje são praticamente irreconhecíveis.

Uma vez que todos os registros do Templo de Shaolin foram queimados em 1928, é improvável que surjam ainda outros documentos que provem que Bodhidharma merece de fato o título de patriarca-mor do Ch'an e das artes marciais. Não obstante, seus ensinamentos sobrevivem nos praticantes das artes que ele supostamente teria criado.

Foi Hung I-hsiang, mestre chinês das artes marciais internas, que finalmente nos deixou claro qual foi a importância da doutrina de Bodhidharma. Explicou-nos que foi Bodhidharma quem introduziu na China a noção de *wu-te*, ou virtude marcial. Essa noção engloba as qualidades de disciplina, autocontrole, humildade e respeito pela vida humana. Nas palavras de Mestre Hung:

"Antes da chegada de Ta-Mo, os artistas marciais chineses treinavam sobretudo para lutar e gostavam de oprimir e amedrontar os mais fracos. Ta-Mo trouxe o *wu-te* e ensinou que as artes marciais existem na verdade para promover o progresso espiritual e a saúde, e não as brigas."

Registros Históricos

Os estilos militares da China e da Índia eram totalmente diferentes um do outro, mas existe uma relação de proximidade entre as artes marciais dos dois países. Não só existem padrões semelhantes de movimento no kalaripayit praticado pelo camponês do sul da Índia e no kung-fu praticado pelo garçom de Hong Kong, por exemplo, como também até mesmo as técnicas secretas são utilizadas de maneira semelhante.

Qualquer um que aceite como verdadeira a história de Bodhidharma não terá dificuldade alguma para compreender esse fato, mas os registros escritos mais antigos não lançam luz alguma sobre as origens dessa semelhança.

Este relevo, de um dos famosos templos hindus de Kanchipuram, data de cerca de 630 d.C. Representa um ser com corpo humano e cabeça de animal que usa o braço livre para desarmar um adversário que procura abatê-lo com a espada. Trata-se da mais antiga ilustração conhecida, na Índia, de uma técnica de artes marciais.

Recentemente, os antigos textos chineses foram objeto de muitas pesquisas para saber se as artes marciais já existiam na China antes da vinda de Bodhidharma, no século VI d.C. A descoberta mais conhecida foi a de um conjunto de exercícios registrados por um famoso médico, Hua Tuo. Os exercícios eram baseados nos movimentos de cinco animais: o tigre, o urso, o macaco, a cegonha e o veado. Essa relação entre os animais e o movimento é fundamental até hoje nas artes marciais chinesas, mas o mais significativo é que Hua Tuo viveu na época dos Três Reinos (220-265 d.C.), ou seja, muito antes de Bodhidharma chegar à China.

Num livro recém-publicado, *Shaolin Kung-fu*, os autores chineses — os acadêmicos Ying Zi e Weng Yi — afirmam que um afresco numa tumba da Dinastia Han (cerca de 200 d.C.) mostra dois homens em posturas típicas das artes marciais. Se for autêntico, esse afresco, chamado *Sumô* (embora não tenha semelhança alguma com a forma de luta japonesa chamada sumô), é a mais antiga pintura que representa algo relacionado às artes marciais; mas, pela fotografia de que dispomos, ele parece ter sido repintado.

Na mesma época em que essa imagem supostamente foi pintada, antigas doutrinas estavam sendo postas por escrito na língua tâmil do sul da Índia. Entre os textos assim escritos há alguns shastras — antigos tratados indianos — que descrevem detalhadamente os métodos de ataque aos pontos vitais (aqueles pontos do corpo que, quando atingidos com precisão, podem causar a perda de consciência ou a morte), bem como o uso de armas em combate. Os indianos dizem que esses textos fazem parte de um legado oral muito mais antigo, mas é evidente que não há nenhum registro escrito que o prove.

Trocas Culturais

As fontes escritas conhecidas não resolvem a controvérsia sobre quais são as artes marciais mais antigas, as da Índia ou as da China. Mas, se existe uma relação entre as artes desses dois países, é preciso que, no passado, tenha havido um intercâmbio de idéias entre as pessoas que necessitavam das capacidades que as artes marciais podem oferecer. Por séculos e séculos, dois tipos de pessoas compunham a maior parte dos viajantes que jornadeavam entre a Índia e a China: os monges, que eram também eruditos e diplomatas, e os comerciantes. As rotas foram abertas pelo comércio, e os mercadores que empreendiam aquelas intermináveis viagens certamente precisavam da proteção de guarda-costas, como sempre haviam precisado nas viagens de comércio que faziam dentro da China.

O emprego de guarda-costas dava, a quem o exercia, um treinamento de combate homem a homem, que é exatamente o estilo de combate em que se baseiam as artes marciais. Além disso, na medida em que viajavam com caravanas comerciais, os guarda-costas recebiam as influências dos diversos estilos de luta praticados pelas diversas raças encontradas ao longo do caminho. Dessa maneira, o conhecimento das artes marciais ter-se-ia disseminado fora das fronteiras da Índia.

A viagem da Índia à China era sempre árdua. Uma das rotas passava pelo Afeganistão e, depois, ao norte ou ao sul do grande deserto de Takla Makan, que fica a norte do Tibete e a leste da China. No fim do século II a.C., a maior parte da viagem era feita através das antigas Rotas da Seda, pelas quais os chineses faziam escoar a sua produção de seda até as fronteiras do Império Romano, na Síria.

Para viajar por essas estradas, é preciso ter uma enorme determinação. Peter Fleming, o grande viajante inglês da década de 1930, irmão de Ian Fleming, teve de bater-se contra o mau tempo, a burocracia e os chefes feudais em sua viagem pela Antiga Rota da Seda. O mesmo devia acontecer aos viajantes que forjaram os vínculos com o Ocidente, uns dois mil anos antes disso.

Os mercadores começaram a usar essa estrada antes do nascimento do Buda, em meados do século VI a.C. Mas, à medida que o Budismo foi ganhando força, monges budistas começaram a fazer-lhes companhia nas viagens. Conseqüentemente, em 65 d.C. já havia uma comunidade budista fortemente estabelecida na China.

Esse fato assinala o início de uma forte influência exercida pela cultura e filosofia indianas sobre os costumes e os modos de pensar da China. O Budismo aos poucos se tornou uma força poderosa dentro da China e, quando isso aconteceu, violentos conflitos de poder desencadearam-se entre os taoístas e os adeptos da religião "invasora".

Enquanto isso, os monges indianos que viajavam à China para disseminar a doutrina do Buda cruzavam, na estrada, com monges chineses que iam à Índia. Estes últimos eram peregrinos que visitavam os lugares sagrados pelos quais passara o Buda durante a sua vida e buscavam os sutras e shastras da doutrina búdica, que haviam sido escritos da maneira tradicional, sobre folhas de palmeira.

O mais famoso desses eruditos peregrinos foi Hsüan-tsang (c. 600-664 d.C.), que percorreu a Índia inteira entre 629 e 645. Nesse país, foi chamado de Tripitaka, e como tal foi imortalizado na pele do sacerdote-peregrino do *Macaco*, uma coletânea de lendas escritas no século XVI pelo autor chinês Wu Ch'eng-en.

Tripitaka viajou à Índia para encontrar os textos sagrados e nessa viagem foi acompanhado pelo Macaco e outros três espíritos-guardiães, todos eles exímios artistas marciais. As lendas, que se constituíram depois do século VII, em que viveu Hsüan-tsang, são repletas de descrições das épicas batalhas que eles travaram contra os demônios e monstros que encontraram ao longo do caminho.

Em suas viagens ao sul da Índia, Hsüan-tsang visitou Kanchipuram, o possível local de nascimento de Bodhidharma, onde se tornou amigo do rei e onde sua face ainda pode ser vista num alto-relevo entalhado nas paredes de um templo construído pouco tempo depois de sua visita.

Os perigos da viagem não eram imaginários. Ele foi capturado por bandidos mas escapou porque, quando rezou pedindo ajuda, entrou em transe e um forte vento começou a soprar, assustando os bandoleiros.

Outro monge, I-Tsing, no livro *A Religião Budista Praticada na Índia e no Arquipélago Malaio*, escrito entre 671 e 695, descreveu o modo pelo qual ele mesmo escapou da morte:

"A uma distância de dez dias de jornada... passamos por uma grande montanha e por pântanos; o passo é perigoso e difícil de atravessar... Naquela ocasião, eu, I-Tsing, fui atacado por um mal da estação; meu corpo ficou fatigado e perdeu a força. Procurei acompanhar a companhia de mercadores, mas, tardando e sofrendo como estava, fui incapaz de alcançá-los. Embora me esforçasse e quisesse seguir em frente, era obrigado a parar cem vezes no espaço de cinco milhas chinesas... Só eu fiquei para trás, e sem companheiro palmilhei os perigosos desfiladeiros. Mais tarde naquele mesmo dia, pouco antes do pôr-do-sol, apareceram alguns bandoleiros da montanha; estirando o arco e gritando em altos brados, vieram e mediram com o olhar a minha pessoa; um por um, insultaram-me. Primeiro despiram-me da minha vestimenta superior, depois da inferior. Todos os cinturões e faixas que levava comigo, tiraram-nos também...

corria no país do Ocidente [a Índia] o rumor de que, quando capturavam um homem branco, matavam-no para oferecê-lo em sacrifício ao céu.... Por isso, entrei num poço de lama e de lama revesti todo o meu corpo. Cobri-me de folhas e, apoiando-me num bastão, lentamente segui viagem." Bem tarde, naquela mesma noite, alcançou os seus amigos.

Esse relato deixa claro que nem todos os monges eram treinados para lutar; mas não há dúvida de que experiências como essa mostraram aos monges viajantes o quanto era necessário aprender as artes de autodefesa.

Recapitulando: primeiro, não há nenhum indício inequívoco que nos permita identificar a China ou a Índia como o país em que as artes marciais pela primeira vez transformaram-se em sistemas de pensamento e ação mais próximos das artes marciais asiáticas de hoje.

Entretanto, os registros de diversos aspectos dessas antigas culturas têm relação com as origens das artes marciais atuais.

Do ponto de vista puramente físico, os sistemas de luta da antiga Índia, na qual esperava-se do guerreiro que desenvolvesse uma larga gama de habilidades, parecem mais compatíveis com o desenvolvimento das artes marciais do que a atitude mais especializada dos militares chineses.

No que diz respeito à ideologia, porém, as doutrinas do Budismo, na Índia, e do Confucionismo e do Taoísmo, na China, estabelecidas no decorrer dos quinhentos anos que precederam o nascimento do Cristo, foram de pronto adotadas como base filosófica das tradições marciais da Índia, da China e, aliás, da Ásia inteira.

Os registros escritos que se referem diretamente à história das artes marciais são muito fragmentários e, como tais, não podem ser conclusivos. Não obstante, a longa história de trocas culturais entre a China e a Índia nos mostra o quanto é provável que o conhecimento marcial tenha sido partilhado e comunicado entre esses dois países desde as eras mais remotas.

Por isso, talvez seja melhor não procurar escolher um dos dois países, mas antes lembramo-nos dos viajantes — os monges/peregrinos/diplomatas e os mercadores — que abriram as primeiras rotas de comunicação entre essas duas grandes tradições culturais, e concluirmos que o local de nascimento das artes marciais foram as estradas que uniam essas duas grandes civilizações.

A Difusão das Artes Marciais

A história das artes marciais depois do século III d.C. resume-se, sob certo ponto de vista, ao gradual desenvolvimento das técnicas, ao enriquecimento da base filosófica e à lenta disseminação das tradições marciais para outros países, geralmente no rastro da disseminação do Budismo.

Muitas artes marciais diferentes surgiram na Índia e na China no decorrer dos últimos 1.500 anos e várias delas são praticadas ainda hoje, mas a maioria evoluiu a partir das escolas fundadoras; acredita-se, por exemplo, que a maior parte dos estilos de kung-fu nasceu do estilo de luta do Templo de Shaolin. Os sistemas completos de artes marciais, que compreendem uma ideologia e mais uma prática ou técnica, foram exportados para fora das fronteiras da China e da Índia, e chegaram à Coréia, ao Japão e ao Sudeste Asiático.

É provável que esses países tivessem as suas próprias artes de luta, mas, à medida que as técnicas superiores e idéias avançadas vindas do exterior foram assimiladas por seus lutadores, essas artes autóctones foram modificadas; essas modificações, por sua vez, resultaram numa transformação dos sistemas autóctones em verdadeiras artes marciais.

Os atuais sistemas de artes marciais da Birmânia, da Tailândia, da Malásia, da Indonésia, do Vietnã e da Coréia, descritos no Capítulo 10, relacionam-se todos de modo evidente com diversas formas de luta chinesa. Porém, é o conteúdo intelectual que distingue uma arte marcial de uma arte de luta. Embora nos seja possível acompanhar a disseminação das artes marciais de país em país, não sabemos em que momento ocorreu o processo de assimilação e as artes autóctones tornaram-se artes marciais.

Os japoneses, que foram fortemente influenciados pela cultura chinesa, aprenderam com perfeição as lições dos antigos mestres desde tempos muito remotos. Baseando-se nas técnicas chinesas, os japoneses aos poucos desenvolveram as suas próprias formas de artes marciais. Hoje em dia, o Japão é o país mais rico da Ásia, tanto no que diz respeito à variedade de artes marciais quanto no que se refere à proporção da população que as pratica.

A Visão Ocidental do Oriente

No Ocidente, por outro lado, o conhecimento das artes marciais do Oriente praticamente não existia antes do século XX.

Foi só no começo do século XIV que os europeus partiram em suas primeiras viagens de descoberta. Depois de 1400, as sucessivas expedições foram revelando aos poucos um mundo cujos habitantes não-europeus muito impressionavam os filhos da Europa.

Não obstante, os povos da Ásia oriental não se mostraram afetados por ser "descobertos". Demonstravam pouco interesse pelos recém-chegados, que consideravam bárbaros; e não quiseram fazer-se conhecer.

Tendo perdido o contato com o seu próprio passado, os exploradores europeus tiveram de restabelecer os vínculos que seus ancestrais haviam forjado muitos séculos atrás. Haviam-se esquecido do contato estabelecido com a Índia pelo rei macedônio Alexandre, o Grande, no século IV a.C.; das povoações fundadas no sul da Índia pelos romanos já no século I d.C., e logo depois pelos primeiros cristãos; e da abertura da Rota da Seda, que se estendia das fronteiras mediterrâneas do Império Romano até a China Central já no comecinho do século I a.C., mais de quatorze séculos antes de Marco Polo empreender ao longo dela a sua viagem de descoberta.

Além disso, a Europa renascentista não era, de maneira alguma, o centro da vida intelectual do mundo. Quatro das grandes religiões do planeta surgiram no Extremo Oriente; tanto a Índia quanto a China tinham e ainda têm avançadíssimos sistemas de medicina e empreenderam grandes progressos nos campos da matemática, da química e da astronomia.

No que diz respeito à tecnologia, o sinólogo britânico Joseph Needham, em sua erudita série de livros *Science and Civilization in China*, dá uma lista de trinta e quatro inovações técnicas que já eram usadas na China muito antes de serem descobertas por outros povos, e que só chegaram à Europa e a outras partes do mundo entre o século I e o século XVIII d.C. Entre elas contam-se o carrinho de mão, as máquinas para a produção de tecido de seda, a besta, a pólvora, a bússola, o papel e a imprensa. Por outro lado, só quatro invenções produzidas no Ocidente foram transmitidas à China no decorrer desse mesmo período: o parafuso, a manivela, o mecanismo de corda e a bomba de compressão para líqüidos.

O conhecimento das artes marciais asiáticas praticamente não existia antes do século XX. Por volta de 1900, dois ou três ingleses e outros tantos norte-americanos começaram a aprender judô e outras artes marciais japonesas. O interesse por elas só cresceu muito lentamente, porém, até depois de 1945, quando, em decorrência do entusiasmo dos militares norte-americanos que estudaram as artes marciais enquanto serviam no Japão, o número de praticantes cresceu de forma dramática.

Esses novos praticantes, contudo, dedicaram-se principalmente ao aprendizado de técnicas japonesas. A disseminação para o Ocidente do conhecimento das artes marciais de outros países da Ásia tem sido ainda mais lenta. Foi só há pouco tempo que os mestres chineses que ensinam em Hong Kong e Taiwan começaram a ceder às pressões de ocidentais para que revelassem suas técnicas, a fim de que suas artes pudessem ser ensinadas na Europa e nos EUA.

Pelo menos uma arte oriental permanece até hoje completamente desconhecida no Ocidente. Nem mesmo os especialistas deixaram de menosprezar a existência de artes marciais no subcontinente indiano. Não se conhece nenhuma descrição de uma arte marcial indiana feita durante o período do governo inglês. Não obstante, na Índia, há uma antiga arte marcial chamada de kalaripayit, a qual, apesar de ser ensinada desde há séculos no sul do país, não foi documentada até hoje.

Os sistemas de artes marciais estão sendo exportados no atacado para o Ocidente. Neste, as pessoas ainda estão aprendendo, e podemos supor que muito tempo terá de transcorrer, talvez várias gerações, para que possamos assistir ao surgimento de sistemas de artes marciais que possam ser chamados de europeus ou americanos da mesma maneira que o judô, por exemplo, pode ser chamado de japonês.

3 A ARTE RURAL DO KALARIPAYIT

... Pois ouvi dizer que aquele que bem sabe conservar a sua vida
não encontra o rinoceronte nem o tigre quando viaja por terra;
nem é atacado por armas quando vai para a batalha.
O rinoceronte não encontra lugar para enfiar-lhe o chifre;
o tigre não encontra lugar para deitar-lhe as garras; as
armas não encontram lugar para passar-lhe as lâminas.
Por que isto acontece? Porque ele transpôs a região da morte.

Tao Te Ching, de Lao Tzu

Cerca de uma hora antes do nascer do sol, as crianças de um pequeno povoado rural do sul da Índia reúnem-se numa pedreira dos arredores. A pedreira é iluminada pela lua, que aos poucos some no céu, e por uma lâmpada fluorescente suspensa. As crianças conversam entre si, e suas vozes mal se destacam contra os sons bruscos do povoado que desperta: um balde sendo enchido de água num poço; um prolongado e agonizante acesso de tosse. Então o Mestre chega e, depois das adequadas saudações aos deuses e a ele, as crianças começam a sessão matinal de kalaripayit, a arte marcial do sul da Índia.

Praticam durante cerca de uma hora, girando e contorcendo-se com agilidade extraordinária, o som de sua respiração formando uma espécie de contraponto com os outros sons que os rodeiam — os grasnidos dos primeiros bandos de corvos que cruzam o céu cada vez mais claro; os passos

O Templo de Venkatanatha foi construído no século VII d.C. no precinto dos templos de Kanchipuram, perto de Madras, na Índia. Os frisos de suas paredes internas trazem representações dos conflitos entre as dinastias reais e contêm algumas das mais antigas imagens de técnicas de artes marciais.

silenciosos de um elefante que caminha sossegado rumo a uma obra de construção nas proximidades; a terra sendo varrida pelas mães das mesmas crianças; e os alto-falantes do templo local, que tocam de forma distorcida uma música sagrada que ecoa pelos campos. Por fim, quando o sol chega à altura das folhas mais altas dos coqueiros, a aula termina e as crianças vão para a escola ou para o trabalho.

Como não há nem escolas nem mestres de kalaripayit fora da Índia, podemos compreender por que essa tradição tem sido tão esquecida pelos estudiosos de artes marciais. É extraordinário, porém, que nenhum dos pesquisadores e escritores que vêm estudando as artes marciais há tantos anos tenha feito se-

O estilo setentrional de kalaripayit dá ênfase à capacidade de elevar-se de uma posição quase deitada para uma postura alta. Este tipo de exercício aumenta a agilidade e a flexibilidade. Neste caso, o aluno também se vira para o outro lado em pleno ar.

quer uma simples menção à existência do kalaripayit. Os poucos escritores que falam das artes marciais indianas só fazem referência a um sistema importado, semelhante ao karatê; mas é difícil crer que qualquer um que tenha visto indianos praticando kalaripayit possa descrevê-la desse modo. Mas, enfim, como essa atitude existe, sentimos ser o nosso dever elaborar uma defesa desta arte marcial praticamente desconhecida.

Há dois pontos que têm de ser esclarecidos antes de mais nada. Em primeiro lugar, será o kalaripayit uma arte marcial surgida na Índia, ou terá sido importada? E, em segundo lugar, será que permanece a mesma desde que foi criada ou acaso sumiu para depois reaparecer, talvez sob outra forma?

Podemos provar que as artes marciais já eram praticadas no sul da Índia durante os séculos VI e VII. Certas estátuas do Templo de Kanchipuram, perto de Madras, construído no começo do século VII d.C., representam o uso de técnicas completas de desarmamento, bem como o uso das mais diversas armas. Dispomos também dos testemunhos oculares de Hsüan-tsang, o famoso peregrino, erudito e diplomata chinês, que escreveu sobre as armas indianas que viu em sua viagem:

"Os principais soldados do país são escolhidos dentre os membros mais corajosos do povo, e, como os filhos seguem a profissão dos pais, desde muito cedo adquirem um conhecimento da arte da guerra. [Em tempo de paz], residem numa guarnição em torno do palácio, mas quando saem em expedição marcham na frente das outras tropas, cumprindo o papel de vanguarda. O exército tem quatro divisões, a saber: (1) a infantaria, (2) a cavalaria, (3) as carruagens e (4) os elefantes. Estes últimos são recobertos de uma forte armadura, e esporões afiados são instalados em suas presas. O comandante fica numa carruagem de guerra, que é dirigida por dois cocheiros, um dos quais fica à direita e o outro à esquerda, e é puxada por quatro cavalos dispostos de largo. O general dos soldados permanece em seu carro de guerra; é rodeado por uma fileira de guardas, que jamais se afastam das rodas da carruagem.

"A cavalaria espalha-se à frente para resistir aos ataques e, em caso de derrota, para distribuir as ordens pelo exército inteiro. A infantaria, por seus movimentos rápidos, contribui com a defesa. Os homens de infantaria são escolhidos por sua coragem e sua força. Levam uma longa lança e um escudo enorme; às vezes portam uma espada ou um sabre, e avançam à frente com impetuosidade. Todas as suas armas de guerra são pontudas e afiadas. Eis algumas delas: lanças,

Muitas das posturas da dança clássica indiana assemelham-se às posturas do kalaripayit, o que nos dá a entender que as duas artes descendem de uma tradição comum de luta, como mostram estas duas fotografias. A postura clássica de dança adotada pela jovem dançarina da foto *abaixo* é idêntica à postura do deus, *acima*, que foi entalhada no começo do século VII na parede de um dos templos de Kanchipuram.

escudos, arcos, flechas, espadas, sabres, machados de batalha, azagaias, alabardas, longos dardos e diversos tipos de fundas. Todas essas armas têm sido usadas desde as épocas mais antigas."

Muitas das armas descritas neste excerto do Livro II dos *Registros dos Países Ocidentais*, de Hsüan-tsang (c. 600-64), são usadas até hoje.

Existem textos indianos muito mais antigos escritos em folhas de palmeira. Como eram atacados por cupins e insetos, eram também copiados e recopiados pelos estudiosos e eruditos. O estudo desses textos é, aliás, uma das especialidades a que se dedicam os eruditos indianos; os textos falam de literatura, medicina, religião, e também das artes marciais. Os textos sul-indianos sobre as artes marciais foram escritos na forma antiga da língua tâmil, língua essa que passou a figurar em registros escritos por volta do ano 200 d.C.

No sul da Índia, ainda é comum que tais textos sejam copiados. São escritos com um estilete sobre folhas de palmeira, as quais são depois esfregadas com negro-de-fumo, o qual adere aos cortes feitos com o estilete. Em geral, os atuais mestres de kalaripayit têm versões desses textos, copiadas das dos seus próprios mestres.

O fato de o kalaripayit ser uma arte tipicamente indiana é comprovado também por um estudo das danças populares e clássicas tradicionais da Índia, que têm relações evidentes com a arte marcial. Muitas posturas da antiga dança clássica indiana, por exemplo, são admiravelmente semelhantes às do kalaripayit; e no teatro dançado *kathâkali*, um dos quatro dramas clássicos da dança hindu, estabelecido durante o século XVII no Estado de Kerala, no sul da Índia, muitas posturas são praticamente idênticas às das artes marciais.

Há outros indícios em favor dessa tese. Desde a época pré-histórica, toda uma classe de habitantes da Índia dedicou-se exclusivamente à função guerreira. Trata-se da casta *kshâtriya*, a tradicional casta dos militares e governantes, que sempre deu apoio aos reis nas guerras movidas contra os reinos vizinhos. Na qualidade de membros da casta guerreira, os *kshâtriyas* tinham tempo para praticar, e eram extremamente engenhosos em suas idéias sobre a luta. Além disso, a casta guerreira conseguiria manter viva uma tradição de luta por tanto tempo quanto fosse possível.

Porém, a prova mais evidente de que o kalaripayit é uma arte tipicamente indiana que surgiu em tempos muito recuados é a própria maneira pela qual é praticada hoje em dia. Se fosse uma arte importada de outro país, seria praticada nas cidades pelos indianos instruídos que já não têm a simplicidade das pessoas do povo — e é exatamente isso o que está acontecendo atualmente com o karatê. Já o kalaripayit, pelo contrário, é praticado principalmente pelos aldeões, os quais são tão famosos pelo seu conservadorismo que a simples idéia de que estariam aprendendo um sistema de luta estrangeiro parece ridícula. O kalaripayit tem profundas relações com a vida social e religiosa dos camponeses de uma imensa região do sul da Índia, e assim deve ter sido por milhares de anos.

Os Mestres de Kalaripayit

As vidas dos mestres, cada qual em sua aldeia, geralmente seguem todas o mesmo modelo. Depois da prática matinal com as crianças, eles se dedicam à sua outra função importante, a de médico do povoado.

Nas artes marciais, é comum que os mestres sejam também médicos. Em virtude da própria natureza da arte, a pessoa que pratica técnicas de luta por muito tempo vai adquirindo um conhecimento cada vez maior de medicina, uma vez que quase todo dia há alguém que se machuca durante a prática. Ainda quando é um jovem aluno, o mestre aprende a curar hematomas e distensões leves; mas, à medida que passa a dedicar-se seriamente à arte e já antevê a possibilidade de tornar-se um mestre, começa a estudar mais e aprende a curar fraturas e ferimentos internos. Muitos mestres não ultrapassam esse nível de conhecimento, mas outros vão adiante e chegam à maestria total na prática da medicina de seu país.

Um dia passado na companhia de um mestre médico, vendo-o cuidar de seus pacientes, nos mostra o quanto a medicina ocidental é limitada por suas técnicas científicas rígidas e mecânicas. Mesmo no caso de um médico de aldeia, o sistema tradicional de medicina da Índia (Ayurveda) caracteriza-se por uma profundidade de cuidado e atenção ao paciente que quase não se encontra no Ocidente.

Muitos pacientes são homens que se machucaram no trabalho, geralmente por trabalhar demais. Para um pobre pescador, um dia de trabalho perdido numa consulta ao médico é uma perda severa, que se prolonga até que o médico consiga ajudá-lo a recuperar as forças para voltar a arrastar as redes de pesca.

A massagem forte e profunda é uma parte essencial do processo de cura. Geralmente, é feita com os pés. O médico, sustentando o próprio peso numa corda estendida de parede a parede da sala, trabalha com os pés sobre o corpo do paciente, que é coberto de óleo.

Um dos mestres com quem trabalhamos, Mestre Mathavan, dirige um pequeno hospital particular — um antigo edifício de paredes de adobe e telhado de sapé, rodeado de grandes varandas e de um bosque de coqueiros. Por dentro, a casa é fresca e arejada, marcada pelo cheiro de ervas medicinais e do óleo de massagem. Bebezinhos dormem sobre o limpo chão de terra enquanto suas mães são tratadas pela esposa do Mestre. Ao lado da casa há um herbário onde são cultivadas plantas medicinais. O médico nada lucra com seu trabalho; são pouquíssimos os pacientes que de fato podem pagar as míseras rúpias que representam o verdadeiro custo do seu tratamento.

No fim da tarde, depois que terminam os atendimentos médicos e quando os jovens voltam para casa ao fim de seu dia de trabalho, é de novo hora de treinar kalaripayit.

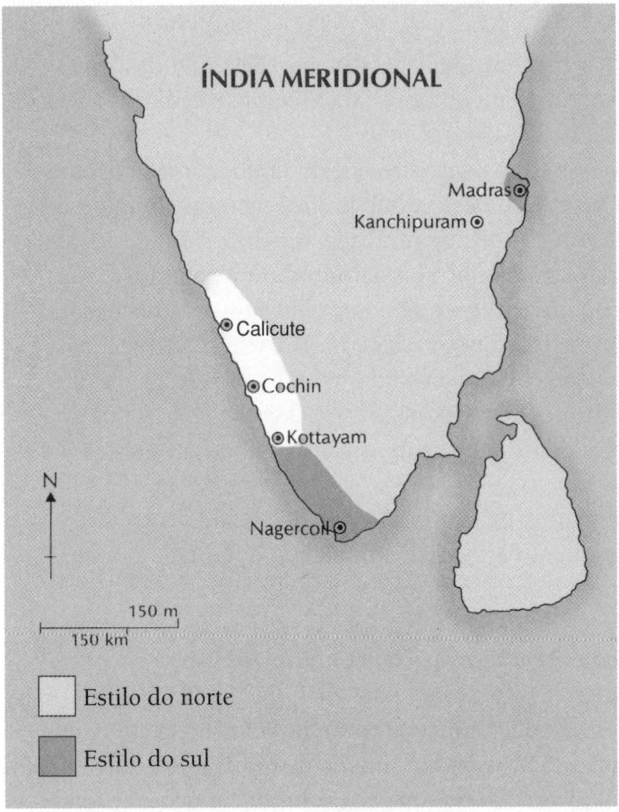

Este mapa mostra onde se praticam as escolas de kalaripayit do norte e do sul. O estilo do norte tem seu centro em Calicute, a tradicional capital dos Nayars, e difunde-se para o sul até Kottayam. As terras situadas ao sul de Kottayam são habitadas sobretudo por tâmiles que praticam o estilo meridional. Este último é praticado até Nagercoil, no extremo sul da Índia.

Os Estilos do Norte e do Sul

O nome *kalaripayit* é uma combinação de duas palavras usadas pelo povo de Kerala, que fala a língua malaiala. *Kalari* significa "lugar" ou "campo de batalha", e *payit* significa "práticas". Portanto, o termo significa literalmente "treinamento ou prática para o campo de batalha". O kalaripayit compreende dois grandes estilos que, por se distribuírem segundo uma divisão geográfica, são conhecidos como estilos do norte e do sul.

O estilo do norte é praticado principalmente pelos Nayars, povo de língua malaiala que segue a tradição cultural ariana do norte da Índia. Já a região mais meridional da Índia é ocupada por povos de língua tâmil, descendentes dos mais antigos habitantes da região, que praticam o estilo do sul. Esse estilo também é ensinado em Madras, mas, provavelmente, somente pelos imigrantes tâmiles.

Curiosamente, parece não haver mestres entre as cidades de Nagercoil, no extremo sul da península indiana, e Madras. Embora nunca se tenha feito um censo oficial, estima-se em mais de cem o número de mestres de cada estilo. Eles ensinam no decorrer de todo o ano, exceto durante a estação quente e seca que vai de janeiro a abril, quando pára todo o ensinamento.

Embora os laços que unem os estilos do norte e do sul sejam evidentes, e apesar de o kalaripayit ser, de maneira geral, muito diferente de todas as demais artes marciais, existem diferenças significativas entre os dois estilos. Na fronteira geográfica entre os dois grupos culturais e estilos de luta, as duas tradições sobrepõem-se em certa medida. Algumas pessoas de língua malaiala também praticam o estilo do sul na região onde moram.

O kalaripayit do norte é praticado num edifício de dimensões fixas — quatorze por sete metros —, de paredes grossas, cujo piso fica cerca de um metro abaixo do nível do solo no exterior. Esse edifício, o kalari ou campo de batalha do povoado, é de propriedade do mestre, que às vezes o usa também como consultório e sala de massagens. Os alunos só praticam à noite e entre quatro paredes, para evitar que os segredos da arte sejam divulgados.

Tecnicamente, o estilo do norte é caracterizado por técnicas de saltar e chutar no alto, pelos passos longos, posturas baixas e bloqueios e golpes aplicados com as mãos e os braços quase totalmente estendidos. As técnicas de aquecimento são extremamente árduas e cansativas. Uma das características peculiares do estilo do norte é todo um conjunto de formas ou padrões de movimento chamadas de *suvadus*, praticadas com ou sem o uso de armas; além disso, diversas técnicas de respiração, provavelmente tiradas da yoga, fazem igualmente parte do regime de treinamento.

Os saltos altíssimos e espetaculares constituem uma das técnicas que distinguem a escola do norte. *Acima*, um aluno avançado de kalaripayit executa um chute giratório durante a prática de aula.

Abaixo, alunos enrolam-se em peças de tecido de treze metros antes de praticar o energético estilo do norte. Essa peça de tecido age como uma funda que sustenta a virilha e a cintura pélvica.

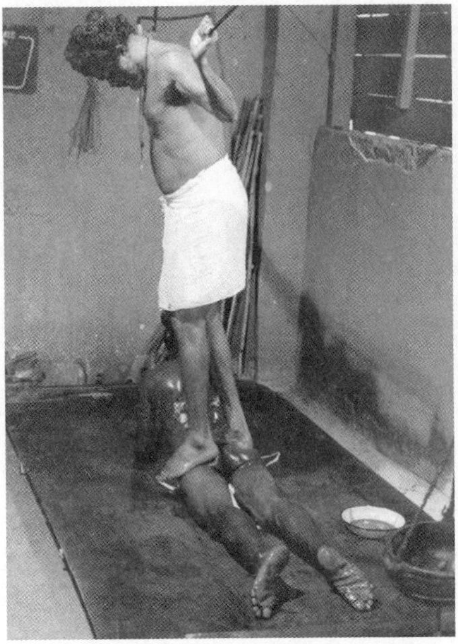

Uma massagem, em que a frente e as costas do aluno são trabalhadas sistematicamente, *acima*, dura cerca de meia hora e é feita uma vez por dia. Depois de um mês de tratamento, o corpo do aluno é considerado flexível o suficiente para que o treinamento possa começar.

Já o estilo do sul é freqüentemente praticado ao ar livre e durante o dia. Alguns mestres usam certas concavidades naturais do terreno como campos de treinamento, mas outros simplesmente dão aula entre as palmeiras que crescem atrás de suas casas. Muitos mestres do sul têm campos de treinamento em diversos povoados e passam boa parte de seu tempo viajando de povoado em povoado para ensinar, quer de madrugada, quer ao anoitecer.

Nos campos de treinamento do sul, não há tantos altares enfeitados e dedicados aos deuses hindus, mas os alunos de ambos os estilos, antes do treinamento, têm de fazer saudações aos deuses e deusas da guerra e ao mestre. Há todo um panteão de deuses associados ao kalari, mas a figura mais importante é a de Kali, a deusa da guerra.

O estilo do sul, *abaixo*, é caracterizado pelo forte uso dos braços, dos ombros e do tronco. Aqui, o lutador da direita está aplicando uma chave de braço em seu adversário, que, para livrar-se, empurra para trás a cabeça do outro.

O estilo do sul tem mais movimentos circulares e talvez pareça um pouco mais violento que o do norte. Os golpes e bloqueios são desferidos em geral com as mãos abertas e os braços flexionados. As formas — os padrões básicos de movimento usados na prática — e a maneira de usar as armas que caracterizam o estilo do sul são diferentes das do norte. Não há tantos chutes e saltos quanto no estilo setentrional, mas posturas mais altas e mais sólidas e um uso mais poderoso dos braços, dos ombros e do tronco.

O estilo do sul talvez não seja tão enérgico quanto o do norte, mas impressiona pela força e pela robustez de seus praticantes, que constantemente caem, rolam e são atirados sobre o chão pedregoso e empoeirado, mas sempre voltam a levantar-se, cheios de poeira aderida aos seus membros e vestimentas.

Enquanto os nortistas geralmente almejam a perfeição da forma, o objetivo dos sulistas é a eficiência e a força na ação. O que divide o kalaripayit em dois estilos distintos não é tanto o conteúdo da arte (que é essencialmente o mesmo em ambos os estilos), mas sim as diferenças de língua e cultura e os métodos de execução dos movimentos.

Em ambos os estilos, a arte do kalaripayit é composta de quatro tipos de técnicas de combate: o treinamento sem armas; o treinamento com bastões de bambu ou de ratan; o treinamento com diversas armas; e, para os alunos mais avançados, as técnicas secretas de ataque aos pontos vitais, técnicas essas que na Índia são chamadas de *marma-adi*. Além desses tipos básicos de treinamento, os alunos também praticam técnicas de luta desarmada contra adversários armados de bastão e outras armas, bem como o uso de diversos lançamentos, chaves e outras técnicas de imobilização. Os alunos aprendem todos esses ramos da arte desde o princípio do treinamento; mas, de pleno acordo com a disseminada teoria de que as armas são essencialmente uma extensão dos membros, os mestres dão mais ênfase à luta desarmada.

VASUDEVAN GURRUKAL

Vasudevan Gurrukal, Mestre do estilo setentrional de kalaripayit, conversou conosco e nos falou acerca do seu kalari, ou campo de treinamento:

"Nas épocas antigas, os grandes senhores de terra tinham seus próprios kalaris. No decorrer do tempo, se eles deixassem de ser usados para a prática do kalari, nem por isso eram demolidos. Em vez disso, eram transformados em templos.

"Mesmo que não haja alunos para praticar, o kalari jamais é demolido. Todos os dias, acende-se nele uma lâmpada sagrada. Se houver alguém dotado de um bom conhecimento de kalaripayit, poderá usá-lo; mas, se não houver, o kalari permanecerá rodeado de árvores, arbustos e trepadeiras. Este aqui estava assim quando cheguei."

O Mestre falou então sobre a importância dos alunos no kalaripayit:

"Os alunos devem ter uma natureza obediente. Quando brigam com outras pessoas, dentro ou fora do kalari, expulsamo-los imediatamente.

"O kalari pode ser comparado ao corpo de um ser humano, e os alunos são como o espírito desse ser.

"Sem o corpo, o espírito não pode existir; sem o kalari, não pode haver alunos.

"Só no kalari os alunos podem aprender. Sem ele, eles seriam semelhantes a um espírito sem corpo. Do mesmo modo, o kalaripayit sem os alunos é perfeitamente inútil. É como o corpo sem o espírito. Ambos são essenciais.

"Os alunos têm de respeitar Kali, a Deusa da guerra, e devem sempre manifestar respeito em relação ao mestre. É daí que vem a força da nossa mente. Quando recebemos as bênçãos do nosso mestre e da Deusa Kali, recebemos poder. Ele se torna um hábito nosso, e nós temos fé nele. Acreditamos que recebemos poder do nosso mestre e da Deusa. Às vezes, os alunos inscrevem os mantras (textos sagrados, geralmente tirados dos Vedas, as escrituras sagradas da religião hindu) numa peça de metal e a levam sempre consigo, ou senão a amarram no pulso com um saquinho cheio de pó de cúrcuma, kumkum, cânfora ou alguma outra planta medicinal, formando uma espécie de bracelete.

"Quando começo a ensinar um aluno a usar o bastão ou outra arma, rezo para que ele não use seu conhecimento para nenhuma finalidade má; para que nenhum mal lhe advenha desse conhecimento, e que o conhecimento lhe sirva de proteção contra todas as forças malignas.

"Mas todos os ensinamentos transmitidos pelo guru só constituem um quarto do conhecimento do praticante. Um quarto ele recebe pelo seu interesse pessoal e pelo seu esforço; um quarto vem da bênção de Deus, e o último quarto vem na velhice, das suas próprias experiências pessoais."

Por fim, o Mestre falou sobre a responsabilidade moral do praticante treinado em kalaripayit:

"Temos de perdoar os nossos inimigos. Além disso, é nosso dever zelar pelo bem da nossa família. Se o quisermos, é fácil para nós matar um homem; mas talvez tenhamos de ir para a cadeia, e isso fará mal à nossa família. Por isso, temos de pensar na nossa família, e nas famílias dos nossos inimigos, e temos de evitar as brigas e perdoar os inimigos. É fácil lutar e bater numa pessoa, mas isso não nos exime das nossas responsabilidades."

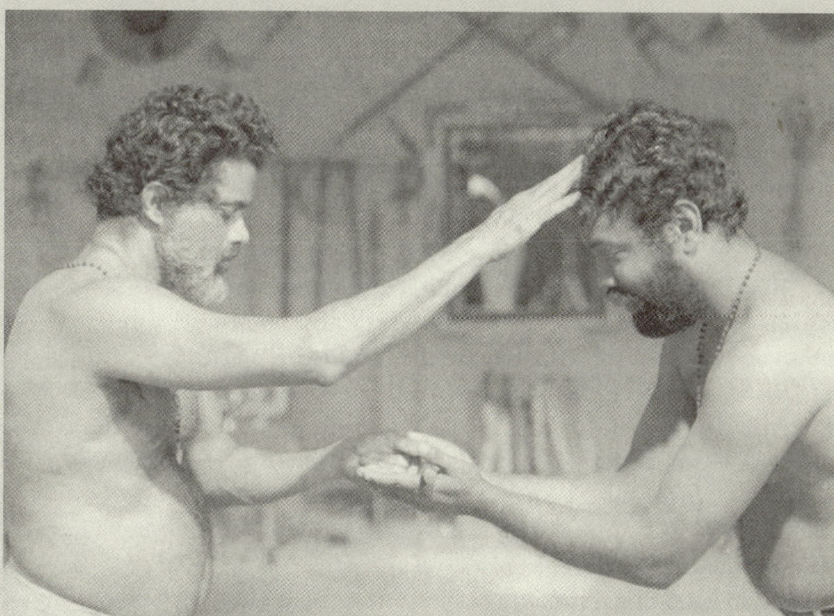

Vasudevan Gurrukal, Mestre do estilo setentrional, abençoa Moses Thilak no kalari antes de começar a instruí-lo no marma-adi, a técnica secreta. Estes rituais constituem uma parte essencial do kalaripayit.

MATHAVAN ASAN

Mathavan Asan, Mestre do estilo do sul, para explicar-nos sua doutrina, preferiu relatar alguns dos momentos cruciais da sua experiência de aprendizado do kalaripayit, e falou-nos também sobre o sistema medicinal dos marmas, associado à arte marcial, ao qual ele agora dedica a sua atenção.

"Quando eu tinha 6 anos de idade, fui com meu pai assistir a um festival no qual seus alunos iniciantes e avançados fizeram uma demonstração de técnicas de kalaripayit. Estávamos de pé ao lado, mais para trás, e, como eu era um menino pequeno, não conseguia ver o que estava acontecendo. Meu pai me pôs nos ombros e foi até a frente, perto do palco. Quando os organizadores do espetáculo o viram, deram-lhe um lugar para sentar-se ao lado dos convidados de honra e o homenagearam. Foi então que, pela primeira vez na minha vida, eu quis aprender o kalaripayit.

"Naquele dia, depois do festival, quando estávamos voltando para casa, fiz perguntas ao meu pai sobre o kalaripayit. O que é isso? Eles se agarravam e lutavam com pedaços de pau — não se machucavam? Tais foram as perguntas que eu fiz. Ele me disse que, quando aprendemos completamente a arte, não sentimos mais dor. Os bastões dos outros não atingem o nosso corpo. Quando aprendemos as técnicas, podemos conservar o nosso corpo saudável e em bom estado.

"Foi assim que comecei a aprender esta arte sob a orientação do meu pai, dos meus tios e dos seus amigos e alunos. Continuei estudando por muitos anos. Enquanto fazia o colegial, estudei os shastras, a filosofia que está por trás das técnicas mais elevadas.

"Herdei do meu pai e do meu avô o posto de médico. Eles eram médicos da escola marma, e costumavam dedicar a maior parte do seu tempo aos tratamentos associados ao kalaripayit. Adquiri deles um excelente conhecimento e depois estudei outras coisas. Essa base me permite trabalhar com mais confiança, e isso me dá paz de espírito.

"Não quero ser um homem muito rico. Só quero a paz de espírito. O fato de ajudar as pessoas que sofrem de dor, e as que já não querem viver neste mundo por causa de alguma doença grave, me dá satisfação. Foi por esse motivo — para ajudar os outros — que estudei e me especializei no tratamento pelos marmas. Ele é mais difícil do que qualquer outro sistema de medicina. Estudamos o corpo inteiro para compreender a sua ordem, as suas funções, as suas diferenças e os seus defeitos. Não há nenhum outro estudo que seja tão claro quanto este.

"Nunca estudei nenhuma outra ciência. O marma é um assunto vastíssimo, uma ciência grande e infinita.

"O homem que estudou as técnicas do marma e do kalaripayit deve ser uma pessoa útil para a sociedade. Deve possuir qualidades como a reverência, a civilidade, a humildade, a paciência, o autocontrole, a obediência e a bondade para com os outros. Deve ser um exemplo para os outros. Isso não se aplica somente aos homens, pois também as mulheres devem ser assim. Os mestres desta arte e os médicos do marma não devem jamais prejudicar os outros, mas sim ajudá-los. É assim que devem conduzir sua vida.

"Há mais uma coisa que você precisa saber. Se um inimigo vier atacá-lo, você deve ficar tranqüilo por algum tempo. Deve pensar bem e pensar com calma. Nesse espaço de tempo, seu espírito terá paz, e essa paz de espírito é a coisa mais importante. Quando vem um inimigo, o importante não é lutar com ele, vencê-lo e matá-lo. Qualquer um pode fazer isso. Se, em vez de lutar com o seu inimigo, você se prostrar diante dele e disser 'você venceu', esse é o ato mais grandioso do mundo."

O Treinamento

Nas páginas seguintes deste capítulo, faremos uma descrição detalhada dos regimes de treinamento seguidos pelas escolas que visitamos e filmamos nos estados de Kerala e Tamil Nadu. O kalaripayit ainda não recebeu a atenção que merece por parte dos entusiastas das artes marciais, e esperamos que este relato estimule outros pesquisadores responsáveis a levar adiante outras pesquisas, mais detalhadas e prolongadas, sobre esta arte antiga e fascinante.

O kalaripayit que conhecemos ainda é em grande medida uma arte rural, praticada em muitos vilarejos do sudoeste da Índia. Os praticantes só se tornam mestres depois de um longo e árduo período de treinamento, e, dos cerca de quarenta mestres que conhecemos pessoalmente, a grande maioria tinha mais de 50 anos de idade. Quase todos também eram mestres da medicina ayurvédica tradicional.

Alguns mestres faziam muita questão do segredo e só ensinavam uns poucos alunos, ao passo que outros tinham escolas grandes e movimentadas, nas quais cerca de quarenta ou mais alunos compareciam às sessões de treinamento. Essas sessões se realizam nos períodos mais frescos do dia, antes das oito horas da manhã ou depois do pôr-do-sol; duram cerca de uma hora e meia. A maioria dos mestres gosta de ensinar seus alunos pelo menos duas vezes por semana.

Os alunos mais jovens que vimos eram crianças de 10 anos de idade. Havia também alguns principiantes de cerca de 30 anos, muitos dos quais começaram a treinar seguindo uma recomendação médica. Algumas meninas e mo-

O crocodilo, *acima*, é um exercício tipicamente indiano no qual os alunos se posicionam como se fossem fazer flexões de braço e depois caminham para a frente cerca de dez metros, equilibrando-se sobre as mãos e os dedos dos pés. Depois, na mesma posição, voltam ao ponto de partida. Só vimos este exercício executado num único lugar fora da Índia: num espetáculo da ópera chinesa clássica em Taipei, Taiwan.

ças estudam a arte. Os alunos que evidentemente já treinavam de forma intensa há alguns anos tinham uma forma física perfeita, um físico excelente e grande agilidade, rapidez e resistência.

Antes de o aluno começar a treinar o kalaripayit, ele precisa ser massageado diariamente pelo mestre. Essa massagem solta e dilata os músculos e tendões, preparando o aluno para o esforço do treinamento.

O aluno é esfregado com óleo de coco misturado com ervas e deita-se numa plataforma de madeira levemente curva. Equilibrando-se numa corda pendurada cerca de um metro e meio acima da sua cabeça, o mestre usa os pés para massagear as costas e os membros do discípulo, trabalhando do centro do corpo em direção às extremidades. Enquanto faz isso, ele fica de pé sobre o aluno, mas a pressão e os movimentos de seus pés são minuciosamente controlados.

Antes de o mestre abrir a sessão de treino, como em qualquer academia de artes marciais em qualquer lugar do mundo, os alunos de todas as categorias espalham-se pelo kalari praticando formas, aquecendo-se ou lutando de leve. Segue-se então um elaborado ritual de saudação, no qual cada aluno venera a mãe terra, o mestre e os deuses do kalari. A saudação consiste num conjunto complexo de movimentos — fazer gestos de luta, andar em círculos, tocar o chão e beijar os pés do mestre.

Então, os alunos dispõem-se em duas fileiras. Juntos, executam uma série rigorosa de exercícios de aquecimento para tensionar e alongar os músculos, tendões e articulações. Alguns desses exercícios, como as flexões de braço e os abdominais, encontram-se também na maioria dos programas ocidentais de exercício físico, mas muitos são peculiares à Índia.

Num determinado exercício, os alunos põem o braço direito atrás das costas e apóiam-se no chão com o braço esquerdo, como se fossem fazer flexões de braço. Então, baixam o corpo até o chão, apoiando-se na mão esquerda e torcendo o corpo ao mesmo tempo. O grau de flexibilidade necessário para a execução rápida desses exercícios é semelhante ao de um acrobata ou contorcionista.

Essa parte ginástica do programa de treinamento não é feita somente para aquecer os músculos e alongar os tendões e articulações em preparação para a prática marcial, mas também colabora muito para o desenvolvimento da boa forma física. Às vezes, os alunos têm de executar vinte ou trinta flexões de braço ou exercícios semelhantes, não só para fortalecer os músculos, mas também para melhorar a circulação e a respiração.

Depois de cerca de meia hora de ginástica, os alunos passam à prática das técnicas de mãos nuas, que constituem o fundamento da arte.

As Técnicas de Mãos Nuas

Os golpes, bloqueios e chutes que compõem o kalaripayit são ensaiados um após o outro pelos alunos sozinhos ou em grupos de dois, nos quais um ataca e o outro defende.

Como implica o próprio nome das técnicas, a maioria dos golpes é dada com a mão aberta e rígida. A mão nessa posição pode ser usada como uma faca, quer para "cortar" (com o lado da mão), quer para "furar" (com as pontas dos dedos). A parte mais dura da palma, perto do pulso, e o punho cerrado, também são usados para socar. Os bloqueios, em sua maioria, são circulares, ou seja, o braço descreve um movimento circular para aparar o golpe. O ponto de contato é o antebraço.

No estilo do sul, quase todos os chutes são baixos e têm como alvo a frente do corpo do adversário, mas o chute de lado (no qual o joelho é levantado à altura da cintura, com o pé para o lado, e o chute penetra o lado do corpo do adversário) também é usado às vezes. Os pontos de contato são o peito do pé, o dedão do pé e a protuberância na sola do pé logo atrás do dedão. No estilo do norte, os chutes são muito altos. Alguns alunos são capazes de chutar de frente a uma altura de dois metros e meio acima do solo.

Faz-se muita questão de que os chutes não sejam bloqueados, mas evitados por meio de esquivas, e por isso muitas das formas predeterminadas consistem num salto de uma posição muito baixa para a postura ereta. Ao mover os pés em combate, os adeptos do kalaripayit de ambos os estilos costumam levantar muito alto os calcanhares, dando uma impressão empertigada que é exclusiva desta arte. Esses movimentos são feitos para evitar os tropeções no terreno pedregoso do sul da Índia.

Numa técnica de bloqueio que só existe no kalaripayit, o lutador levanta o pé num chute alto à frente para empurrar para trás o bíceps do adversário. Essa técnica, que serve para aparar um soco, é muito eficaz.

Técnicas de Luta Corpo-a-Corpo

Todas as técnicas que descrevemos até agora são típicas da tradição de luta de punhos e pés que pode remontar à época de maior glória da Babilônia. Porém, o kalaripayit não se resume a essas técnicas.

Há todo um conjunto de técnicas de luta corpo-a-corpo que consistem em chaves, arremessos e técnicas de imobilização do oponente. Articulações são apertadas, membros são torcidos e pontos nervosos são pressionados a fim de neutralizar ou lançar longe o atacante. Para a execução eficaz dessas técnicas, é preciso usar golpes circulares, deixar os membros sempre flexionados e conservar uma postura de paz física e mental.

Algumas dessas técnicas são evidentemente derivadas das grandes tradições indianas de luta corpo-a-corpo cujas raízes remontam a um passado ainda mais longínquo que as do kalaripayit. Entretanto, há outras que não têm relação com essas tradições. As chaves e lançamentos complexos do kalaripayit atual encontram-se também nas artes marciais chinesas suaves descritas no Capítulo 5; no jiu-jitsu (ju-jutsu) e no aikidô do Japão, descritos no Capítulo 8; na eskrima das Filipinas, descrita no Capítulo 9; e nos graus mais elevados do karatê de Okinawa, descrito no Capítulo 7. São vistas, de maneira geral, como as técnicas mais avançadas das artes marciais.

As formas são esquemas predeterminados de movimentos ofensivos e defensivos que o aluno tem de aprender a reproduzir com precisão. São o fundamento do kalaripayit, como de quase todas as artes marciais, pois são assimiladas a tal ponto que o aluno, ao lutar, reproduz automaticamente as técnicas nelas contidas. Muitas formas envolvem seqüências de movimentos que começam na posição agachada, progridem para um salto ou torção do corpo e terminam na postura agachada ou sentada.

As posturas mais baixas são usadas principalmente como esquivas dos chutes e golpes de armas. Os lutadores são capazes de partir dessas posições baixas diretamente para o contra-ataque. As duas posições à esquerda são muito semelhantes às posturas em que os atletas eram representados na arte dos gregos da antigüidade.

A Prática de Formas

Depois da prática de técnicas, o mestre conduz seus alunos na prática de formas. Essas formas são seqüências predeterminadas de movimentos que o aluno deve repetir continuamente até ser capaz de executá-las com perfeição. Cada forma dura cerca de um minuto e incorpora de vinte a cinqüenta técnicas essenciais. Depois de praticar repetidamente, os alunos passam a conhecer as formas tão bem que, ao defrontar-se com um adversário, são capazes de executar as técnicas contidas nas formas de maneira quase instintiva.

O aluno se movimenta em linha reta para a frente, para trás, para a esquerda e para a direita, usando passos de ataque, recuo, esquiva, etc., para unir todas as técnicas num único movimento fluido, que descreve sempre a forma de uma cruz ou de um quadrado.

As formas, chamadas *suvadu* no sul da Índia, começam e terminam com uma saudação. São muito bonitas de se ver. Certas técnicas são feitas dos dois lados ou repetidas em diferentes direções. Assim, depois de dar um passo à frente com a perna direita e desferir um soco e um bloqueio com o braço direito, o movimento seguinte pode ser o de virar 180 graus, dar um passo à frente com a perna esquerda e desferir um soco e um bloqueio com o braço esquerdo.

No kalaripayit, as formas de mãos nuas também podem ser reproduzidas de modo exato com uma arma na mão. A prática a dois produz uma forma parelhada de treino de combate. Esse treino a dois é coreografado e, por isso, é totalmente diferente da luta livre, na qual os alunos podem usar quaisquer movimentos e técnicas, desde que não machuquem um ao outro.

As formas são usadas extensamente em muitas artes marciais chinesas e japonesas. Sabe-se que, há muitos séculos, algumas formas chinesas chegaram ao sul da Índia. Essas formas caracterizam-se por movimentos de mãos muito mais rápidos e complicados do que os das formas indianas. O conhecedor os reconhece claramente como chineses, muito embora estejam longe de ser simples cópias de formas chinesas.

As formas têm a finalidade de gerar a disciplina e o autocontrole no praticante e de melhorar o equilíbrio, o ritmo e a precisão dos seus movimentos. Muitas formas do kalaripayit envolvem a execução de giros voadores espetaculares, fintas ou ataques simulados para desviar a atenção do adversário ou enganá-lo; agachamentos ou pulos para desviar de chutes ou golpes. Além das formas tradicionais do norte e do sul, existem aquelas que os próprios mestres desenvolvem para a prática de luta com armas.

O Treinamento com o Bastão

A prática de luta com o porrete e o bastão, chamada *silambam* no sul da Índia, é quase uma arte marcial independente. Há pouco tempo, procuraram-se estabelecer torneios e competições esportivas para encorajar o desenvolvimento de uma arte do bastão, mas os mestres de kalaripayit ainda a ensinam segundo a forma tradicional como parte do treinamento básico.

Na Ásia inteira, o porrete e o bastão sempre foram populares como armas de defesa. O bastão, companheiro tradicional do viajante, é leve, não chama a atenção e não representa uma ameaça imediata a ninguém. Na qualidade de arma, porém, é barato e fácil de obter, forte e durável e pode ser usado de muitas maneiras diferentes. O bastão proporciona uma defesa eficaz contra todas as armas, exceto os projéteis. A maioria dos bastões, mesmo os feitos de ratan e de bambu, agüentam firme até os golpes de lâminas afiadas; com efeito, é possível, com um porrete ou bastão, arrancar uma lâmina de metal das mãos de um oponente ou mesmo quebrá-la.

Os porretes e bastões também são excelentes armas de treinamento. Não têm fio, mas infligem uma dor suficiente para acabar com a apatia dos praticantes. Cortados no tamanho apropriado, podem ser esculpidos de forma a representar facas, espadas, lanças, alabardas e outras armas, que podem ser manipuladas com facilidade. O porrete e o bastão apresentam certas vantagens especiais em combate, uma vez que podem ser usados para atordoar, imobilizar ou causar dor num adversário sem provocar ferimentos sérios. Não é por acaso que são as armas escolhidas por tantas forças policiais pelo mundo afora.

Os bastões de silambam usados na Índia têm um tamanho que vai de quinze centímetros a pouco menos de dois metros. A maioria dos alunos usa bastões feitos de ratan, que é bastante flexível, ao passo que os alunos avançados usam bastões de madeira dura.

Os bastões mais compridos são empunhados, em geral, com uma mão no centro e a outra numa das extremidades da arma. É característico da luta indiana, porém, que o bastão seja empunhado com ambas as mãos por uma de suas extremidades e movimentado rapidamente, de modo a infligir vários golpes em seqüência. Os bloqueios são efetuados pelo bastão empunhado com ambas as mãos, cada qual colocada a um terço do comprimento da arma.

As técnicas do silambam caracterizam-se pelas posturas baixas e pelo desferimento rápido de golpes e bloqueios. As formas simples e em duplas são estudadas primeiro, seguidas pela luta livre, geralmente entre mestre e discípulo.

O Treinamento com Armas

Muitas técnicas de bastão podem ser usadas com as outras armas do kalaripayit. Uma das armas mais simples, feita com um par de chifres de veado, tem duas pontas aguçadas e também é excelente para bloquear. A adaga indiana, chamada *bundi* na maior parte das regiões do subcontinente, também é excelente para bloqueios em virtude da conformação singular do seu cabo. O lutador pode usar uma ou duas adagas.

As espadas, com lâmina de cerca de 65 centímetros de comprimento, costumam ser usadas sozinhas, aos pares ou com um broquel ou escudo. Entre as outras armas usadas no kalaripayit, podemos mencionar o tridente, o machado de batalha e vários tipos de lança. Há também um conjunto de armas improvisadas, como facões feitos das hastes de peixes-espada, e até mesmo facas tridirecionais, ou seja, facas de três lâminas voltadas para diferentes direções.

A *urumi* ou espada de lâminas flexíveis talvez seja a arma mais espetacular da Índia. É feita de duas ou três lâminas de metal, cada qual com cerca de quatro centímetros de largura e dois metros de comprimento, unidas numa das extremidades a um cabo de madeira. Seu uso é difícil e perigoso, mas, uma vez dominada, é um meio extremamente eficaz de enfrentar um ataque simultâneo de vários oponentes.

Bastões com pesadas bolas de madeira encaixadas nas extremidades são usados como pesos voadores, mais ou menos como eram as maças européias. Podem também ter as extremidades cobertas com tecidos, encharcadas de óleo e acesas como tochas para amedrontar e deter os adversários. Pode ser que essa arma tenha tido a sua origem nos tempos antigos, quando o fogo era usado para deter as investidas dos elefantes nas batalhas.

Muitas armas do kalaripayit lembram as armas medievais. Tanto as armas quanto as técnicas pelas quais são usadas podem ter-se originado nos campos

Algumas moças aprendem o kalaripayit. Esta aluna está praticando o silambam, a luta com o bastão, que deve dominar antes de poder começar a treinar com outras armas. Um dos aspectos menos usuais do silambam é o hábito de bater com o bastão no chão antes de atacar. Isso permite que o ataque parta de baixo para cima. Trata-se também de um ataque simulado, com o objetivo de confundir o inimigo.

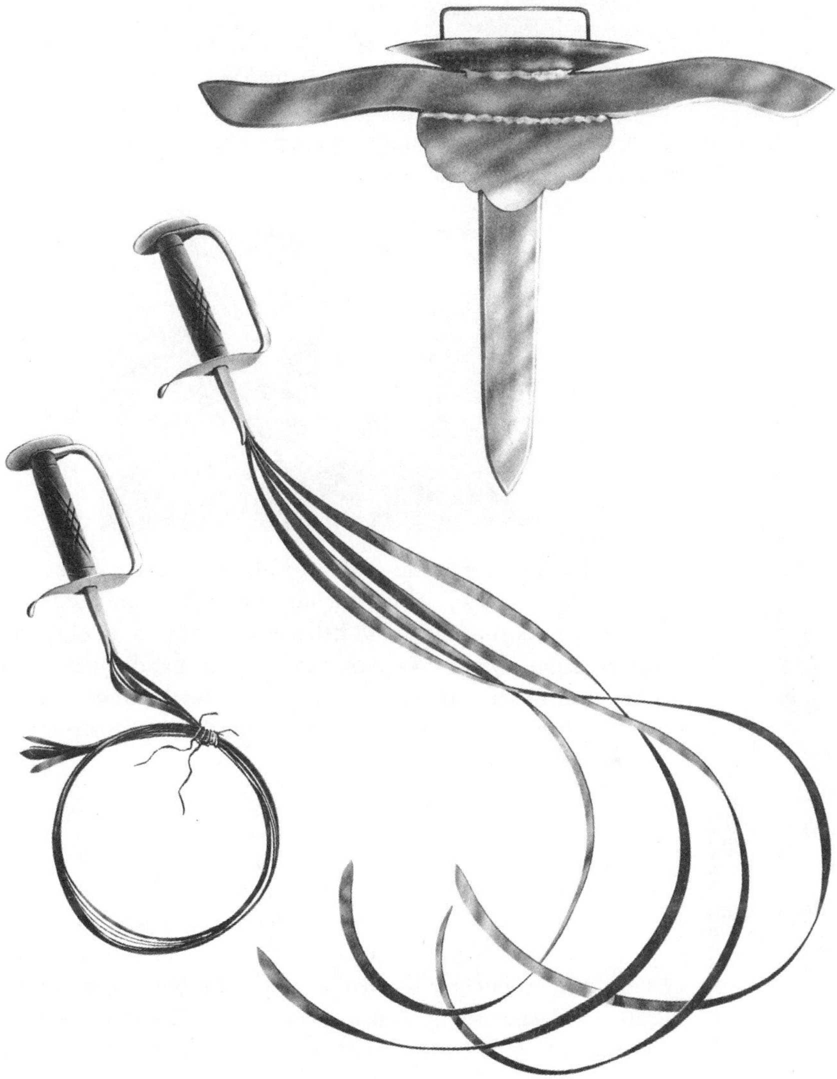

As facas tridirecionais têm três lâminas dispostas a 90 graus umas em relação às outras. Acredita-se que essa arma foi inventada pelo mestre sulista Mathavan Asan. É útil para dilacerar e muito eficiente para bloquear ataques.

A urumi ou espada de lâminas flexíveis é mantida enrolada e, quando solta, é vergastada no ar para produzir um barulho extraordinário, poeira, centelhas e confusão. Ambos os gumes das lâminas de aço são afiados, o que torna a urumi uma arma mortífera. O usuário cria ao redor de si uma espécie de tela defensiva, movimentando a arma rapidamente pelo ar em movimentos circulares e virando de repente para surpreender o oponente. Para deter o movimento da arma, o guerreiro a faz enrolar-se em torno da sua cintura.

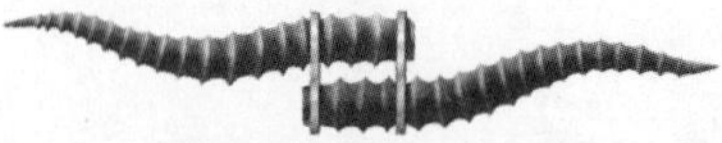

Um par de chifres de veado fixados de tal modo que uma mão possa caber entre suas bases, onde eles se unem, compõe uma arma altamente incomum. Pode ser usada de modo muito eficaz para bloquear, e as pontas, para furar.

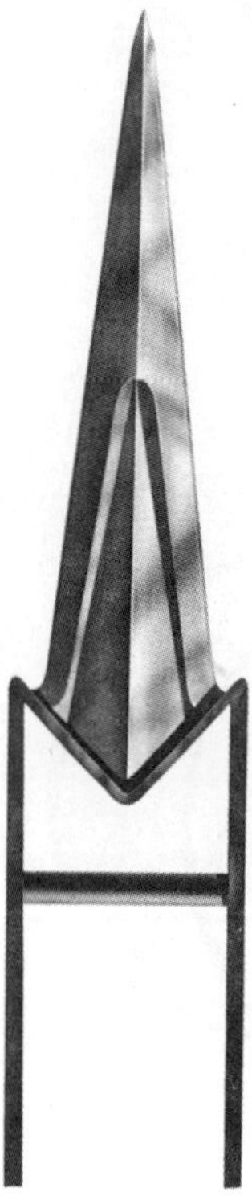

Esses dois praticantes do estilo do sul, *acima*, estão executando uma série complexa de movimentos, típica das técnicas de artes marciais mais sofisticadas. O defensor, à esquerda, imobilizou o braço e a mão direita do agressor, que está segurando uma faca tridirecional. O defensor passa então a mão esquerda entre o braço direito e a garganta do agressor, e pode assim sufocá-lo e desarmá-lo simultaneamente.

A adaga chamada bundi, *à esquerda*, tem uma lâmina sulcada de dois gumes e um cabo singular que a torna eficientíssima no combate corpo-a-corpo. Os apoios laterais possibilitam que o guerreiro bloqueie com os antebraços os golpes desferidos por outras armas de corte e aproxime-se rapidamente do oponente. Era a arma principal do estado de Bundi, fundado em meados do século XIV, e ajudou o grão-mogol Jahangir a sobrepujar seus inimigos no século XVII.

de batalha. Entretanto, hoje em dia, o kalaripayit é mais usado em ocasiões cerimoniais e festivas do que em batalhas, e isso fez com que se desse ênfase às técnicas e armas mais espetaculares, cuja utilidade marcial é, muitas vezes, duvidosa. Porém, a maioria das outras técnicas usadas atualmente é aterrorizante e eficiente.

Vasudevan Gurrukal supervisiona dois alunos seus que estão começando a praticar, a dois, uma forma de bastões curtos. O aluno à direita usa um bastão curvo que lembra a presa de um elefante.

O Conhecimento Medicinal dos Mestres

Quando os alunos avançados chegam ao fim do treinamento extenso e rigoroso do kalaripayit, alguns buscam penetrar mais fundo na sabedoria e no conhecimento dos seus mestres. Só uns poucos alunos, escolhidos a dedo, podem seguir esse caminho; mas, para os que podem fazê-lo, existem duas veredas que podem ser percorridas, quer uma à exclusão da outra, quer as duas juntas. Ambas têm por base uma intimidade cada vez maior com as operações do corpo humano, e, em certo sentido, as duas são complementares. Por um lado, há o caminho da medicina e da cura da grande tradição ayurvédica. Por outro, há o caminho da arte marcial secreta do marma-adi, do conhecimento dos pontos vitais do corpo.

O mestre, que não só nesta como em todas as artes marciais, é tradicionalmente o médico local, tem de tratar não só os ferimentos mais simples que os alunos sofrem durante a prática, como hematomas e estiramentos musculares, mas também, às vezes, um centro nervoso ferido ou um osso fraturado. De vez em quando, um aluno ou praticante sofre ferimentos internos no abdômen ou em outra parte do corpo. Depois de anos e anos tratando uma larga variedade de ferimentos, o mestre se torna um especialista em medicina.

Além disso, num sentido mais rigorosamente marcial, os mestres indianos de kalaripayit têm acesso ao venerável conjunto de conhecimentos de medicina contidos nos shastras, antigos textos ou tratados escritos sobre folhas de palmeira e transmitidos de mestre a discípulo.

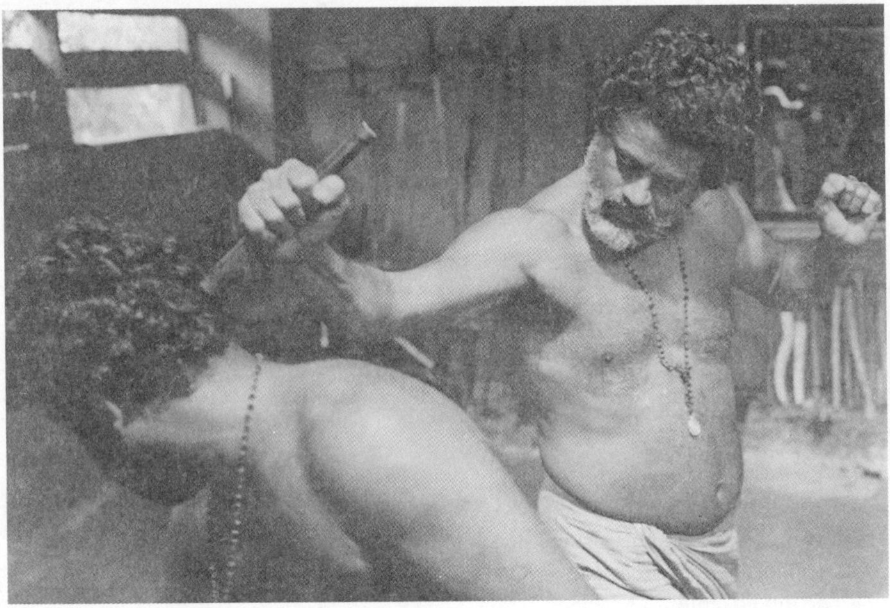

O Mestre Vasudevan ensina a Moses Thilak a técnica secreta de golpear os pontos vitais, chamada marma-adi. *Acima*, usando um bastão curtíssimo, o mestre golpeia a parte de trás do crânio de Thilak. Esse golpe o deixará instantaneamente inconsciente. No *pé da página*, o Mestre usa o antebraço esquerdo para aparar um soco dado por Thilak e ao mesmo tempo ataca o peito do adversário com o cotovelo direito. As mãos unidas dão mais força à defesa e ao ataque do Mestre.

PANICKAR GURRUKAL

É estranho pensar que este senhor talvez seja o homem mais perigoso de Madras. É ele o gerente de uma grande sorveteria, localizada num hotel, e é também um conhecido ator coadjuvante do cinema, escolhido por sua bela aparência e pelas habilidades de dançarino de salão. É discreto, tímido e gentil, o mais manso dos homens. Só ensinou a arte marcial secreta do marma-adi a um único discípulo, pois cuida para que seus perigosos conhecimentos não se tornem largamente conhecidos. À semelhança de todos os mestres de artes marciais, ele reluta em transmiti-los, mesmo aos mais confiáveis dentre os seus seguidores.

Seu discípulo de marma-adi é Moses Thilak, o indiano que comanda as pesquisas sobre o kalaripayit. Antes de cada aula, Moses Thilak vai à sorveteria e pede um sorvete. Quando termina, Panickar Gurrukal tira a jaqueta de algodão e caminha à frente de Moses para fora da sorveteria. Atravessa a rua e entra no velho casarão que abriga o dormitório dos trabalhadores do hotel.

Contornando os corpos dos colegas que jazem adormecidos, eles vão até a única sala vazia, um santuário hinduísta. É uma sala simples. No altar há uma oferenda de flores e muitas imagens pitorescas dos deuses e deusas da Índia, representados em cores vivas e com gestos apaixonados.

Fecham a porta para que ninguém os veja e falam baixo para que seus segredos não sejam revelados. Panickar abençoa o discípulo e dirige-lhe solenemente a palavra:

"Pratico este *marman* (marma-adi) há 25 anos e até agora não o ensinei a ninguém, pois é igual à morte.

"Agora estou transmitindo-lhe esta habilidade em confiança.

"Esta arte tem uma longa tradição e já é praticada há muito tempo.

"Ao praticar esta arte, você deve se lembrar de Deus; deve se lembrar dos seus pais e do seu país. Não deve ter maldade no coração.

"Compreenda que você só deve usar esta arte quando a sua vida estiver em perigo e você não tiver outro meio de se proteger. Não deve usá-la numa briga."

Moses perguntou:

"Suponha que haja uma briga. O que devo fazer?"

O Mestre respondeu:

"Se houver uma briga, você deve se lembrar de três coisas:

"Você deve tentar fazer as pazes. Deve dizer: 'O que você quer? Eu lhe dou o que você quer.' Deve dizer: 'Olhe, não vamos brigar.'

"Se isso não funcionar e não houver meio de fugir, você deve se proteger.

"Mesmo então, você só deve usar a meia-mão para se proteger. Nunca use a mão inteira. A mão inteira deve ser uma técnica que você sabe, só isso. Quando digo 'mão inteira', refiro-me a todo o comprimento do braço. Quando digo 'meia-mão', quero dizer que você só usa metade do braço. Nunca, em hipótese alguma, use a mão inteira, pois ela leva à morte. Não precisamos nos tornar assassinos."

O Mestre continuou:

"Se não houver jeito de fugir, você deve olhar cuidadosamente para todos os lados para ter certeza de que ninguém está olhando ou observando você, deve usar a meia-mão e escapar."

Moses perguntou:

"Por que devo olhar para os lados?"

O Mestre explicou:

"Porque, se os golpes forem fortes, a pessoa pode morrer apesar de tudo, e nós podemos nos tornar assassinos. Não deve haver testemunhas que possam dizer que nós batemos numa pessoa e a matamos.

"Primeiro você deve olhar em volta; depois, deve usar a meia-mão e escapar.

"Além disso, é importante que você não revele a ninguém que conhece esta arte. Não diga a ninguém que você conhece o *marman*.

"Você sabe o que as pessoas farão se o descobrirem? Vão chegar de mansinho, pelas costas, para deter você.

"Se os seus inimigos descobrirem que você sabe esta arte, não vão querer enfrentá-lo diretamente. Vão tentar atacá-lo sem que você o saiba."

Moses comentou:

"E isso nos põe em grande perigo. Se não falarmos a ninguém, seremos pelo menos capazes de ver os inimigos chegando e será mais fácil escapar."

Panickar ensina a Moses os golpes rápidos e inesperados que varam qualquer guarda e atingem os pontos vitais. Então mostra quais são os sintomas apresentados por uma pessoa atingida naquele ponto determinado. Por fim, ensina o antídoto para ressuscitar a vítima, que pode consistir numa massagem, em golpes leves ou mesmo em soprar pimenta em pó nas narinas e nos ouvidos da vítima enquanto se faz uma massagem no alto da cabeça dela.

À demonstração do golpe segue-se a demonstração da técnica de ressuscitação e, depois de cerca de uma hora, o Mestre termina a lição:

"Esta arte é grandiosa. Você não deve ensiná-la a ninguém.

"Deve examinar todas as coisas numa pessoa antes de considerar a hipótese de ensiná-la. Vá vê-la e procure saber que espécie de pessoa ela é.

"Descubra como ela é. Provoque-a e estude o que ela diz. Veja se ela fica com raiva, se é arrogante. Você compreende?

"É só depois de pôr a pessoa à prova que você saberá se deve ou não ensiná-la.

"Você se lembra bem de tudo o que eu disse?"

Moses afirma que sim.

Os dois homens saem do santuário e caminham de volta ao hotel.

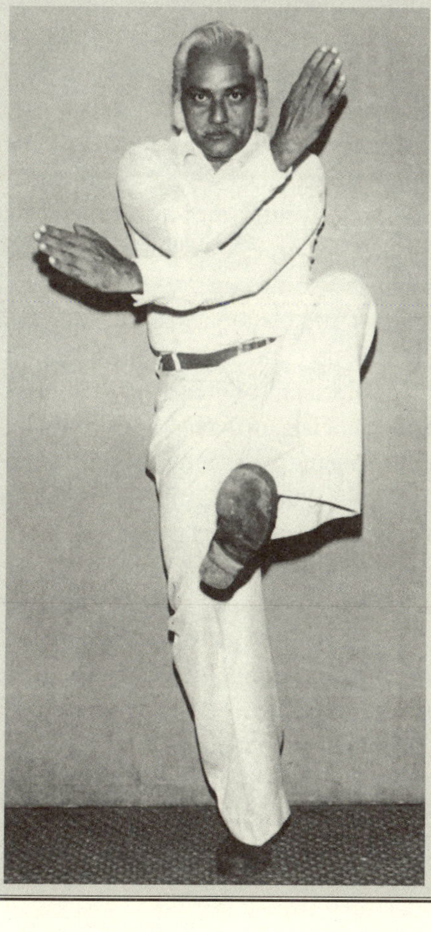

Panickar Gurrukal demonstra uma postura de luta tirada do seu repertório de marma-adi, ou seja, das técnicas secretas. Sua postura é idêntica à postura clássica em que o deus hindu Krishna é representado em estátuas esculpidas de 3.000 a 4.000 anos atrás.

O lado mais espetacular do kalaripayit se revela nesta imagem de um lutador girando clavas em chamas. Hoje em dia, essas técnicas são executadas antes de mais nada para acrescentar um fator dramático às demonstrações de kalaripayit, mas pensa-se que originaram-se no campo de batalha, como técnicas para assustar os animais — elefantes, por exemplo — usados pelos exércitos inimigos. Seria possível devastar um exército inteiro se o ataque de seus elefantes se voltasse contra ele mesmo.

O *Sushruta-Samhita*, shastra de medicina que data de algum momento entre os séculos II e IV d.C., escrito pelo médico e cirurgião indiano Sushruta, traz informações específicas acerca de 107 ou 108 pontos do corpo que, quando atingidos, perfurados ou apertados com força, produzem paralisia temporária, dor extrema, perda de consciência ou mesmo a morte imediata ou diferida.

Na Índia, considera-se que esses pontos vitais são os pontos de junção de vasos sangüíneos, ligamentos e centros nervosos. Cada ponto se localiza numa região minuciosamente determinada do corpo, que pode ser pequena e difícil de identificar e deve ser golpeada de maneira específica e com uma força controlada. Por isso, só os mais adiantados dentre os praticantes da arte são capazes de usar esse conhecimento com eficácia.

Todos os mestres guardam ciosamente seu conhecimento dos pontos vitais; aqueles com quem conversamos nos deixaram claro que o pouco que estavam dispostos a nos transmitir deveria ser tratado com o máximo respeito. Por isso, só reproduzimos fotografias daqueles golpes em pontos vitais reconhecidos como pontos perigosos não só nas artes marciais, mas também em disciplinas como o boxe. Quase todos os lutadores sabem que as têmporas, o osso esterno, a veia jugular e os testículos são pontos altamente vulneráveis. Existe, porém, um grande número de pontos menos conhecidos que podem ser usados com muito mais eficácia para neutralizar um oponente.

Alguns leitores talvez permaneçam céticos perante a nossa reticência em tratar deste tema. Entretanto, nos anais da ciência legal européia e asiática, há relatos detalhados e extensamente documentados sobre o que pode acontecer com uma pessoa atingida em qualquer um desses pontos. Se falamos pouco neste livro acerca do conhecimento dos pontos vitais, não é por alimentar dúvidas em relação à validade das informações que recebemos, mas por respeito pelos mestres. Os que têm vontade de saber mais devem estudar com diligência por muitos anos até que um mestre se disponha a revelar-lhes, em confiança, essas perigosíssimas informações.

O sistema secreto do marma-adi é mais um indício da antigüidade e da profundidade do kalaripayit. Ele coloca a arte indiana no mesmo nível das mais esotéricas dentre as artes chinesas e japonesas, que também contêm conhecimentos secretos de natureza mortífera. Os especialistas que compararam as localizações dos pontos vitais reveladas nos antigos textos indianos com as localizações conhecidas pelos modernos praticantes das artes chinesas e japonesas constataram um alto grau de compatibilidade entre os dois sistemas.

Conformes à tradição das artes marciais, os mestres de marma-adi do sul da Índia sabem ressuscitar qualquer pessoa atingida num dos pontos vitais. Para tanto, usam massagem, manipulação dos ossos e articulações, ervas e preparados medicinais. Não é de surpreender que tenham adquirido um tal conhecimento, pois, de vez em quando, durante o treinamento, um dos alunos é atingido acidentalmente num dos pontos vitais.

Há um aspecto desse sistema que praticamente só ocorre no sul da Índia: existem lá alguns homens que são mestres somente do marma-adi e não praticam nenhuma outra forma de arte marcial.

Métodos de Controle dos Elefantes

Não só os seres humanos, mas também os animais têm pontos vitais, muitos dos quais são conhecidos pelos indianos. Sabe-se que o elefante tem noventa pontos. Apertando um dos pontos com seu bastão, o *mahout* ou condutor pode fazer seu elefante trombetear; apertando outros, pode fazê-lo ajoelhar-se, deitar-se, virar 180 graus, ir em frente, etc. Existem seis pontos que, se forem apertados do jeito correto, causam medo no elefante; um ponto que o deixa entorpecido; e quatorze que causam a morte imediata do animal.

4 A TRADIÇÃO DE SHAOLIN

O melhor soldado não é aguerrido;
O melhor lutador não é violento;
O melhor conquistador não toma parte na guerra;...

Tao Te Ching,
de Lao Tzu

Há quase 1.500 anos que a China ocupa uma posição de destaque no desenvolvimento das artes marciais. Os sistemas de luta que surgiram e desenvolveram-se na China foram depois exportados por artistas marciais chineses para outros países da Ásia. Ao mesmo tempo, pessoas que iam à China para visitar o país, comerciar ou estudar aprendiam os sistemas marciais chineses e levavam esse conhecimento de volta à sua terra de origem. Além disso, foi na China que os sistemas filosóficos e religiosos dos quais dependem muitas artes marciais foram criados e desenvolvidos. A transmissão dos ensinamentos de Lao Tzu, Confúcio, Buda e do sucessor deste, Bodhidharma, caminhava de mãos dadas com a transmissão dos sistemas marciais chineses para muitos outros países da Ásia, especialmente o Japão.

Adotadas pelos japoneses, as artes foram desenvolvidas e diferenciadas até que, transformadas em artes japonesas, muitas foram exportadas para o mundo em geral. Esse processo de disseminação ocorreu, em parte, em decorrência da acessibilidade geográfica do Japão à China e, depois da Segunda Guerra Mundial, às nações do Ocidente; mas as cau-

O wing chun, um estilo de luta do Shaolin do sul, é praticado atualmente até mesmo em Londres. Na academia do Sifu (ou Mestre) Simon Lau, na zona norte da cidade, um indiano e um chinês praticam juntos de maneira muito semelhante à que ocorria entre os monges indianos e chineses no Templo de Shaolin séculos atrás. O mural pintado nas paredes no templo e evocado por esta fotografia pode ser visto na página 82.

sas principais foram as atitudes tradicionais das autoridades nesses dois países. Por quase 350 anos, desde meados do século XVII, quando invasores vindos da Manchúria derrubaram o último imperador Ming e fundaram a dinastia Ch'ing, as artes marciais têm sido oficialmente desencorajadas na China. Para sobreviver de lá para cá, abrigaram-se sobretudo no seio de organizações secretas e clandestinas. No Japão, porém, há pelo menos mil anos que constituem uma instituição social aprovada e aceita. Para dar início a este capítulo, vamos fazer um resumo do desenvolvimento das artes marciais na China.

Escola Dura e Escola Mole

Os ocidentais que depararam com a complexidade e a proliferação das artes marciais na China aceitaram a divisão dessas artes em duas escolas principais, a escola dura ou externa e a escola mole ou interna. Trata-se de uma classificação conveniente, usada pelos chineses, mas é enganosa porque dá a entender que há uma barreira rígida entre as duas escolas. Para a mente chinesa, todas as coisas contêm os seus opostos e estão sempre fluindo na direção deles. Essa idéia se expressa no conceito de yin e yang. Por isso, nas artes marciais chinesas de hoje em dia, não há um estilo que se possa considerar totalmente duro. Todos os estilos duros incorporaram técnicas moles de outras escolas, e algumas técnicas duras encontram-se até mesmo na mais mole ou suave de todas as artes marciais, o t'ai-chi ch'uan.

Embora as artes suaves sejam discutidas separadamente, no Capítulo 5, não será possível falar sobre o surgimento das artes duras sem considerar também as moles.

Não é fácil para os não-praticantes de artes marciais captar essa distinção entre as artes duras e as suaves. Por isso, vamos reduzi-la antes de mais nada a seus princípios básicos, lembrando sempre que o que estamos apresentando aqui é uma redução teórica, não uma descrição prática.

Consideremos primeiro as artes duras, cujo princípio fundamental é o de combater a força pela força. Se uma pessoa o ataca, ela exerce força contra você. É esse o princípio básico de todos os sistemas de armas, inclusive as que usam projéteis.

No combate sem armas, essa força tem de ser exercida por um movimento do corpo inteiro, ou de algumas de suas partes, como os braços ou as pernas, contra o adversário. Golpes de todos os tipos são disparados sob a forma de socos ou ataques de mão aberta, pancadas com os ombros ou os cotovelos, chutes e joelhadas. Os contra-ataques são normalmente precedidos de bloqueios ou aparas, que param ou desviam os golpes e são rapidamente seguidos de socos, chutes ou outros movimentos ofensivos.

Esse tipo de luta sem armas é muito simples e deu origem às técnicas básicas de muitos sistemas asiáticos de luta. Os mestres que empregam esses sistemas descobriram, no decorrer dos anos, que essas técnicas são mais eficientes quando a força é exercida em linha reta. Por isso, na aplicação de socos e chutes, o braço ou a perna são retraídos, tensionados e depois impelidos em linha reta rumo ao alvo. O impulso aumenta se o corpo inteiro seguir o movimento do golpe desferido, e é por isso que os praticantes das artes duras geralmente aprendem a andar e golpear de forma linear. A arte indiana do kalaripayit emprega uma grande variedade de golpes desse tipo, como também acontece no karatê, no boxe tailandês, no tae kwon dô coreano e nas artes duras chinesas que chamamos de kung-fu, bem como em muitos sistemas marciais da Indochina e do Sudeste Asiático.

Nas artes moles, porém, o princípio fundamental não é o de combater diretamente a força de ataque, mas o de usar essa força contra o próprio atacante para derrotá-lo. O adepto da escola mole, portanto, não tem o objetivo de opor-se aos ataques, mas de desviar-se deles e até acrescentar-lhes uma certa força.

Um exemplo simples pode servir para esclarecer este ponto. O adversário lança um ataque contra o adepto das artes suaves: dá um salto para a frente, desfere um soco e solta um grito temível. O defensor dá um passo rápido para o lado, agarra o braço do atacante enquanto este desfere o soco e o puxa na mesma direção em que ele já está indo. O atacante perde o equilíbrio e o defensor, usando uma chave de mão ou de braço, o mantém imobilizado no chão.

Os mestres das artes suaves constataram pela prática que a maneira mais eficiente de aplicar sua arte consiste em mover os membros e o corpo inteiro em movimentos circulares. Os alunos aprendem a relaxar e curvar para a frente os ombros e manter as pernas levemente flexionadas. Os braços quase nunca ficam totalmente estendidos; tendem a mover-se em arcos de círculo, com os cotovelos relaxados e flexionados. A circularidade, portanto, é a aplicação fundamental das artes suaves.

Muitas das técnicas de lançamento e das chaves do kalaripayit são essencialmente suaves; além disso, as artes chinesas do hsing-i, pa-kuá e t'ai-chi ch'uan e as japonesas judô e aikidô baseiam-se por inteiro nesses princípios. Certas técnicas avançadas do karatê e de várias artes coreanas e do Sudeste Asiático também fazem uso de métodos suaves para agarrar, lançar e imobilizar o oponente.

Talvez nos convenha emprestar um método chinês e encontrar no reino animal algumas analogias — animais que lutem num estilo duro ou num estilo suave —, embora seja duvidoso que haja alguma criatura que se encaixe perfeitamente nas categorias em que se dividem as artes marciais. Alguns animais se movem lentamente e atacam de súbito, sem dar aviso. O camaleão senta-se camuflado e imóvel; então, num átimo, sua língua lança-se à frente e um inseto é capturado. As serpentes movem-se num ritmo constante, enrodilham-se, balançam para cá e para lá e de repente dão o bote. O momento do bote não é previsto pela presa. Tanto o camaleão quanto a serpente permanecem plenamente alertas, mas sem tensão nenhuma, e parecem sentir qual será o próximo movimento da presa.

No outro extremo há o terrier que procura capturar um rato que ele sabe estar escondido numa pilha de madeira que alguém está desfazendo, tora a tora. A cada acha que é retirada da pilha, o terrier aproxima-se e afasta-se. Seu corpo inteiro trepida, suas orelhas apontam para cima, seu focinho cheira o ar. Não há imobilidade no cão, mas uma intensa vivacidade e, no fim, quando o rato aparece, uma alegre perseguição. A tensão que há no terrier é semelhante à que ocorre numa luta entre dois adeptos da escola dura.

É muito freqüente que se enfrentem em combate os animais que representam os estilos duro e suave de lutar. Quando um mangusto, pura eletricidade, desafia uma serpente, aparentemente passiva, os dois sistemas confrontam-se. Nas artes marciais chinesas, técnicas especiais nasceram da observação de animais, e os movimentos e estilos de luta de alguns animais influenciaram tanto as técnicas duras quanto as suaves.

A diferença entre as artes duras e as artes suaves não está só nos movimentos, mas também nas técnicas de respiração, que são fundamentalmente diferentes. As artes suaves ou moles fazem uso de um sistema no qual o controle da respiração fica no baixo abdômen. Cinco centímetros abaixo do umbigo há o ponto chamado *tan-tien*, o "campo de cinábrio" ou "campo do elixir". É esse o centro da energia vital, ou *chi*. Embora o ar não desça abaixo dos pulmões quando é inalado, ele chega ao tan-tien quando se dissolve no sangue, e a mente pode ser treinada para sentir que a respiração se encaminha diretamente para lá. Trata-se de um modo pelo qual os músculos do diafragma podem ser treinados para encher os pulmões de ar segundo o método benéfico de respiração que é usado por cantores, na yoga e em sistemas de relaxamento. É desse jeito que os bebês respiram quando vêm ao mundo.

Na arte dura, o nível da respiração é elevado a um ponto situado entre o plexo solar e o alto do peito. Trata-se de um método mais superficial de respiração, no qual os pulmões não se expandem plenamente, mas cria-se dentro deles uma alta pressão de ar. Na luta, isso permite que a energia seja liberada de forma explosiva, mas corre-se o perigo de que o adepto desse método perca rapidamente as suas forças.

Há mais uma distinção básica que os chineses freqüentemente empregam para distinguir entre esses dois métodos de luta. Trata-se de uma distinção que diz respeito ao uso da mente. A escola dura também costuma ser chamada de escola externa ou exotérica. Traçando essa distinção, os chineses deixam claro que esse estilo depende do uso da força física das partes externas do corpo, principalmente dos músculos e ossos dos braços e pernas. A luta, nesse estilo, é fundamentalmente um embate instintivo entre os corpos dos oponentes.

A escola mole, por outro lado, é muitas vezes chamada de escola interna ou esotérica. Todas as formas desse estilo dão grande ênfase à mente e à capacidade de vencer o oponente pela astúcia. O pensamento se torna uma intenção, que instrui o corpo no uso do mínimo de força necessária para derrotar o adversário. Acredita-se que a força nasce do próprio centro do corpo e flui para fora a partir desse ponto.

Como seria de se esperar, a controvérsia acerca das vantagens e desvantagens dos dois sistemas é infinita, e, como já dissemos, na prática, a maioria das escolas de artes marciais combina elementos de ambos os estilos. No capítulo seguinte, examinaremos em profundidade as artes marciais internas. Agora, vamos tratar dos antigos sistemas de luta da China, que se ligam primordialmente ao estilo duro e externo. Parece que a raiz a partir da qual nasceram, cresceram e floresceram as artes chinesas duras foi o grande Templo de Shaolin, situado nas Montanhas Songshan da China central.

O Templo de Shaolin

Esse templo singular, situado em meio às vastas planícies da China, imprimiu sobre o mundo uma marca que poucos lugares deixaram. Se este livro contasse a história do Budismo Ch'an (ou Zen), teria de relatar do mesmo modo a história religiosa do Templo de Shaolin. O melhor talvez seja compará-lo à Atenas em seus dias de maior criatividade, pois, do mesmo modo que Atenas influenciou o pensamento de inúmeras gerações de ocidentais, Shaolin influenciou a filosofia do Oriente, especialmente pela criação e disseminação do Budismo Ch'an (Zen).

O Templo de Shaolin situa-se num lugar poderoso e altamente auspicioso. Quatro das principais cadeias de montanhas da China situam-se nos diversos pontos cardeais; a cadeia de Songshan fica no centro, no condado de Denfeng, província de Honan. A cadeia de Songshan, ou "Montanhas Centrais", é composta de montanhas relativamente baixas. No ano 495 d.C., o imperador Hsiaowen deu ordens para que se construísse na vertente oeste dessas montanhas o Templo de Shaolin para nele instalar o monge indiano Batuo, ou Fo Tuo, como é chamado em chinês. Sua imagem é freqüentemente vista nos mosteiros budistas: um monge alegre, de ventre gigantesco, sorrindo para o mundo.

Os primeiros edifícios do templo foram um stupa — uma estrutura abobadada que serve de santuário — e uma plataforma onde os monges indianos pudessem dedicar-se à tradução dos sutras sagrados ou narrativas literárias do Budismo para o chinês.

No Capítulo 2, contamos a história de Bodhidharma, ou Ta Mo em chinês, um outro monge indiano que no século VI visitou o Templo de Shaolin, onde ensinou uma nova forma de Budismo caracterizada pelos longos períodos de meditação estática na posição sentada. Seus ensinamentos tornaram-se os fundamentos de uma nova escola de filosofia budista, chamada de Ch'an na China e Zen no Japão. Para que os monges conseguissem suportar os rigores dessa nova vida religiosa, Bodhidharma ensinou-lhes determinados exercícios e técnicas de respiração que são considerados as bases das artes marciais modernas.

No auge da sua expansão, há cerca de 1300 anos, o Templo de Shaolin era habitado por 1500 monges, entre os quais quinhentos monges-guerreiros, e tinha todas as terras e edifícios necessários para alimentar e abrigar esse contingente. O imperador T'ai Tsung (Li Shih-Min), da dinastia T'ang, concedeu ao templo o direito de formar um pequeno exército de monges-soldados. Quando se viu em perigo, o mesmo imperador pediu a ajuda do templo, que lhe enviou treze monges. O incidente foi registrado numa placa de pedra guardada no templo até hoje.

O imperador, grato, procurou persuadir os treze a aceitar cargos oficiais na corte, mas eles responderam que as suas artes marciais serviam para proteger o templo e conservar a saúde dos monges: "Uma vez que o mundo encontra-se ora em paz, voltaremos a nosso mosteiro; mas, se a sociedade precisar novamente de nós, voltaremos a lutar." Então, o imperador deu permissão para que o templo treinasse quinhentos monges-guerreiros.

Cerca de mil anos depois, outro imperador pediu ajuda. Em 1674, 128 monges comandados por um antigo partidário dos Ming, Cheng Kwan-tat, acorreram em auxílio do imperador K'ang-Hsi, dos Ch'ing. Cheng lutara contra os imperadores manchus da dinastia Ch'ing, mas retirara-se para o Templo de Shaolin a fim de aprender as artes marciais. Seu pequeno exército de monges foi de extrema valia para o imperador, mas, ao fim dos combates, também eles rejeitaram os títulos oferecidos e voltaram ao templo.

Dessa vez, a modéstia não lhes foi propícia. O imperador deixou-se persuadir de que seria perigoso tolerar a existência de um centro independente repleto de pessoas dotadas de uma tão extraordinária capacidade de luta. Com a ajuda de um monge renegado, enviou um exército ao templo. Segundo as lendas que chegaram a nós, o templo foi sitiado e incendiado. Cerca de 110 monges morreram, mas outros dezoito foram protegidos pelo Buda, que atendeu às suas orações e fez surgir uma grande cortina amarela que os abrigou das chamas. No fim, segundo se diz, apenas cinco desses monges sobreviveram ao ataque. Chamados de os Cinco Ancestrais, foram eles os legendários fundadores das Tríades, uma das mais famigeradas sociedades secretas da China, cujas raízes, ao que parece, remontam ao século XVI.

A verdade é que muitos outros monges sobreviveram ao ataque, mas fugiram e dispersaram-se. Alguns continuaram morando nas proximidades e iam ao templo secretamente, à noite, para praticar. Muitos dirigiram-se a outros templos e mosteiros. Alguns passaram a dar aulas de artes marciais para sobreviver e outros, ao que parece, ingressaram na Ópera de Pequim. Até hoje, na Ópera de Pequim, representam-se várias cenas espetaculares em que as habilidades marciais de Shaolin associam-se a danças e acrobacias. A relação entre as artes marciais e as diversões tem uma longa história na China; a atual popularização dos filmes de kung-fu é uma extensão natural desse costume, muito apreciado pelos chineses.

Quando terminou o reinado do imperador K'ang-Hsi, o Templo de Shaolin restabeleceu-se aos poucos. Novos edifícios foram construídos e afrescos com temas marciais foram pintados nas paredes. Essas imagens, pintadas de duzentos a 350 anos atrás, mostram a idéia que os monges tinham do passado do templo.

Há dois grandes afrescos. Um deles traz imagens dos monges em combate desarmado e o outro, de lutas com e sem armas. Embora esses afrescos evidentemente representem imagens idealizadas do templo quando da sua fundação ou pouco tempo depois, foram pintados nas paredes para ser vistos pelos monges. Portanto, não devem estar muito distantes da realidade, e provavelmente passam uma idéia muito aproximada da atmosfera e da escala do treinamento marcial no Templo de Shaolin.

As pinturas evidenciam uma organização complexa, e essa impressão é confirmada por outras fontes. Sem dúvida alguma, havia muitas classes de monges, entre os quais poetas, mestres das artes marciais, monges presos pelo voto de obediência e os *gourmets*, seguidores daqueles monges que, no século VIII, regalaram-se com o presente de carne e vinho oferecido pelo grato imperador T'ai Tsung e continuaram consumindo carne e vinho depois disso, rompendo com o preceito vegetariano do Budismo.

Todos os visitantes que têm algum conhecimento das artes marciais consideram os afrescos impressionantes, em virtude de tudo o que se pode concluir a partir deles. Eles nos oferecem uma compreensão do venerável edifício. Por 1.500 anos praticaram-se aí as artes marciais; uma tal concentração de energia e talento por um tão longo período deve ser única em toda a história das atividades físicas.

Além dos afrescos, há outra venerável relíquia da época em que as artes marciais eram praticadas no templo. Trata-se de um grande pátio com piso de pedra, no qual se vêem 48 depressões feitas por gerações e mais gerações de monges que, ao exercitar-se, ficavam de pé exatamente naquele lugar.

O Templo de Shaolin deixou de ser um centro de religião e de desenvolvimento das artes marciais em 1928. Por infelicidade, era peça-chave dos planos de vários generais, que lutaram por ele. Um deles, Fang Chung-hsueh, usou-o como quartel-general; mas, quando foi atacado pelo general Hsi Yousan, evacuou-o junto com os monges. Hsi Yousan, frustrado e irritado, destruiu o templo pelo fogo. Diz-se que no incêndio foram consumidos os documentos budistas e os textos secretos das artes marciais, mas os salões em cujas paredes estão pintados os afrescos sobreviveram. É difícil crer que isso tenha acontecido por acidente.

O artista marcial que visita hoje o Templo de Shaolin encontra por lá alguns monges muito velhos, embora corram rumores de que a admissão de noviços foi de novo permitida. Trata-se de um lugar espetacularmente belo e de grande interesse histórico; mas, mesmo que retome novamente sua antiga função, não será jamais o que foi outrora.

O Templo de Shaolin se Multiplica

Diz um ditado chinês que "todas as artes marciais que existem sob o céu começaram em Shaolin". Trata-se de um exagero, mas, à semelhança de tantos outros ditados chineses, tem um fundo de verdade. A China é um país imenso e sua população é grande há milênios. A nação que hoje conhecemos é um grande caldeirão de pessoas pertencentes às mais diversas tradições raciais, lingüísticas e culturais. Além disso, há muitos séculos que grandes grupos populacionais de origens étnicas e geográficas diferentes vêm desenvolvendo-se isolados uns dos outros.

Por isso, dizer que todos os sistemas marciais chineses provêm de algum modo da tradição de um único templo é uma supersimplificação que chega às raias do absurdo. Qualquer um que conheça um pouquinho as artes marciais chinesas há de concordar que a grande variedade de estilos que existe hoje em dia na Ásia chinesa não pode ser o produto de uma única tradição de luta. Uma das maiores autoridades sobre o assunto, Robert Smith, no livro *Asian Fighting Arts*, escrito em co-autoria com Donn Draeger, calcula que atualmente existem na China pelo menos quatrocentos estilos distintos. Provavelmente, esse número é muito maior.

A situação se complica ainda mais pelo fato de que, no decorrer dos últimos 1.500 anos, vários templos/mosteiros diferentes chamados Shaolin existiram em diversas regiões da China. Alguns desses permaneceram por vários séculos e podem ser localizados. Outros desapareceram por completo. Não se sabe se esses templos/mosteiros chamavam-se Shaolin porque eram centros de treinamento de artes marciais ou porque seus monges praticavam o Budismo Ch'an (Zen) que o monge indiano Bodhidharma levou à China. Sabe-se, porém, que em diversos desses mosteiros as artes marciais eram utilizadas como técnicas de progresso espiritual. Outra coisa que não se sabe é se os diversos mosteiros chamados Shaolin eram todos filiados ao templo central das Montanhas Songshan ou se alguns eram instituições independentes ou mesmo rivais.

Hoje em dia, existem na China dois sistemas marciais duros extremamente diferentes chamados respectivamente de Shaolin do Sul e Shaolin do Norte, e esse fato é um indício bastante claro de que o nome de Shaolin foi aplicado a diversas tradições de luta que não eram todas unificadas sob a égide de um sistema único. É preciso que se empreendam muito mais pesquisas sobre esse tema para que possamos chegar a uma teoria conclusiva acerca do desenvolvimento e da disseminação das artes marciais de Shaolin.

Sejam quais forem as complexidades históricas, sempre que os artistas marciais de hoje em dia falam do templo de Shaolin, estão se referindo ao grande templo semi-arruinado que ainda se ergue sobre o sopé ocidental das Montanhas Songshan.

As Artes Marciais e as Sociedades Secretas

O Budismo Ch'an (Zen) e a arte marcial chamada Shaolin foram as principais contribuições que o Templo de Shaolin deu ao mundo, mas ele também exerceu importante influência sobre a política da China. As sociedades secretas do passado tinham fortes vínculos com o Templo de Shaolin; dentre elas, podemos destacar a Lótus Branco, a Pa-kuá e os Boxers. Até mesmo as sociedades secretas de hoje em dia, como as Tríades, têm forte associação com as artes marciais.

Seria necessário um outro livro para desenredar o complexo emaranhado dessas sociedades. Trata-se de uma história particularmente difícil de contar, pois elas eram realmente secretas, e todas as informações escritas de que dispomos a seu respeito resumem-se a pouco mais do que relatórios do governo elaborados para auxiliar ou justificar os processos de supressão.

Vários historiadores dedicaram-se à obra de lançar luz sobre os diversos movimentos, e a obra deles nos é de muito auxílio. Entretanto, parece-nos que eles não chegaram a compreender plenamente o fato de que uma organização de artes marciais não é somente um movimento político. Tem o seu núcleo de práticas físicas e mentais, às quais se acrescentam as intenções revolucionárias. O fato de os membros das sociedades mais famosas terem sido grandes lutadores é provado pelo tempo que os exércitos ou forças policiais levaram para derrotá-los, e pela escala das represálias determinadas depois pelas autoridades.

Porém, nenhum livro sobre as artes marciais chinesas pode prescindir de apresentar uma história resumida das sociedades secretas. As primeiras a constituir-se foram as sociedades do Lótus Branco e do Lírio Branco. Para nossa confusão, uma seita religiosa constituída numa data anterior usava esses mesmos nomes, e não sabemos se existem vínculos entre ela e as posteriores sociedades de artes marciais.

Essas duas sociedades secretas formaram-se por volta do ano 1100. Em 1350, já detinham grande poder na China. Suas crenças eram complexas: uma mistura de Budismo, Taoísmo e também Maniqueísmo.

A seita do Lótus Branco deu apoio ao homem que viria a ser o primeiro imperador Ming na chamada Revolução do Turbante Vermelho (nome derivado dos turbantes usados pelos rebeldes), que derrubou a dinastia Yüan, estrangeira, fundada pelo mongol Kublai Khan. O objetivo da seita era o de constituir imperador um de seus membros; porém, quando este foi morto, deram seu apoio a um ex-monge budista chamado Chu-Yuan-Chang, supostamente porque ele também era maniqueu. Em 1368, tornou-se ele o primeiro imperador dos Ming. Como seria de se esperar, em 1394, ele publicou um decreto contra a própria seita que o havia ajudado a chegar ao poder. Não foi ele o último imperador a ver com maus olhos as gigantescas sociedades secretas que grassavam no império.

Outras sociedades secretas nasceram de sociedades como a do Lótus Branco ou constituíram-se paralelamente a elas. Uma dessas sociedades, especial-

mente interessante do ponto de vista das artes marciais, foi a sociedade do Pa-Kuá. Baseava-se ela no *I Ching*, ou *Livro das Mutações*, o clássico livro divinatório chinês. No Capítulo 5, falaremos sobre o *I Ching* e a arte marcial rara e extremamente sofisticada que se chama pa-kuá e baseia-se nesse livro.

Sabe-se também que, nessa sociedade, o comportamento dos membros — que praticavam artes marciais — baseava-se no *I Ching*. Por tudo isso, podemos dizer com certeza quase total que existe uma relação entre a sociedade secreta e a arte marcial de mesmo nome. Só não se sabe qual das duas veio primeiro.

Houve uma grande rebelião comandada pela Pa-kuá na região onde essa sociedade tinha a sua sede, ao norte do Rio Amarelo. A rebelião durou de 1786 a 1788; depois que ela acabou, publicou-se um decreto determinando a supressão da seita, muito embora nenhum dos seus ensinamentos incitasse à rebeldia. A sociedade do Pa-kuá influenciou a formação da I-He-Ch'uan, os Punhos da Justa Harmonia, conhecida no Ocidente como os Boxers. Todas essas seitas tinham práticas semelhantes. Seus membros encontravam-se em segredo à noite, cantavam hinos, recitavam invocações e orações, praticavam artes marciais e provavelmente usavam técnicas de respiração para induzir ao transe. Os Boxers criam firmemente que eram imunes a qualquer tipo de ataque.

As seitas odiavam os governantes estrangeiros e, no decorrer do longo período de governo manchu (a dinastia Manchu, ou Ch'ing, durou de 1644 a 1911), usavam o lema "destruir os Ch'ing, restaurar os Ming".

Na página ao lado, um afresco que mostra monges em combate sem armas, preservado nas paredes do Templo de Shaolin e pintado em algum momento entre 1640 e 1800.

O mito dos instrutores indianos e noviços chineses é figurado nessa pintura, embora seja altamente improvável que indianos ensinassem no templo naquela época. No mural, todos os grupos, com exceção de um, consistem num par de lutadores. No grupo central, um instrutor indiano está enfrentando o ataque de três adversários. Lançou ao chão o que está à sua direita e está imobilizando um outro com uma chave de pulso.

É surpreendente que o mural não represente os monges praticando formas-solo, uma vez que boa parte do Kung-fu Shaolin do Norte e do Sul de hoje em dia consiste na prática de tais formas. Parece que o artista preferiu representar a parte mais informativa e visualmente mais interessante da aula.

Só um dos monges, um da extrema direita, está dando um golpe com os pés; a maioria dos outros está praticando exercícios com as mãos. Alguns, como aqueles que estão à frente e no plano intermédio, logo à esquerda do grupo central, estão provavelmente praticando bloqueios, uma vez que cada um dos monges só está usando um braço. Entretanto, no segundo grupo a partir da esquerda no primeiro plano, os dois praticantes estão usando ambos os braços e firmemente plantados no chão, o que nos dá a entender que estão dedicando-se à prática das mãos grudadas, descrita na p. 90. Os dois que estão em primeiro plano, logo à direita do centro, estão na postura do tigre, a mais famosa das posturas de Shaolin.

Entretanto, na época em que os Boxers estavam ativos, havia no país outros estrangeiros, vindos dos países do Ocidente. A rebelião dos Boxers foi menos uma insurreição contra a autoridade do estado chinês do que um ataque dirigido aos invasores de outros países, ou seja, os representantes da Inglaterra, da França, dos Estados Unidos, do Japão, da Rússia e da Alemanha, que haviam cravado as garras sobre a China e a estavam despojando de suas riquezas. Os Boxers protestaram atacando missionários e seus convertidos e matando centenas deles. A idosa Imperatriz da China não sabia se devia esmagá-los ou tomá-los como aliados para ajudar seu exército a expulsar os estrangeiros. A rebelião terminou depois que as delegações estrangeiras em Pequim, sitiadas por um contingente do exército oficial chinês, foram libertadas por uma força-tarefa especial. Com isso, os diplomatas tiveram permissão de continuar espoliando a China. Os Boxers desapareceram e não se ouviu mais falar deles, embora se saiba que muitos se refugiaram em Taiwan depois que a rebelião foi esmagada.

Outra organização conhecida no Ocidente são as Tríades. A sociedade das Tríades tinha relação com a Lótus Branco e suas derivadas, mas desenvolveu-se separadamente no sul da China, provavelmente porque a língua falada lá era ininteligível para os chineses de outras partes do país. O nome ocidental deriva do título "Sociedade dos Três em Acordo"; o "Três" ou "Tríade" refere-se à trindade Céu, Terra, Homem.

Os membros das Tríades dizem que a sua sociedade foi fundada em 1674, na época de uma rebelião que tentou depor o imperador reinante, pertencente à odiada dinastia Ch'ing. Números impressionantes são associados ao fim da rebelião: numa única província, setecentas mil pessoas foram executadas num período de um mês; cem mil fugiram para Taiwan (então chamada Formosa).

As Tríades sempre foram oportunistas e sempre se uniram às rebeliões promovidas por outras organizações, fazendo de tudo para atacar os Ch'ing. Foi assim que capturaram Xangai e detiveram o controle da cidade por dezoito meses, ao mesmo tempo que sitiavam Cantão. A organização é muito mais profunda do que se poderia depreender da sua moderna associação com o crime. Entre as suas crenças incluem-se muitas que provêm do folclore chinês. Muitas das idéias das Tríades baseiam-se nos ensinamentos dos Cinco Ancestrais que sobreviveram ao incêndio do Templo de Shaolin.

Sobre as aventuras desses cinco, foi escrita uma famosa coletânea de contos populares chineses, publicada em inglês sob o título *The Water Margin* [As Margens da Água]. Ela nos faz lembrar das lendas de Robin Hood, mas parece que as práticas das Tríades mudaram muito de lá para cá. As cerimônias de iniciação têm muito em comum com as da Maçonaria. Temos as provas pelo fogo e pela água, a perna desnuda, o temível juramento de segredo. Por fim, o iniciado cruza a pequena ponte chinesa que vai dar na "cidade dos salgueiros", a plena participação na sociedade, a qual, infelizmente, lhe dá o direito de partilhar dos lucros provenientes dos pagamentos de proteção, do tráfico de drogas, da prostituição e de todos os crimes possíveis e imagináveis. As Tríades do século XX atuam em várias cidades pelo mundo afora, especialmente em Hong Kong, em Cingapura, nas cidades norte-americanas com grande população chinesa e em Londres [infelizmente, desde há pouco tempo, também no Brasil — N. do T.].

No passado, as Tríades opunham-se fortemente ao governo e, no fim, conseguiram levar a cabo a intenção manifesta na primeira parte do seu *slogan*, "Expulsar os Ch'ing". Sun Yat Sen, líder da República Nacional Chinesa depois da queda dos Ch'ing em 1911, era membro das Tríades. Usou a sociedade para financiar e fazer propaganda da sua revolução e, depois que chegou ao governo, as Tríades adquiriram muito poder na China.

Por uns poucos anos, portanto, as Tríades gozaram de reconhecimento legal na China Republicana, mas logo foram lançadas de volta na clandestinidade por Chiang Kai-Shek. Essa atitude oficial ambígua perante a legalidade das sociedades secretas foi muito semelhante à atitude das sucessivas dinastias imperiais perante as escolas de artes marciais. Por outro lado, o apoio de um grupo de lutadores extremamente dedicados e altamente treinados conferia vantagens evidentes aos homens que procuravam controlar um país tão grande e tão instável, do ponto de vista político, quanto a China. Em pelo menos duas ocasiões, os imperadores de fato pediram que os monges de Shaolin os salvassem da deposição. Porém, poucos são os governos dispostos a tolerar que centros de treinamento marcial essencialmente independentes floresçam longe do controle governamental.

Na China, a esse dado geral vinha acrescentar-se o fato de que os oficiais de governo eram, em sua maioria, confucionistas, que tradicionalmente desgostavam dos taoístas e budistas. Os monges de Shaolin eram budistas, e, no Capítulo 5, falaremos sobre o papel do Taoísmo na constituição fundamental das artes marciais chinesas internas. A história dessas tradições marciais, portanto, é uma oscilação entre o favorecimento e a desconfiança do governo, entre o papel de instituição cultural honrada e o de abrigo dos sentimentos rebeldes e atividades subversivas das sociedades secretas.

No decorrer dos séculos XVIII e XIX, as atividades das sociedades secretas chinesas simbolizaram a necessidade de uma mudança fundamental na estrutura da sociedade chinesa. O futuro imediato não comportava, porém, a restauração da dinastia Ming, que simbolizava uma era de paz e prosperidade na história do país; culminou, isso sim, no êxito da revolução comunista e no estabelecimento da República Popular da China.

Essa mudança social fundamental parece ter mudado o papel das artes marciais no continente. Nos primeiros dias da revolução, a prática das artes marciais duras não era encorajada; durante a Revolução Cultural, que aconteceu na década de 1960, era ativamente desencorajada. Entretanto, é difícil saber o que está acontecendo na China hoje em dia. Parece paradoxal, em vista da atitude oficial perante a prática das artes marciais, que a cada manhã milhões

少林寺

de pessoas pela China afora pratiquem os saudáveis exercícios de t'ai-chi. Elas parecem estar seguindo os ensinamentos físicos e marciais dos taoístas sem ter, supõe-se, nenhuma crença na filosofia taoísta.

Por dois mil anos, os mestres das artes marciais chinesas puderam estabelecer suas próprias escolas, mesmo diante da desaprovação do Estado. Muitas dessas escolas eram os braços públicos de sociedades secretas, sistema que vigora em Hong Kong até hoje; e muitos mestres devem ter sido considerados suspeitos pelas autoridades.

A maneira tradicional de ensino das artes marciais chinesas não pode mais ser encontrada na China continental, mas somente em seus arredores, em Hong Kong e Taiwan. O número e a variedade de escolas de kung-fu que existem só em Hong Kong é impressionante. Parece impossível contar todos os estilos de kung-fu praticados atualmente; provavelmente, eles são mais de cem.

Kung-fu

O kung-fu, que é a arte marcial dura da China, é praticado atualmente em muitas regiões da China continental, em Hong Kong, em Taiwan, nas comunidades chinesas do sul da Ásia, nas Américas e na Europa. Embora haja um grande número de estilos nitidamente distintos, é interessante observar que quase todos os mestres de kung-fu afirmam que suas artes são derivadas das tradições marciais do grande Templo de Shaolin. Com efeito, em Taiwan, o termo kung-fu é usado para designar todos os estilos de boxe chinês com os exercícios a eles associados; os estilos especificamente duros são chamados de Shaolin.

A própria tradição de Shaolin se divide em duas escolas, a do norte e a do sul. Todos os chineses conhecem a expressão "pernas do norte, punhos do sul", e essa distinção básica pode ser observada na maioria das escolas duras das artes marciais chinesas. Pode ser que essa distinção técnica reflita a existência de duas tradições de Shaolin distintas, mas a maioria dos chineses a relaciona com a geografia do país.

Ao norte, as terras consistem principalmente em planícies extensas, de relevo levemente ondulado, cujos habitantes estão acostumados a andar a pé e a cavalo por grandes distâncias. Por isso, aos poucos, as pernas dos habitantes do norte tornaram-se as suas principais armas de ataque e defesa. O terreno do sul da China, por sua vez, é entrecortado por uma rede gigantesca de rios e canais, em torno dos quais formaram-se os povoados. Remando e impulsionando os barcos com varas, os habitantes do sul desenvolveram grande força nos braços, e por isso usam os punhos como principal arma. Embora essa teoria possa ser

Na página ao lado, a entrada ou "portão da montanha" do Templo de Shaolin. Até há poucos anos, o templo estava semi-arruinado. Agora está sendo restaurado e aberto a visitantes.

simples demais, ela de fato deixa clara a distinção principal entre as duas tradições de luta.

A começar dos estilos do norte, a primeira e mais forte impressão que eles nos dão é de ser compostos por movimentos graciosos, quase de dança. Boa parte do estilo que a República Popular decidiu chamar de Shaolin-ch'uan é de origem claramente setentrional, e parece provável que foi o estilo do norte que o mundo ficou conhecendo como kung-fu, por causa de indústria cinematográfica. É provável também que foram os estilos do norte que propiciaram a base marcial das seqüências de dança que constituem o clímax dramático de muitas apresentações da Ópera de Pequim.

No estilo setentrional, a maioria das posturas são abertas e grandes. Os braços e as pernas freqüentemente abrem-se por completo tanto no ataque quanto na defesa, e dá-se grande ênfase aos saltos, viradas e outros movimentos de grande amplitude, todos muito rápidos. Os animais que teriam influenciado esses estilos tendem a deslocar-se de fato com movimentos longos e fluentes: o pelicano, o cavalo e o louva-a-deus, entre outros.

Provavelmente, o aspecto mais famoso desses estilos é o seu repertório de técnicas de chute. Os lutadores do norte passam muito tempo fazendo exercícios de alongamento no começo das sessões de treinamento. Isso os habilita, depois de certo tempo, a pular bem alto e dar um, dois ou até três chutes no rosto, no pescoço ou no peito do adversário antes de voltar ao chão. Do mesmo modo, um chute de lado, aplicado ao peito do oponente depois de uma corrida, pode destruir-lhe a caixa torácica.

O mais espetacular de todos os chutes, que é por isso mesmo o mais apreciado pela indústria dos filmes de kung-fu, é o chute voador de lado. Nele, o lutador corre, salta e voa pelo ar com a perna da frente completamente estendida e o pé flexionado de modo que o impacto se dê com o lado do pé; a perna de trás fica flexionada abaixo e à frente do tronco e os braços adotam uma postura defensiva. O chute alcança uma altura de um metro e meio a dois metros acima do chão.

Por mais bonito que possa parecer, esse chute é praticamente inútil contra um adversário que está no chão, uma vez que o atacante precisa tomar distância e não pode mudar de direção no meio do caminho. Basta que o adversário dê um passo para o lado e aplique um golpe qualquer ao atacante em pleno ar para derrotá-lo. Acredita-se, porém, que esse chute foi desenvolvido originalmente para desmontar cavaleiros; o pé do atacante atingia o inimigo montado na linha da cintura. O cavaleiro teria muita dificuldade para tirar seu cavalo da linha de ataque em um ou dois segundos, que é o tempo que decorre entre o salto e o ponto de impacto. Por isso, esse chute provavelmente era muito eficaz no seu uso original.

A maioria dos lutadores do sul deprecia os chutes altos dos nortistas e afirmam que é fácil derrotar um adversário que com tanta liberdade põe em risco o seu próprio equilíbrio. Não obstante, não devemos subestimar o efeito de choque dessas técnicas.

Os estilos do norte insistem muitíssimo na prática de formas durante o treinamento. A maioria dessas formas são muito longas e elaboradas e precisam de bastante espaço para ser realizadas. Consistem principalmente em movimentos lineares para a frente e para os lados ou em ângulos de 45 graus em relação a esses eixos.

Uma jovem praticante do estilo Shaolin do Norte exibe sua habilidade com a espada numa demonstração na República Popular da China. É difícil enxergar a espada, que nesta fotografia aponta direto para a câmera. Os gestos abertos e largos desta praticante são característicos do estilo do norte.

Alguns estilos de kung-fu valem-se de técnicas de lançamento e imobilização, mas, em geral, o estilo do norte caracteriza-se por golpes e contra-ataques desferidos com os braços e as pernas totalmente estendidos num raio de ação que, julgado pelos parâmetros da luta corpo-a-corpo, é grande.

Várias armas são usadas nos estilos do norte: a espada, a lança, o bastão, a cimitarra ou facão, a alabarda e até mesmo o leque (um leque com hastes de metal). Também as formas usadas nos treinamentos com armas são abertas e graciosas; essa beleza, porém, não significa que elas não trabalhem as habilidades de combate.

A verdade é que a maioria dos estilos do sul são muito diferentes dos estilos do norte. Para o sulista, é fundamental manter uma postura sólida e um equilíbrio firme. Pode ser que esse hábito tenha surgido da tradição de lutar em barcos e sobre o solo úmido e escorregadio dos pântanos do sul da China. O fato é que ele conduz a um desenvolvimento excepcional do uso das mãos e dos braços.

Muitas escolas do sul, como as do norte, vão buscar a sua inspiração no mundo natural, mas os sulistas tendem a dar preferência aos movimentos repentinos, fortes e decisivos. Suas principais fontes de inspiração são os ataques do tigre, do leopardo, da águia e do macaco.

As técnicas dos estilos do sul têm por objetivo desenvolver reações rápidas aos ataques e pôr em prática o princípio do ataque e defesa simultâneos. Por exemplo, um dos aspectos mais importantes da técnica do sul é que, quase o tempo todo, ambos os braços são usados simultaneamente. Enquanto o braço esquerdo bloqueia um soco e desliza rumo à garganta do atacante, o punho direito desfere um soco mortífero contra o rosto, o pescoço ou o tronco do agressor. Em um instante o contra-ataque se completa e o adepto do estilo do sul dá um passo para o lado para ver o atacante cair ao chão.

A essência do estilo do sul consiste em reagir instintivamente aos ataques. O lutador desfere uma série de golpes no inimigo sem deixar que seus braços e suas pernas sejam agarrados e sem sequer tentar agarrar e lançar ao chão o adversário. Na opinião dos adeptos do estilo do sul, a velocidade e a força dos seus ataques são facilmente capazes de derrotar os adeptos das artes moles, com sua atitude mentalista. Porém, os resultados dos torneios e desafios nem sempre corroboram essa idéia.

No estilo meridional, a distância entre os lutadores é quase sempre muito pequena. Socos repentinos, cotoveladas e golpes de mão aberta combinam-se com bloqueios para constituir movimentos unificados de velocidade e poder devastadores.

O objetivo do lutador do sul é, portanto, reagir instantaneamente e destruir imediatamente o atacante. No treinamento, os alunos aprendem formas constituídas de seqüências de movimentos rápidos das mãos, esquivas e algumas rasteiras e chutes baixos aplicados ao joelho, à barriga da perna, às canelas e à virilha. Em alguns estilos, essas formas são praticadas somente pelos alunos sozinhos; em muitas escolas, porém, elas são divididas em seqüências curtas que os alunos praticam a dois tão rápido quanto possível. Nessa prática a dois, os alunos podem permanecer sempre no mesmo lugar ou avançar e retroceder coordenadamente.

Como nos estilos do norte, as formas geralmente desenvolvem-se em linhas retas para as quatro direções cardeais e em ângulos de 45 graus em relação ao atacante imaginário. De maneira geral, as formas do estilo do sul são mais compactas e o executante cobre distâncias muito menores do que os adeptos do estilo do norte. Num famoso estilo de Shaolin do Sul chamado wing chun ou "fonte inesgotável", a primeira forma inteira é constituída só de movimentos de mãos e braços. O executante permanece parado no lugar em que está.

Para desenvolver a velocidade, a percepção do momento oportuno e a capacidade de prever os movimentos do adversário, alguns estilos do sul fazem uso da forma rápida de prática a dois chamada de mãos grudadas, a qual é usada extensamente nas artes internas descritas no Capítulo 5. Os praticantes ficam a cerca de sessenta centímetros um do outro e põem ambos os braços em contato. Têm então de movimentar os braços sem perder o contato. Vez por outra, um dos praticantes desfere um golpe que o outro tem de bloquear imediatamente e então contra-atacar. Enquanto os alunos praticam esse treinamento, a sala de treino ressoa com o *staccato* dos tapas e socos que ocorrem quando um dos praticantes transpõe a guarda de seu parceiro e consegue atingi-lo no peito.

A maioria dos adeptos do estilo do sul usa como instrumento de treinamento uma espécie de boneco de madeira com um pilar central que representa o tronco e a cabeça, três braços e uma única perna curva. Para usar com eficácia o boneco, o praticante já precisa estar nos estágios avançados do treinamento. A função desse instrumento é, a partir daí, a de condicionar os antebraços e as mãos e permitir que o praticante desenvolva a mira dos seus socos e chutes. Chutes, bloqueios e golpes de diversos tipos são aplicados no boneco até que as técnicas tenham sido aperfeiçoadas.

Um aluno de wing chun demonstra a segunda forma. Nos estilos do sul, dos quais é exemplo o wing chun, os chutes são sempre baixos.

Por fim, em muitos estilos do sul e alguns do norte, os lutadores chineses fazem uso de várias formas de treinos controlados de luta entre dois praticantes. O contato total não é permitido e vários golpes perigosos, especialmente chutes e cotoveladas, são proibidos. Em diversos estilos, os alunos são ativamente encorajados a pôr à prova as suas capacidades em circunstâncias o mais próximas possível de um combate real. No geral, os campeonatos são desencorajados, mas as lutas-treino são levadas muito a sério e consideradas uma forma de experiência controlada de combate.

Uma pessoa jovem e saudável pode tornar-se competente num dos vários estilos de kung-fu ao cabo de três a quatro anos de treinamento regular. Porém, para que se adquira uma verdadeira maestria das técnicas de qualquer um dos estilos e se chegue à compreensão das riquezas interiores do kung-fu, são necessários pelo menos dez anos de prática paciente e perseverante. Poucos são os alunos que treinam por tanto tempo, e muitos mestres com quem conversamos lamentam o fato de que, especialmente em Hong Kong, a maioria dos alunos só freqüentam as aulas pelo período necessário para aprender os rudimentos da ar-

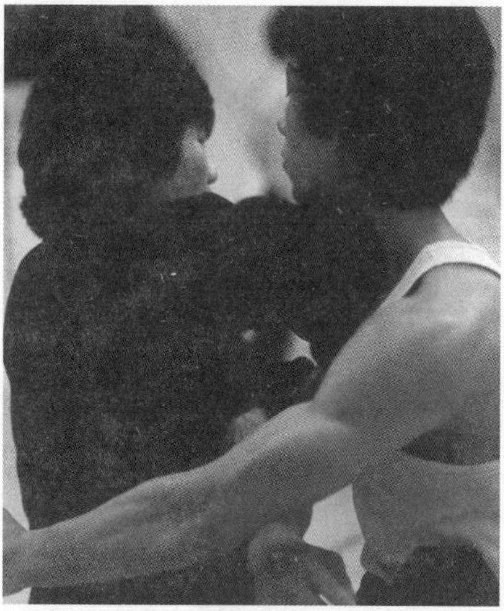

O Sifu Simon Lau estudou wing chun por quinze anos. Aqui, está demonstrando uma cotovelada aplicada à garganta. As técnicas de curta distância, como esta, são especialmente perigosas.

O Sifu Simon Lau e um aluno atacam e defendem-se usando as formas do wing chun. Essas técnicas, praticadas com freqüência, fazem aumentar a velocidade e a precisão dos movimentos.

te. Munidos somente desse conhecimento técnico, muitos vão então buscar emprego no submundo das Tríades e de outras organizações secretas, em vez de usar seu conhecimento para a autodefesa e para cultivar seu ser interior em vista de finalidades úteis e construtivas.

O Papel das Diversões

Na Ásia inteira, há séculos que as artes marciais incitam a curiosidade de pessoas que não as praticam. Em muitos países da Ásia, as demonstrações de artes marciais durante as festas cívicas e outras reuniões públicas tornou-se uma instituição. Num país como a China, em que o segredo é um hábito há milhares de anos, a oportunidade de ver uma demonstração pública de técnicas secretas de luta sempre garantiu uma grande platéia.

A verdade, porém, é que os mestres de luta quase nunca deixam que o público veja as suas verdadeiras capacidades; por isso, bolaram diversas maneiras de entreter o público com espetáculos de virtuosismo acrobático e bela coreografia. Esses espetáculos sempre assumiram duas formas tradicionais: a dança do leão e a Ópera de Pequim. Há pouco tempo, essa tradição ampliou-se e passou a abarcar uma modalidade totalmente nova: o filme de kung-fu.

Bruce Lee foi o homem que, sozinho, foi o maior responsável pela ascensão da indústria cinematográfica do kung-fu. Começou a praticar o wing chun, do estilo Shaolin do sul, quando tinha cerca de 13 anos. O wing chun já era popular em Hong Kong havia um século, talvez por ser tão perfeitamente adequado às brigas de rua travadas em curta distância que ocorrem em muitas partes da [ex]-colônia. Lee estudou por cerca de três anos em Hong Kong e formou-se em filosofia. Depois, pós-graduou-

Bruce Lee não foi só um ator de cinema, mas também um grande artista marcial. Na postura adotada para esta fotografia publicitária, os braços estão próximos ao corpo, como é característico dos estilos meridionais de boxe chinês.

se em filosofia numa faculdade norte-americana. Nos Estados Unidos, entrou em contato com muitos outros sistemas de luta, tanto de origem asiática quanto de origem européia.

Era por natureza um experimentador e dominava rapidamente as novas técnicas das artes que ia conhecendo. Quando tinha 28 anos, foi lançado o seu primeiro grande filme; dois anos depois, ele já era um astro célebre do cinema e da TV. Nem todas as técnicas que usava em seus filmes eram tiradas das artes marciais chinesas, mas foi a prática do wing chun que lhe deu a agilidade, a velocidade e a força necessárias para ser não somente um grande ator, mas também um grande artista marcial.

Na opinião dos que o conheciam bem, Bruce Lee não era somente um praticante das artes marciais, mas também um pensador e um inovador. Era capaz de aprender qualquer estilo, dominar qualquer técnica e extrair de ambos algo que lhe seria útil para a luta.

Na qualidade de lutador, não se preocupava com os adornos e movimentos supérfluos que rodeiam a maioria das artes marciais. Um homem com uma reputação tão grande quanto a sua está sempre sendo desafiado, quer para torneios entre amigos, quer para lutas de verdade. (Até mesmo os torneios amigáveis às vezes tornavam-se lutas de verdade.) Segundo Dan Inosanto, um californiano que trabalhou com Bruce Lee por muitos anos, Lee examinava o oponente e depois agia tão rápido que a luta geralmente terminava em menos de dez segundos. Não eram lutas bonitas, mas como disse Lee a Inosanto: "De que valem os gestos elaborados? Eles só servem para deixar você mais lento e mais vulnerável. O que você espera que o seu adversário faça enquanto você mexe os braços para cá e para lá?"

O sistema marcial de Bruce Lee não era um sistema convencional. Lee chamou-o de jit kune dô, ou "caminho do punho interceptador"; não era, porém, um sistema de luta, mas sim um método de compreender a luta e saber o que fazer para lutar. Seu objetivo era o de treinar as pessoas para descobrir qual era o tipo de luta que mais se adaptava a elas, e não para amoldar-se às idéias de luta de outra pessoa.

Por outro lado, ele queria ser o melhor artista possível. Fazia uso das técnicas mais espetaculares de todos os sistemas marciais asiáticos e do boxe ocidental, para dar ao seu público a melhor diversão. A participação de artistas marciais em filmes de kung-fu nunca deu origem a nenhum dilema moral. Os chineses consideram esses filmes uma extensão natural das artes marciais. Os lutadores também se sentem em casa nas apresentações da Ópera Chinesa, onde são os responsáveis pelas seqüências mais espetaculares. A heroína da ópera, desviando-se despreocupadamente das lanças que quatro vilões atiram em sua direção, pratica o kung-fu desde que entrou na Escola da Ópera, quando ainda era uma menina pequena.

A Dança do Leão

O elo tradicional entre as diversões e as artes marciais também se manifesta na dança do leão. Nenhuma comemoração pública chinesa pode ser considerada completa sem o seu leão de papel, comprido e colorido, cuja vida provém de uma fileira de dançarinos dos quais só se vêem as pernas. Os dançarinos que ficam dentro da máscara e do corpo do leão, bem como os músicos que tocam para eles, sempre pertencem às escolas de kung-fu. É um meio pelo qual os alunos podem ganhar um dinheirinho para seus gastos pessoais. Eles dançam nas inaugurações de supermercados e bancos e no desfile anual da polícia. Nos bairros chineses do Ocidente, o leão desfila pelas ruas ladeadas de restaurantes chineses e mercados orientais quando da comemoração do ano novo chinês. Os movimentos de dança que podem ser vistos por baixo da máscara são semelhantes aos do kung-fu, mas a história que os dançarinos contam é bem simples. A habilidade dos artistas marciais se revela na graciosidade dos movimentos.

Mestre Chan, o mestre de kung-fu que foi o nosso consultor nessa matéria, explica: "O leão é um animal inteligente. Quando aparece, a princípio se mostra cuidadoso, hesitante e tímido; não quer cruzar o limiar da porta e sair à rua. Gostaria mesmo é de ficar em casa. Põe a cabeça para fora e finalmente sai à rua para dançar. Mas então encontra a comida, que pode estar envenenada. Tem de cheirá-la, depois prová-la, e só então comê-la; depois vai dormir."

Entretanto, a dança praticada em Hong Kong já não é o que era antes. Não há fogos de artifício, que são ilegais. Também a comida já não é pendurada num lugar alto para ser abocanhada pelo leão. Antigamente, era essa a parte mais hábil e espetacular da dança, pois os dançarinos subiam uns nas costas dos outros.

Essa decadência parece típica do que está acontecendo com o kung-fu, e é provável que essa tendência continue. Quando as autoridades da China continental reconhecerem que as artes marciais constituem um legado histórico único no qual o mundo está interessado, o governo dará a esse legado o mesmo tratamento que deu às outras artes de espetáculo. Toda criança que manifestar essas habilidades será enviada a uma escola especial. Há escolas de circo na maioria das grandes cidades da China, e escolas semelhantes serão estabelecidas para os artistas marciais.

O restante da população aprenderá com instrutores que vão ensinar as habilidades físicas, mas não a filosofia. É muito provável que as habilidades ensinadas sirvam mais como exercício do que como forma de luta, uma vez que a memória dos burocratas chineses não é curta. É de se pensar que eles, como seus predecessores da dinastia Ch'ing, não se sintam tentados a estimular a formação de um grande número de excelentes lutadores fora das forças armadas.

Em Hong Kong, Taiwan e outros lugares, porém, não há motivo algum para que o kung-fu se transforme numa arte marcial esportiva cujo escopo é o entretenimento. Nesses lugares, o kung-fu tradicionalmente tem encontrado nos espetáculos uma maneira de expressão e uma fonte de renda. De diversas ma-

O Mestre supervisiona a prática da dança do leão em seu clube. A perna direita de um dos alunos adiantados pode ser vista ao lado da boca do leão. A dança do leão só pode ser executada por praticantes de kung-fu.

neiras, portanto, a ascensão da indústria cinematográfica do kung-fu não passa de uma nova manifestação de um sistema já existente. Em Hong Kong, temos alguns indícios de que, ao empregar alunos e praticantes, a indústria cinematográfica está proporcionando indiretamente o dinheiro necessário para sustentar muitas escolas de kung-fu.

O Kung-fu: As Opiniões de um Mestre Chinês

Em Taiwan, o lugar onde a vida tradicional chinesa foi menos abalada pelas recentes comoções políticas, há um grande número de florescentes academias de kung-fu Shaolin. Foi em Taiwan que encontramos o Mestre Hung I-hsiang. Ele ensina, antes de mais nada, as artes chinesas suaves, mas é também mestre do estilo Shaolin do norte. Seu conhecimento das artes chinesas advém principalmente da tradição oral, mas é bastante amplo.

Mestre Hung foi a primeira pessoa que tentou nos explicar alguns dos princípios das artes marciais chinesas e algumas das distinções que se aplicam a essas artes. Foi discípulo de dois mestres que abandonaram a China continental antes de os comunistas chegarem ao poder. Ambos os mestres transmitiram-lhe os conhecimentos que ele transmite a seus alunos, especialmente ao seu segundo filho, Tze Han. Nas conversas com Mestre Hung, Tze Han sempre serviu de intérprete, além de elaborar e acrescentar novos pontos às respostas de seu pai.

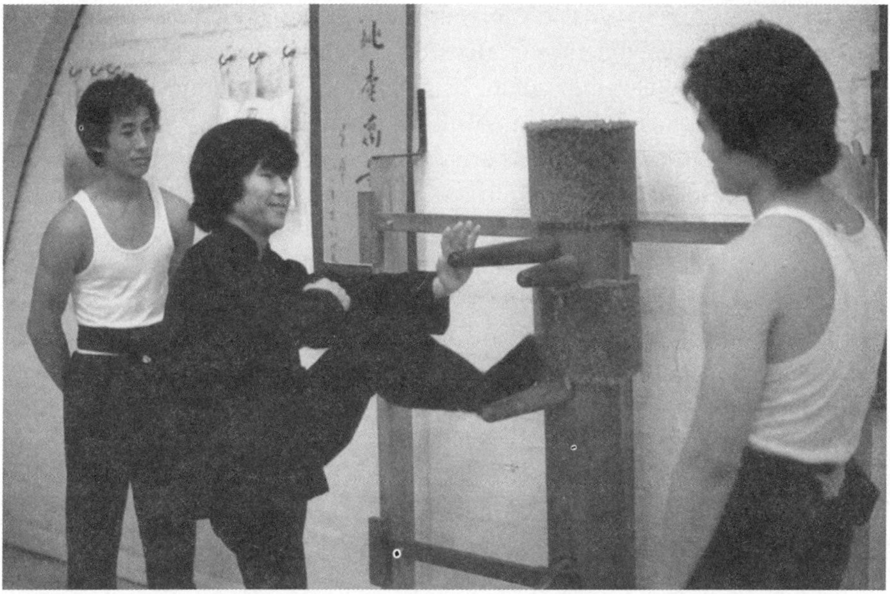

O Sifu Simon Lau demonstra a dois alunos o uso do boneco. No wing chun, os ataques costumam ser desferidos de tal modo que o adversário é golpeado simultaneamente com duas mãos, ou uma mão e um pé.

A primeira pergunta que fizemos ao Mestre Hung foi uma tentativa de descobrir o nome correto das artes marciais chinesas.

"Durante a dinastia T'ang, os estrangeiros chamavam os chineses de 'Homens de T'ang'. Por isso, *T'ang-shou* significa 'mãos de T'ang'. Os estrangeiros passaram a chamar as artes marciais chinesas de *T'ang shou tao*, 'o caminho das mãos de T'ang'. 'T'ang' significava 'China'."

Tze Han continuou:

"Desde as épocas antigas, o termo *T'ang shou tao* foi usado para designar as artes marciais chinesas. Os chineses chamavam suas artes marciais de *kuo-shu* ou 'artes nacionais'. *Kung-fu* é um termo moderno que foi popularizado pelos filmes de kung-fu. Agora, usamos o termo 'T'ang-shou' para nos referir às artes marciais chinesas tradicionais."

A expressão *kuo-shu* ou "artes nacionais" situa as artes marciais no centro de todo um conjunto do pensamento chinês, uma vez que as antigas artes da medicina e da ópera, bem como as artes marciais — todas elas associadas à cultura chinesa tradicional —, são chamadas de artes nacionais. O termo *kung-fu* não é o nome de uma arte marcial tradicional; é uma expressão que designa o tempo e a energia dedicados ao desenvolvimento de uma certa habilidade, junto com o grau de realização alcançado na arte. De acordo com essa definição, Margot Fonteyn, Olga Korbut e Otto Klemperer são todos mestres de kung-fu.

Mestre Hung falou então sobre as origens das artes marciais chinesas duras e suaves:

"As fontes originais das diversas artes marciais são idênticas. As diferenças estão nos desenvolvimentos teóricos. As várias escolas de artes marciais chinesas geralmente tomavam o nome das montanhas onde surgiam, donde a escola Wu-Dan, a escola O-Mei, a escola Chung-Nan, etc.

"Antes da sistematização das artes marciais, os generais da Era dos Estados Litigantes (480-221 a.C.) adquiriam muita experiência pessoal de combate no campo de batalha. Quando envelheciam, retiravam-se para os templos de Shaolin a fim de aprender novas habilidades com os mestres que lá havia. Essas habilidades eram as técnicas de longevidade baseadas nos princípios do Taoísmo. Esses homens fundavam então suas próprias escolas, associando seu conhecimento de luta aos princípios taoístas aprendidos nos templos. A escola de Shaolin era mais ligada ao Budismo, ao passo que a de Wu-Dan era mais rigorosamente taoísta."

MESTRE CHAN

A vida de Mestre Chan é simples, mas repleta de atividades. Tem por centro o piso térreo de um bloco de apartamentos situado na avenida principal da região de Kowloon. Aos fundos fica a pequena clínica de Mestre Chan, pois, além de mestre de Hung kuen, um estilo de kung-fu Shaolin do sul, ele também é médico, especialista em hematomas, deslocamentos e fraturas. Não pratica a acupuntura nem a fitoterapia, mas trata seus pacientes principalmente com o uso de cataplasmas. As fraturas simples parecem curar-se rapidamente quando submetidas ao seu tratamento.

Ao lado de sua clínica há o ginásio. É bem pequeno pelos padrões de outros países, mas o metro quadrado de terra de Hong Kong é o mais caro do mundo. Para Mestre Chan, é conveniente que o ginásio esteja ali, pois basta-lhe sair da clínica para acompanhar o treinamento de seus alunos.

No meio do pequeno conjunto de edifícios de Mestre Chan fica a agência de turismo dirigida por seu filho e uma alfaiataria pela qual os pacientes têm de passar para chegar à clínica. À semelhança das tabacarias e mercearias que dão frente para a rua, essas lojas pertencem a ele.

Mestre Chan contou-nos a história de sua juventude em Hong Kong:

"Cheguei a Hong Kong quando tinha 12 anos, em 1923. Meu irmão trabalhava numa escola na Avenida Kennedy e eu ganhava a vida trabalhando numa barraquinha de comida no St. Joseph's College. Freqüentava a escola de artes marciais de Lam Sai-wing, no Distrito Central. Levei três meses para pegar a postura básica do 'punho do tigre', pois era lerdo para aprender. Praticava toda noite, das sete à meia-noite, e depois levantava-me às quatro da manhã para praticar. Depois de seis meses melhorei e meu interesse cresceu. Praticava por cinco horas, toda noite. É importante ter disciplina e iniciativa: você não deve praticar somente quando o mestre o obriga."

Contou-nos também sobre as origens do kung-fu:

"A maioria das artes marciais originou-se no Templo de Shaolin. Lá, eles ensinavam as artes marciais de acordo com o físico da pessoa. Para quem tinha o físico fraco, ensinavam exercícios de artes marciais que não exigiam muita força. Por outro lado, para os fortes, ensinavam exercícios fortes.

"Hung kuen, a nossa escola, foi fundada pelo nosso patriarca Hung Hsi-kuan, que a aprendeu dos monges de Shaolin. É chamada Hung kuen porque o sobrenome dele era Hung. Ele era muito forte e estabeleceu a regra de que ninguém pode aprender artes marciais para intimidar os outros, mas só para melhorar o físico e para a autodefesa. Assim, a pessoa se torna mais humilde. Do mesmo modo que os praticantes de artes marciais devem ter certeza de que seus adversários são sempre do mesmo calibre que eles mesmos, também devem cuidar para não lutar o tempo todo. Além disso, antes que uma pessoa possa aprender o Hung kuen, sua família, sua profissão, etc., têm de ser investigadas para sabermos se a pessoa tem a personalidade e os antecedentes corretos. Não aceitamos alunos de mau caráter."

Mestre Chan é um dos mestres de Hong Kong que não estão satisfeitos com a situação atual das artes marciais na cidade. Tem consciência dos problemas que estão surgindo:

"Na minha época, os discípulos obedeciam mais ao mestre do que a seus pais, e isso tornava o ensino muito mais fácil. O mestre podia, por exemplo, mandar que seus alunos treinassem duro por horas e horas sem ouvir deles nenhuma reclamação. Há pouco tempo, isso mudou. Já não somos chamados de mestres, mas de instrutores. Os discípulos não respeitam mais os mestres, pois as pessoas pensam que, pelo fato de pagar uma mensalidade, nós somos obrigados a dar um treinamento equivalente àquele dinheiro. Essa atitude faz com que seja impossível ao professor transmitir aos alunos a essência da arte. É por isso que, dentre os meus milhares de alunos, não há sequer dez que são bons o suficiente para ser instrutores. O Hung kuen é muito difícil de aprender, e ninguém que não seja um especialista pode ensinar os outros. Preciso de pelo menos oito anos para ensinar direito os alunos, mas as pessoas só treinam por dois ou três anos, e depois vão embora.

"Por outro lado, fico envergonhado pelo fato de que os professores estrangeiros de artes marciais, como os japoneses e os coreanos, são realmente dedicados. Eles ensinam e supervisionam sessões de prática contínua de várias horas por dia, ao passo que os instrutores chineses deixam os alunos treinando sozinhos. Podem até ensinar-lhes novas técnicas, mas só quando têm vontade."

Essa comparação com os ensinamentos e os costumes japoneses é, de certa maneira, chocante. As artes marciais japonesas sempre encontraram abrigo junto às classes mais altas da sociedade. São praticadas com grande disciplina dentro de um sistema estruturado, de modo que seus padrões são uniformes. Embora as artes dividam-se até certo ponto em escolas rivais, isso não se compara ao grau de fragmentação a que chegou o kung-fu de Hong Kong. Um grande número de praticantes pelo mundo afora sabem que estão aprendendo essencialmente a mesma arte que é ensinada no Japão. Em Hong Kong, cada academia tem os seus padrões, que não têm grande valor fora dali. O tradicional gosto dos mestres chineses pelo segredo não ajudou a melhorar esse estado de coisas.

O modo pelo qual Mestre Chan aprendeu medicina com seu mestre salienta essa tradição de segredo:

"Quando um discípulo aprende kung-fu com um mestre que também pratica a fitoterapia para ferimentos externos e internos, se o aluno for diligente e estiver disposto a ajudar, o mestre também o ajudará pacientemente. O aluno tem de ter a ambição de aprender e, assim, fazer por merecer a confiança do mestre. Este, por sua vez, vai ensinar o aluno a lidar com os vários tipos de ferimentos — a curar articulações deslocadas, por exemplo.

"Só um mestre verdadeiro pode explicar ao discípulo os nomes das várias ervas e as maneiras pelas quais elas podem ser usadas. O mestre sabe fazer poções para reduzir inchaços e curar hematomas, e outras que servem para restituir articulações deslocadas ao seu estado normal. Cada poção é feita com pelo menos quarenta ervas, que são moídas, pulverizadas e misturadas com álcool.

"A medicina chinesa é maravilhosa. Há um remédio capaz de unir de novo os ossos que foram fraturados e separados. Muitas pessoas não acreditam nisso, mas eu sempre recomendo essa poção aos meus pacientes que sofreram fraturas. Trata-se de uma sopa feita com um inseto morto cozido com carne de porco, um remédio secreto e antiqüíssimo."

Mestre Chan é um dos pilares da sociedade de Hong Kong. Faz parte de muitas associações de caridade e há décadas não falta a um almoço do Rotary Club. Nenhum evento de kung-fu pode ser considerado completo sem a presença dele.

No Ocidente, costuma-se pensar que as religiões excluem umas às outras, mas isso não ocorre na China nem no Oriente em geral. Os chineses não viam nada de estranho em que generais taoístas estudassem em mosteiros budistas. Em sua resposta, Mestre Hung não situou a fundação do Templo de Shaolin numa data muito remota; queria apenas dizer que, mesmo antes da fundação do templo, já havia lugares onde generais podiam aprender com mestres, e essa prática certamente continuou depois do Período dos Estados Litigantes. Wu-Dan foi a montanha especialmente associada ao desenvolvimento das escolas taoístas de artes marciais internas.

Prosseguindo, Mestre Hung explicou como e quando ocorreu a separação entre as artes marciais duras e moles:

"Há muito tempo, a escola de Shaolin do norte já dispunha de um sofisticado método de respiração. O método tradicional tinha como centro o *tan-tien*, o centro de gravidade do corpo, situado cerca de sete centímetros (quatro dedos) abaixo do umbigo. Mas os praticantes levavam muito tempo para desenvolver esse método. Quando os manchus atacaram a China e derrubaram a dinastia Ming, muitos patriotas ansiosos por defender os Ming contra os invasores estrangeiros não podiam se dar ao luxo de passar muito tempo desenvolvendo as habilidades corretas de luta. Por isso, passaram a usar uma forma de respiração centrada no alto, nos pulmões, e não embaixo, no *tan-tien*.

"Embora a respiração pulmonar seja eficaz a curto prazo e potencialmente capaz de dar uma grande força, ela é artificial e incorreta. Põe em uso rapidamente uma grande quantidade de energia, mas não é natural. Os monges, por exemplo, usavam a respiração pulmonar superior para desenvolver métodos de resistência à tortura física, e chegavam ao ponto de ter de passar pela prova de ser espancados no peito com soqueiras de bronze. Tudo isso para enfrentar a ameaça do ataque manchu ao final da dinastia Ming.

"Normalmente, seriam necessários anos e anos de prática para chegar a um bom nível de proficiência. No Templo de Shaolin, chegando à conclusão de que ao cabo de dez anos já seria tarde demais para salvar o país, eles reduziram o treinamento para três anos. Para tanto, eliminaram o método de respiração abdominal profunda e passaram a usar a respiração pulmonar superficial. Esse tipo de respiração queima e desperdiça muita energia."

Tze Han acrescentou:

"Quando começaram a praticar a respiração pulmonar superficial, tudo ficou muito mais fácil de aprender. Porém, esse método fazia muito mal ao corpo. Não obstante, eles não se importavam com isso, pois seu objetivo era salvar o país."

Essa explicação não corresponde às idéias aceitas pelos especialistas ocidentais em artes marciais, que acreditam que as artes duras são tão antigas quanto as suaves. Porém, os mais antigos exercícios marciais de respiração eram certamente derivados da respiração taoísta, centrada no *tan-tien*. Mesmo que vá

O wing chun é derivado do boxe de Shaolin do sul. O estilo concentra-se no uso das mãos e de posturas sólidas. Esta postura, na qual ambas as mãos fazem um movimento de bloqueio, é tirada da primeira forma.

contra o pensamento convencional, essa teoria tem sentido do ponto de vista histórico.

Perguntamos ao Mestre Hung qual fora a contribuição dada por Ta Mo (o nome chinês de Bodhidharma) e pelos outros budistas indianos às artes marciais chinesas. Respondeu ele:

"Não há registros históricos de o quanto as artes marciais chinesas devem à Índia. Uma das exceções notáveis, porém, foi Ta Mo, que veio para promover o Budismo na China. Embora a sua preocupação principal fosse a de propagar e ensinar os textos budistas, ele também transmitiu a seus discípulos certos métodos de respiração e de exercício para aliviar o desconforto mental e físico que eles experimentavam em virtude das muitas horas de meditação e leitura. Em conseqüência disso, legou-nos um conhecimento de importância essencial para as artes marciais, e não só: deixou-nos também o conceito de *wu-te* (virtude ou disciplina marcial). Instilou na mente dos discípulos a idéia de praticar as artes marciais não para lutar, mas para fortalecer o corpo e conservar a saúde. Entretanto, as artes marciais já se haviam desenvolvido na China muito tempo antes da chegada de Ta Mo.

"*Wu-te* denota o espírito das artes marciais. Antes da chegada de Ta Mo, os artistas marciais chineses treinavam sobretudo para lutar e gostavam de amedrontar e oprimir os mais fracos. Ta Mo trouxe consigo o *wu-te* e ensinou que as artes marciais existem para promover o desenvolvimento espiritual, não para lutar."

Mestre Hung expôs-nos o pensamento básico que está por trás das artes marciais chinesas:

"A força sempre se move numa única direção. Uma curva e uma linha reta encontram-se num único ponto. Para atacar, é preciso exercer uma força contra esse ponto a partir do ângulo mais favorável. Para defender, é preciso evitar o ponto de contato. Nesse processo, a habilidade mais fundamental consiste em aprender a encontrar o ponto e o ângulo adequados para o máximo impulso, e depois aplicar toda a força possível contra esse ponto no momento de contato.

"A maior parte das pessoas acredita que a distância mais curta entre dois pontos é uma linha reta. Por isso, os ataques frontais diretos geralmente são rápidos e ferozes. Em conseqüência, a maioria das técnicas de artes marciais dá ênfase ao movimento circular. A idéia principal é a de evitar o confronto direto entre duas linhas retas, pois esse confronto só pode levar à derrota. Como a velocidade do oponente sempre tem um limite, sempre é possível, pelo emprego de um ângulo adequado, provocar o desvio de um ataque frontal direto.

"Nas artes marciais, há um lema que diz: 'Dê preferência ao sentido interior, não à força exterior.' Se eu perceber que você é mais forte do que eu, nunca vou deixar que você me atinja, pois isso de nada me valeria. Pelo contrário, vou me desviar. Se eu for mais forte, porém, não vou deixar você escapar.

"Se o seu adversário desferir um chute na sua direção, não convém que você recue, pois então estará cedendo-lhe exatamente a distância necessária para

Um dos alunos de Mestre Chan usa a clássica postura do tigre para repelir um agressor imaginário na prática de uma das formas do kung-fu Hung chuen. Caminhando para o lado, ele se protege depois contra outro possível ataque.

desferir um ataque frontal. Você deve dar um passo para o lado a fim de desviar-se do chute e depois observar qual será a próxima ação do adversário. É então que poderá pegá-lo desprevenido.

"Nas artes marciais chinesas tradicionais, nós nunca usamos chutes altos ou 'voadoras'. A perna não é jamais levantada acima da linha da cintura, pois desse modo o seu ponto mais vulnerável (os órgãos genitais) ficaria exposto a um golpe mortal. Entretanto, na sociedade moderna, o uso de golpes mortais como esse inevitavelmente resulta na punição do agressor segundo a lei. A vítima pode processá-lo em juízo pedindo milhões de dólares de indenização, e o agressor corre o risco de ir para a cadeia. Por isso, hoje em dia, os chutes altos quase nunca são usados, porque ninguém se atreve a atacar os órgãos genitais em vista das complicações jurídicas. É por isso também que pouquíssimas mortes ocorrem nos torneios atuais de kung-fu. Mas quando a luta é para valer e ambos os adversários têm a intenção de matar, ambos têm de ter muito cuidado. Portanto, o melhor é não se acostumar a expor as partes mais vulneráveis do corpo.

"Os fundamentos da arte são os seguintes: sempre apare e desvie os golpes; na luta, permaneça na melhor distância em relação ao adversário e não recue; ataque quando o adversário estiver fraco e desequilibrado."

Tze Han explicou-nos por que a prática dos movimentos lentos das artes suaves é tão importante quanto a prática da luta em velocidade:

"No kung-fu, temos um antigo ditado: 'Aquele que só pratica a luta e não pratica os exercícios ficará decrépito na velhice.' O lutador que não pratica os exercícios e habilidades básicas vai arrepender-se na velhice. Esses exercícios fundamentais, que são feitos lenta e ritmicamente, servem para fortalecer o corpo pelo exercício do *chi* (ou energia vital). Sempre é possível movimentar-se rapidamente numa situação de luta, se for necessário. Por isso, embora aparentem ser lentos, os movimentos do lutador têm por trás deles uma vontade rápida. É algo análogo a uma mola comprimida e repentinamente solta por um ataque. Na prática, portanto, a ênfase está toda em você comprimir-se a si mesmo. Na luta, antes de mais nada é preciso sentir os movimentos do oponente, o que só é possível pelo emprego de movimentos suaves e lentos. Na luta, todos os seus movimentos têm de ser determinados por um reflexo espontâneo aos movimentos do adversário. Por isso, a sensibilidade é de extrema importância, e só pode ser cultivada por intermédio de movimentos suaves e lentos."

O sobrinho de Mestre Hung explicou:

"Por mais rápido que um punho venha em sua direção, sua reação segue-se imediatamente ao primeiro toque."

Tze Han continuou:

"Os movimentos lentos são necessários, além disso, para que todo o poder do golpe se concentre no próprio instante de contato. O impulso vai crescendo à medida que o punho prossegue em seu caminho; o punho ganha velo-

O wing chun é ideal para o combate a curta distância do adversário. Nesta foto, o praticante da direita puxa o oponente de encontro ao seu chute durante a prática de mãos grudadas.

cidade ao aproximar-se do corpo do adversário e atinge a plenitude da força e da velocidade no momento de contato.

"Um dos princípios mais importantes do T'ang shou tao é o de tirar vantagem da força do adversário para derrotá-lo. O primeiro passo consiste em confundi-lo e tirá-lo do equilíbrio. Depois de desarranjar a linha de defesa dele, fica fácil esmagá-lo."

T'ang shou tao, a 'via das mãos dos T'ang', é o nome do sistema de luta ensinado por Mestre Hung. Contém elementos do kung-fu Shaolin do norte, mas faz uso sobretudo das artes suaves hsing-i, pa-kuá e t'ai-chi ch'uan.

Mestre Hung e sua família explicaram-nos a importância do *chi* na luta:

"Em primeiro lugar, sem o *chi*, o homem não pode sobreviver. Mas o *chi* provém sobretudo de um corpo saudável, e deve emanar do *tan-tien*.

"No kung-fu, é necessário fazer crescer o poder interno do *chi*, a base da energia.

"Entretanto, o *chi* não é exatamente a mesma coisa que a respiração. Ajuda também, por exemplo, a promover a circulação sangüínea. Quando o sangue está circulando com força e em sua plenitude, os músculos podem ser utilizados em seu máximo grau de força. Hoje em dia, o conceito de *chi*, tal como é usado no kung-fu, tem uma gama mais ampla de significados, entre os quais a 'vontade' de vencer."

O sobrinho do Mestre deu-nos um exemplo:

"Considere, por exemplo, a raiva e o mau humor que uma pessoa demonstra numa briga. A raiva faz dispersar o *chi* e causa desordem no sistema do corpo, reduzindo drasticamente a energia física disponível. A raiva não serve para ganhar uma briga, ela só ajuda o adversário."

E Tze Han concluiu:

"Alguns adeptos aprendem a acumular e concentrar o *chi* em determinados pontos da superfície do corpo para ser capazes de agüentar uma grande dor física. Entretanto, esse hábito não é compatível com a prática correta das artes marciais e é, na verdade, um abuso do *chi*. O objetivo do *chi* é de preservar a energia, não o de suportar golpes pesados infligidos contra o corpo. Esses golpes provocam a congestão do sangue e do *chi*. Essa congestão, por sua vez, pode dar origem a problemas de todo tipo que, com o envelhecimento da pessoa, passam a irradiar-se do ponto atingido. O correto movimento do *chi* segue os padrões naturais de fluxo de energia e circulação do sangue pelo corpo. O *chi*, na verdade, tem tantos significados que está além de qualquer descrição por meio de palavras."

5 AS ARTES SUAVES DA CHINA

As coisas mais fracas do mundo podem superar as coisas mais fortes do mundo.
No mundo, nada há de mais fraco e maleável do que a água; entretanto, nada há de melhor do que ela para atacar as coisas duras e fortes. Pois, a ela, não há alternativa alguma.
O fraco pode vencer o forte e o maleável pode vencer o duro.
Todo mundo sabe disso, mas não o pratica.

Tao Te Ching,
de Lao Tzu

A grande tradição das artes marciais duras ou externas de Shaolin cresceu na China de mãos dadas com o Budismo. Neste capítulo, voltamos a nossa atenção para um outro sistema chinês de luta, o sistema suave ou interno, que desenvolveu-se associado a outra grande filosofia religiosa da China, o Taoísmo.

Há muitas semelhanças entre os sistemas marciais duro e suave; ambos fazem uso de formas e posturas de animais, por exemplo, e ambos incorporam a noção dos cinco elementos. Mas, em virtude da influência taoísta, as artes suaves têm uma relação mais profunda com o mundo natural.

Uma vez que esses conceitos têm suas raízes no passado remoto, nas crenças mais antigas do povo chinês, a mente ocidental tem dificuldade para compreendê-los. Por isso, antes de investigar as artes suaves — hsing-i, pa-kuá e t'ai-chi ch'uan — , temos de voltar o nosso olhar para as próprias raízes do pensamento chinês antigo.

As Raízes da Filosofia Chinesa

Na opinião do eminente sinólogo de Cambridge, Dr. Joseph Needham, a forma de pensamento mais antiga da China era o naturalismo xamânico, uma forma de pensamento segundo a qual as relações entre os seres humanos, os objetos e os outros seres não se formam somente por meio de vínculos lógicos, mas também de vínculos místicos (ou analógicos). Esse tipo de pensamento prevalece até hoje em certos povos da Mongólia e entre seus parentes, os povos indígenas das Américas do Norte e do Sul (cujos ancestrais, há mais de vinte mil anos, migraram da Ásia para o norte e cruzaram o istmo que então ligava a Sibéria ao Alas-

Lao Tzu, o sábio chinês que foi o primeiro a pôr por escrito a filosofia do Taoísmo, por volta de 300 a.C., é representado aqui montado sobre um búfalo d'água. Ele foi um asceta que passou a maior parte da sua existência vivendo como um recluso, sozinho em meio à natureza. As artes marciais suaves da China — hsing-i, pa-kuá e t'ai-chi — são baseadas nos ensinamentos que ele expôs a partir da observação da natureza.

ca). Essa antiga filosofia, porém, é pouco conhecida e compreendida pelos povos das nações industrializadas de hoje em dia.

Há muito tempo, antes de a agricultura estabelecer-se na China, as montanhas, planícies e vales desse país eram povoados por pessoas que viviam caçando, pescando e coletando os frutos da terra. Sabe-se muito bem, pelo estudo das sociedades de caçadores-coletores que sobrevivem até hoje, que uma dependência tão direta em relação à natureza exige uma intimidade profunda com o mundo natural. Os caçadores e coletores só conseguiam sobreviver por intermédio da aquisição de um conhecimento e uma compreensão detalhada do seu ambiente e pela observação constante do estado atual das coisas.

Além disso, naquela época remota, as pessoas ainda não haviam separado a noção do ser imaterial ou espiritual da noção do ser material e físico. O mundo era povoado e dirigido não só pelos objetos e seres materiais, mas também por forças imateriais; e, quando se perguntava como e por quê as coisas aconteciam, as respostas eram dadas em termos físicos e metafísicos. Os seres vivos — não só os seres humanos, mas também as miríades de plantas e animais do mundo — eram os exemplos mais elevados dessa fusão de espírito e matéria.

Em muitas sociedades de caçadores que existem até hoje, a natureza, que proporciona o alimento, o vestuário, o abrigo, a medicina, as armas e tudo o que é necessário para a vida, além de ser o próprio contexto no qual decorrem os eventos mutáveis da existência, recebe ela mesma um ser. Com efeito, o uso que os ocidentais fazem da noção de Mãe Natureza é uma relíquia dessa antiga intimidade entre os seres humanos e o mundo natural.

A Influência do Taoísmo

Foi nesse contexto que o Taoísmo surgiu na China há milhares de anos; e, dentre todas as grandes religiões do mundo, só o Taoísmo permaneceu fiel a essa antiga visão do lugar que o homem ocupa no universo. Ao passo que o Confucionismo dá ênfase ao papel do homem dentro da ordem social, o Taoísmo prega que o homem viva em harmonia com a natureza e descubra essa harmonia mediante a observação atenta e a assimilação íntima dos seres e acontecimentos do mundo natural.

Embora o cânone do Taoísmo seja atribuído a Lao Tzu, que pôs seus livros por escrito por volta de 300 a.C., não há dúvida alguma de que as idéias expressas em sua obra fundadora, o *Tao Te Ching*, surgiram em época muito mais antiga. Entretanto, foi Lao Tzu o primeiro a formular a visão de mundo fundamental dos taoístas.

Naquela época, os filósofos chineses já haviam reduzido os componentes básicos do cosmos a uns poucos elementos fundamentais. Ao passo que na Grécia antiga os filósofos compreendiam a origem do universo como uma passagem do caos à ordem, os sábios chineses entendiam que o universo é estruturado pelo *tao*, que significa o "caminho" ou a "via" que está além tanto da existência quanto da não-existência.

A manifestação fundamental do *tao* é a energia ou *chi*. Segundo o raciocínio dos sábios, quando o *chi* passou a existir, o universo dividiu-se em luz e trevas, calor e frio, rigidez e maleabilidade, e todas essas complementaridades resumiram-se nas duas polaridades cósmicas chamadas *yin* e *yang*. Além disso, uma vez operada essa separação, as infinitas transformações que passaram a ocorrer entre o *yin* e o *yang* produziram essa grande maravilha que é o universo em existência ou em ato.

Quando os taoístas voltaram sua atenção para as características mais exteriores do cosmos e para os

Mestre Hung, além de artista marcial, é budista e presta veneração a esta imagem de Bodhidharma, pintada por ele mesmo, que pende das paredes do seu consultório. Sua arte marcial, porém, é derivada da escola filosófica taoísta, e esta imagem mostra os doze animais que os taoístas encontravam comumente nas montanhas para onde se retiravam e que são imitados na arte do hsing-i. Abaixo da figura de Bodhidharma, Mestre Hung pintou montanhas.

seres que o povoam, fizeram uso de concepções muito semelhantes para determinar quais são os elementos básicos da vida e do ser neste mundo.

Os cinco elementos — terra, água, fogo, metal e madeira — foram isolados como os componentes básicos deste mundo e todos os seres foram compreendidos como composições desses elementos em combinações diversas. Os chineses, porém, não concebem os elementos como nós os concebemos — como coisas separadas, individuais, estáticas. Concebem-nos como seres que agem cada qual de acordo com a sua natureza: a água sempre flui, dissolve, nutre ou extingue, e cada um dos demais elementos é igualmente ativo segundo a sua natureza*.

No pensamento chinês, há duas ordens de sucessão dos elementos: uma na qual cada um dos elementos nasce do anterior; e a oposta, na qual cada um deles destrói o seguinte. Além disso, certas qualidades, como a força e a fraqueza, o resistir e o ceder, o avançar e o recuar, etc., foram identificadas como atributos fundamentais de toda a matéria viva e especialmente correlacionadas com a existência humana. Nas palavras de Lao Tzu:

> O homem, quando vivo, é macio e suave; quando morto, é duro e rígido. Todos os animais e vegetais, quando vivos, são macios e frágeis; quando mortos, murcham e ressecam-se. Por isso se diz: o duro e o rígido são partes

O Mestre assume a postura do tigre do hsing-i. Seus braços representam as mandíbulas do tigre e seus dedos, os dentes.

* É preciso lembrar que um grande número de ocidentais deixou-se enganar pela tradução errônea da expressão chinesa *wu hsing* por "cinco elementos". A tradução mais adequada seria, antes, "cinco movimentos", "cinco estados" ou "cinco formas de movimento". Não está implícita no termo *hsing* a noção de um componente construtivo do universo (como são, em princípio, os elementos ocidentais), mas sim a de uma modalidade de transformação dos seres ou de relação entre o ser e o meio — a de um determinado estado no processo de transformações a que todo ser manifesto está sujeito. (N. do T.)

> da morte; o macio e o suave são partes da vida. É por isso que os soldados, quando são duros demais, não conseguem vencer a batalha; que a árvore, quando é rígida demais, se quebra. A posição do forte e do grandioso é baixa, e a posição do fraco e do macio é elevada. (*Tao Te Ching*, LXXVI)

Os taoístas da antigüidade, assim, penetraram por baixo da superfície do mundo exterior, no qual o forte vence o fraco e o duro destrói o macio, e buscaram conhecer as leis interiores e ocultas da natureza. Nessa busca, perceberam leis que, segundo acreditavam, deviam reger toda a atividade humana:

> O que é suave e fraco pode sobrepujar o que é duro e forte. Assim como os peixes não devem sair das profundezas, assim também os instrumentos cortantes de uma nação não devem ser mostrados a ninguém. (*Tao Te Ching*, XXXVI)

Mas quem foram as pessoas que comandaram esse movimento e dedicaram-se ao desenvolvimento dessas doutrinas? Segundo a totalidade das fontes conhecidas, todos os primeiros taoístas foram eremitas — homens que rejeitaram conscientemente o mundo dos assuntos humanos nas cidades e povoados da antiga China e retiraram-se para a solidão das montanhas a fim de estudar o mundo natural, meditar sobre ele e procurar descobrir a natureza do homem.

Uma andorinha a mergulhar, segundo a forma da andorinha do hsing-i. Hung Tze Han, o segundo filho do mestre, mostra como se faz para agarrar o tornozelo de um adversário seguindo-se o princípio da andorinha.

O monge taoísta que se retirava para as montanhas a fim de estudar encaminhava-se para regiões perigosas, onde precisava de uma proteção especial. O Dr. Joseph Needham nos diz o que um monge levaria consigo no século IV d.C.:

> Eles sentiam uma grande necessidade de proteger-se: psicologicamente, contra os deuses e espíritos dos ermos e das ravinas; fisicamente, contra os animais e vegetais nocivos, as árvores que caíam de repente, as avalanches, etc. Só entravam nas montanhas em dias propícios; executavam, de quando em vez, uma dança especial, o famoso "Passo de Wu"; levavam espelhos sobre as costas para repelir espíritos malignos e portavam diagramas... ou pequenas sacolas de plantas que lhes conferiam a invisibilidade ou faziam sumir as aparições. (*Science and Civilization in China*, Volume 5, Parte 3)

A Arte do Hsing-I

Nas suas práticas de meditação, os taoístas buscavam redescobrir a pureza original do ser humano, como a da respiração de um bebê; buscavam também conhecer com a máxima intimidade possível o lugar natural do homem no universo. Esses objetivos constituem o fundamento da tradição de artes marciais suaves da China. Como disse o Mestre Hung I-hsiang, de Taiwan, que nos serviu de consultor a respeito dessas artes:

"Os seres humanos são, de todos os animais, os mais fracos. Como não temos nem presas nem garras, nossa capacidade de adaptação e de sobrevivência era relativamente baixa. No entanto, o homem tem uma inteligência superior. Os antigos mestres observaram os movimentos de vários pássaros e animais terrestres e, com essas criaturas, aprenderam suas posturas defensivas e ofensivas básicas.

"Em vez de tentar imitar exteriormente esses movimentos (*hsing*), os mestres assimilavam somente a idéia principal deles (*i*). Daí nasceu o hsing-i... O objetivo era captar o *i* (significado) por trás de *hsing* (forma). E sempre se deu mais ênfase às posturas defensivas do que às ofensivas.

"Como o urso, por exemplo, é dotado de uma grande força nos braços e nas garras, é com ele que nós aprendemos a agarrar. A andorinha é leve e rápida, então aprendemos com ela o movimento de descer rapidamente de uma postura alta para outra muito baixa."

No boxe hsing-i ensinado pelo Mestre Hung I-hsiang, de Taipei, os alunos aprendem uma série de formas baseadas no movimento de doze animais. São eles o cavalo, o macaco, o tigre, o urso, o leopardo, a andorinha, o galo, o tetraz-grande-das-montanhas, o dragão, a serpente, o guerrídeo ou hidrômetro (um inseto que caminha sobre a superfície da água e caça com as patas dianteiras) e o falcão. Todos são habitantes das regiões selvagens e montanhosas para as quais os mestres taoístas se retiravam. Nas escolas de outros mestres, há ou-

Todo o peso de Tze Han se apóia sobre um só pé na forma do galo do hsing-i. Os braços, as pernas e os ombros estão arredondados e a mão direita está prestes a lançar-se para a frente num movimento semelhante ao de uma bicada.

tros animais a ser imitados. As formas de fato reproduzem em certa medida os movimentos dos animais, mas, como Mestre Hung faz questão de salientar, os alunos ocupam-se mais de descobrir o significado (*i*) dos movimentos dos animais do que a sua forma física (*hsing*). Aprendendo a executar os movimentos, o aluno compreende por que esses movimentos são executados.

Mais adiante no processo de treinamento, os praticantes de hsing-i aprendem cinco posturas fundamentais. Cada uma delas corresponde a um dos elementos, e são feitas de modo a seguir a seqüência cosmológica na qual (a postura da) água derrota (a postura do) fogo; o fogo derrota o metal; o metal derrota a madeira, e assim por diante.

Mestre Hung abaixa-se para agarrar e usa as mãos como as garras de uma águia nesta forma da águia do hsing-i. Numa luta, esta forma seria usada para agarrar-se um braço, por exemplo.

Mestre Hung demonstra a postura do fogo, *pao*. Trata-se da chamada postura "explosiva". A partir desta posição, ataques podem ser desferidos rapidamente com qualquer uma das mãos ou com o pé que está à frente.

Tze Han adota a postura do metal. Chama-se *pi*, ou seja, a forma de "cortar" ou "talhar". A partir dessa posição, é fácil interromper de forma cortante o ataque do oponente.

A forma da água é chamada em chinês *beng*, que significa "desestabilizar", "derrubar". A partir de uma base extremamente estável, o Mestre, *à esquerda*, pode derrubar seu oponente com um único soco de punho cerrado.

Na postura de terra, chamada em chinês *heng*, que significa "horizontal", a base larga faz com que fique fácil para o Mestre Hung, *abaixo*, fazer desviar ataques vindos de qualquer direção.

A forma da madeira, chamada em chinês *dzuan*, que significa "rodear", é demonstrada *acima* por Tze Han. Numa base muito baixa, Tze Han está ao mesmo tempo protegido dos ataques e pronto a lançar-se em ofensiva.

Dessa maneira, o hsing-i passa do estudo semiprático e da simples imitação do mundo natural para uma tradução em linguagem corpórea das combinações e separações [ou, das transformações] dos elementos básicos do mundo. Quando os alunos praticam o hsing-i — e, da mesma forma, quando praticam o pa-kuá e o t'ai-chi, que são as artes internas chinesas mais avançadas —, eles literalmente representam o drama da criação e da destruição neste mundo.

O hsing-i não só apresenta uma congruência fundamental com as antigas doutrinas taoístas como também é dotado de qualidades marciais especiais.

Ao olhar de um leigo, o hsing-i é muito parecido com o Shaolin ou qualquer outro estilo duro de boxe chinês. O praticante, porém, sente a arte de um jeito completamente diferente. No hsing-i, os movimentos executados e as posturas utilizadas são semelhantes aos do kung-fu Shaolin. Existem socos, bloqueios, chutes baixos e muitos

Um dos alunos mais experientes da academia de Mestre Hung, em Taipei, demonstra a forma do galo do hsing-i, *na página ao lado*. Pode até ser que os galos não fiquem em pé desta maneira, mas os chineses extraíram a essência do modo pelo qual o animal se movimenta e a aplicaram aos movimentos do ser humano.

Na forma da serpente do hsing-i, *à direita*, os dedos da mão esquerda de Tze Han representam a língua bipartida da cobra e seu olhar intenso tem a função de hipnotizar seu oponente. Todo o seu corpo está enrodilhado, pronto para atacar ou defender-se.

outros golpes. O praticante avança em linha reta, vira e volta a avançar. Porém, as semelhanças entre a escola dura e a escola mole terminam aí.

No hsing-i, o tronco e os ombros ficam arredondados, quase corcundas. Os bloqueios são sempre curvos, e as posturas, baixas; as pernas permanecem sempre flexionadas, quase arredondadas. O tempo todo, o praticante executa movimentos que se parecem muito mais com movimentos de animais do que com seqüências imaginárias de luta. As andorinhas mergulham de repente e descrevem curvas em pleno vôo; os galos ficam em pé sobre uma perna só; os ursos agarram e abraçam; os macacos agacham-se; as serpentes descrevem movimentos sinuosos e ondulam de um lado para o outro; e assim por diante. No hsing-i, a força é enfrentada principalmente com mais força; entretanto, o corpo do praticante permanece ágil e flexível; seus reflexos são instantâneos e a sua atitude, calma.

As Origens do Hsing-I

Na opinião de Mestre Hung, o hsing-i é a forma mais antiga das artes marciais chinesas. No Capítulo 2, mencionamos as descrições escritas de lutas de animais que foram feitas na China ainda por volta de 200 d.C. Muitos dos animais mencionados nessas descrições contam-se entre aqueles cujos movimentos são imitados no hsing-i.

Segundo Mestre Hung, a maioria dos estudiosos erra ao supor que a escola dura do boxe de Shaolin é a mais antiga da China. No Capítulo 4, mostramos que, na opinião dele, antes do século

一

i = um ou plano

土

t'u = terra (o plano onde crescem as plantas)

坐

tso = sentar-se (dois homens sentados sobre a terra)

下

hsia = abaixo (algo abaixo do plano)

上

shang = acima (algo acima do plano)

Os caracteres chineses mais antigos eram figuras. Um círculo representava o sol; um crescente, a lua; uma linha horizontal, o número um ou o plano. Entretanto, logo tornou-se necessário ampliar o uso desses pictogramas para representar idéias mais abstratas, de modo que, por exemplo, uma planta nascendo de uma linha horizontal passou a representar "a terra". Por fim, vários desses ideogramas, escritos juntos, passaram a compor um caractere, uma associação de idéias. O ideograma de "mulher" ao lado do ideograma de "criança", por exemplo, forma o caractere que significa "bom" ou "amar"; e o caractere que significa "oriente" é composto pelo pictograma "sol" nascendo por trás do pictograma "árvore".

XVII d.C., quando a bárbara dinastia manchu ou Ch'ing estava expulsando da China os soberanos Ming, o boxe do Templo de Shaolin era muito mais suave do que é hoje em dia.

Explicamos também, no Capítulo 4, que o boxe Shaolin dá às suas formas os nomes de vários animais. Certas características dos animais ainda são evidentes no kung-fu Shaolin. Para Mestre Hung, foi só quando o Templo de Shaolin decidiu formar num prazo curtíssimo lutadores extremamente duros e resistentes para opor-se aos invasores Ch'ing que o Shaolin transformou-se no estilo vigoroso que é hoje em dia. O período de treino dos lutadores foi reduzido para três anos, ao cabo dos quais esperava-se que eles fossem capazes de resistir à tortura nas mãos do inimigo.

Ao ver de Mestre Hung, antes da invasão dos Ch'ing, o treinamento em Shaolin durava dez anos e assumia a forma mais suave, arredondada e mentalmente sofisticada daquilo que, em essência, é o hsing-i.

Além disso, Mestre Hung afirma que a outra grande distinção que existe dentro das artes marciais chinesas — a divisão entre os estilos do norte e os do sul — não deve ser atribuída ao kung-fu Shaolin convencional, mas ao hsing-i:

"No boxe hsing-i, há duas posturas básicas. Uma delas é a *ma-pu* (postura do cavaleiro) e a outra é a *ch'uan-pu* (postura do remador). Segundo a tradição e os costumes idiomáticos chineses, a postura do remador é mais adequada aos sulistas (em cuja região há muita água e muitos barcos) e a do cavaleiro é mais adequada aos nortistas (que andam a cavalo); donde a expressão *nan-ch'uan pei-t'ui*, que significa 'punhos do sul, pernas do norte'. O movimento dos remadores do sul determinou a movimentação dos braços e a movimento dos cavaleiros do norte determinou a movimentação das pernas. Os sulistas da escola hsing-i dão mais importância à postura do remador, ao passo que os nortistas tendem a dar ênfase à postura do cavalo."

A Natureza do Hsing-I

Quais são as qualidades especiais do hsing-i? O que torna essa arte tão sofisticada, em comparação com os estilos duros chineses? É certo que a imitação dos movimentos dos animais pode melhorar o equilíbrio e a coordenação dos alunos e até mesmo a sua compreensão da natureza, mas será que pode ajudá-los a vencer na luta?

A resposta a essa pergunta parece estar na tradução dos termos *hsing* e *i*. Como *hsing* significa "forma" (o ser exterior ou a manifestação exterior de uma pessoa ou de uma ação) e *i* significa "intenção", "idéia" ou "mente" (a força imaterial que impulsiona essa forma externa), os praticantes mais adiantados do hsing-i buscam penetrar no que está além da forma, na própria idéia ou vontade íntima de uma pessoa ou de uma ação.

Essa atitude procede dos próprios fundamentos da cultura chinesa: da relação entre o povo chinês e a sua linguagem escrita. Essa relação é totalmente diferente da que vigora na cultura ocidental. A língua chinesa é escrita com ideogramas, caracteres que representam idéias, e não cadeias de letras que, quando combinadas, representam sons que a mente identifica e traduz em idéias. Como disse Mestre Hung:

"O hsing-i baseia-se em ideogramas ou idéias pictográficas que assumem a imagem e a semelhança de um objeto externo. Quando um aluno vê dois animais a lutar, por exemplo, ele procura assimilar a idéia que está por trás dos movimentos dos animais. O objetivo do exercício é o de captar somente a idéia principal. Certas pessoas chamam esse tipo de treinamento de *hsin-i* ou 'coração e intenções'; em outras palavras, trata-se de uma tentativa de expressar as idéias da mente, literalmente 'moldando a mente' ou 'moldando as intenções'."

Na prática, isso significa que um adepto do hsing-i deve ser capaz de identificar antecipadamente o *i*, a idéia ou a intenção, do seu adversário, e deve portanto ser capaz de antepor-se a ele, contra-atacar e derrotá-lo sem dificuldades.

Não obstante, um nível tão sofisticado de treinamento e consciência marcial não passa de um estágio de treinamento do praticante de hsing-i.

Para compreender a explicação que Mestre Hung nos dá dos desenvolvimentos superiores do hsing-i, apresentada em seguida, é preciso entender um pouco o conceito de *chi*, que é a energia ou força vital. Para os chineses, o *chi* é o aspecto fundamental da existência humana e, do mesmo modo, o componente fundamental do universo:

"Quando você cultiva corretamente o seu *chi*, adquire a capacidade de visualizar a posição do *chi* ao fluir pelo corpo. *Hsing* (forma, figura) manifesta-se fora do corpo, ao passo que o *chi* só existe dentro do corpo.

"Uma pessoa que não tem treinamento de luta não possui nem *hsing* nem *i*. Nos estágios iniciais, os alunos adquirem *hsing*, mas ainda não têm *i* (ou seja, possuem a forma, mas não o significado). Se continuam praticando até chegar a um estado maduro, podem dotar-se já não só de *hsing*, mas também de *i*.

"Um lutador altamente treinado e versado em sua arte tende, em geral, a não revelar a sua verdadeira capacidade. Podemos dizer que um tal lutador possui o *i* sem o *hsing*, ou seja, possui o significado e as capacidades da arte sem dar mostras disso no exterior. Porém, não é esse o estágio superior de desenvolvimento. O estágio supremo é chamado de "sem forma, sem significado", e os lutadores que nele estão não manifestam nem a forma nem a intenção de lutar. Mas o que significa isso? Quando um lutador tem *i*, ele permanece preocupado com a idéia, ou significado, de um movimento. Isso exige um reajustamento mental constante a uma situação sempre mutável, como os golpes repentinos desferidos pelo adversário, e as reações tornam-se lentas.

"Assim, para alcançar o estágio mais elevado de desenvolvimento no hsing-i, o lutador tem de estar livre tanto de *hsing* quanto de *i*; em outras palavras, deu uma volta completa e voltou ao ponto de partida, que também era a ausência de *hsing* e de *i*. Acontece que, agora, *hsing* e *i* foram absorvidos e tornaram-se uma parte natural do ser do lutador. Assim, ele é capaz de movimentar-se e de reagir de maneira exatamente proporcional às circunstâncias e aos momentos, em vez de ser motivado por uma série infinita de idéias fixas."

O sobrinho do Mestre acrescentou: "Uma pessoa livre de *hsing* e de *i* se parece com uma pessoa que não tem formação nenhuma."

E seu filho concluiu: "Nessa altura, você está em perfeita harmonia com a natureza: você é a natureza e a natureza é você."

No hsing-i, portanto, uma filosofia antiga e profunda traduz-se em movimentos humanos no nível o mais elevado possível.

A Arte Marcial dos "Oito Diagramas"

O hsing-i nem sempre é ensinado sozinho. Os mestres das artes chinesas suaves preferem ensinar o hsing-i junto com o pa-kuá. Diz-se que, no final do século XVIII, um famoso mestre de hsing-i, Kuo Yun-shen, desafiou o primeiro mestre conhecido de pa-kuá, Tung Hai-ch'uan. A luta permaneceu inconclusa por dois dias; mas, no terceiro dia, Tung atacou e derrotou Kuo. Depois da briga, os dois tornaram-se amigos inseparáveis e juraram ensinar a seus alunos as duas artes conjuntamente.

Embora a prática do pa-kuá não tenha mais do que duzentos anos, a teoria sobre a qual repousa essa arte marcial é tão antiga quanto o hsing-i. Filosoficamente, porém, as duas artes são diferentes. O termo pa-kuá significa "oito diagramas" e refere-se especificamente aos oito trigramas que constituem o fundamento do grande e antiqüíssimo texto confuciano chamado *I-Ching* ou *Livro das Mutações*.

O *I-Ching*, tal como o conhecemos atualmente, não é uma obra única, mas uma compilação de diversas obras. Suas partes mais antigas datam de 800 a.C., o mais tardar, e as mais recentes, de cerca de 200 d.C. Certas partes do livro são atribuídas a Confúcio, mas alguns duvidam que tenha sido ele que as escreveu. Não obstante, o estilo do livro é inequivocamente confuciano. A obra trata, essencialmente, do estabelecimento da ordem e da harmonia na sociedade humana e, para encontrar essa harmonia, faz uso de um método baseado no acaso.

Há várias teorias sobre como desenvolveu-se o sistema do livro. Uma delas toma por ponto de partida um método de adivinhação pelo uso de caules de milefólio. Os escritos mais antigos da China são ideogramas inscritos em pedaços de casco de tartaruga, ossos ou conchas. Esses ideogramas eram usados para a adivinhação. Os camponeses da época, iletrados, usavam um feixe de caules de milefólio para saber se a safra do ano seria boa, como seria o clima, etc. Alguns caules eram longos e outros, curtos. As disposições de caules longos e curtos eram interpretadas de maneira predeterminada.

A essa altura, esse antigo procedimento já se tornara parte do *I-Ching*. Os caules passaram a ser simbolizados por linhas inteiras ou divididas dispostas em grupo de três, ou seja, em trigramas. Criou-se assim um conjunto de oito trigramas. O trigrama composto de três linhas horizontais inteiras, por exemplo, foi chamado de *ch'ien*, que significa "o criativo", e associado ao céu; o trigrama composto de três linhas horizontais divididas no meio foi chamado *k'un*, "o receptivo", e associado à terra.

Os oito trigramas

Nome	Atributo	Imagem
Ch'ien, o Criativo	Forte	Céu
Sun, o Suave	Penetrante	Vento, Madeira
Chen, o Incitar	Início de Movimento	Trovão
K'an, o Abismal	Perigoso	Água
Ken, a Imobilidade	Quietude	Montanha
K'un, o Receptivo	Dócil, Dedicado	Terra
Li, o Aderir	Luminoso	Fogo
Tui, a Alegria	Alegre	Lago

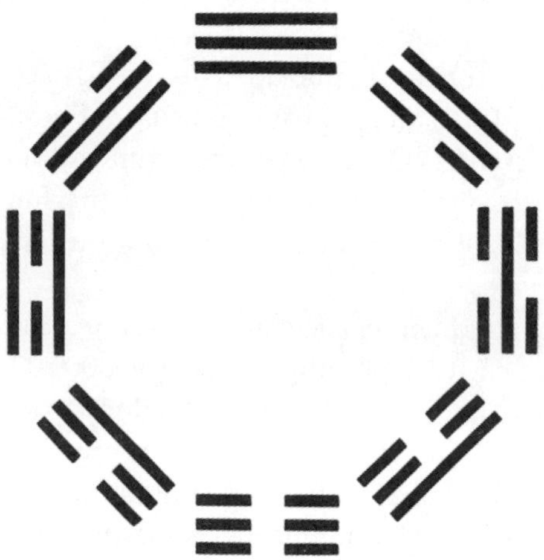

Não se sabe quando surgiu o arranjo circular dos trigramas clássicos do I-Ching, *à esquerda*; mas, dada a existência desse arranjo, criou-se também a possibilidade da correlação dos trigramas com as direções do espaço, ou seja, os pontos cardeais e colaterais da rosa-dos-ventos. Temos de supor que o pa-kuá não poderia ter existido até o surgimento deste diagrama, uma vez que a essência dessa arte marcial está na execução de diversas formas e mudanças de acordo com as posições dos diversos trigramas.

Jogando-se duas vezes os caules divinatórios, a pessoa que buscava orientação obtinha dois trigramas que, combinados, formam um hexagrama. Os 64 hexagramas possíveis estão contidos no *I-Ching*, onde o consulente pode encontrar indicações sobre o seu destino.

Não sabemos exatamente quando isto aconteceu, mas os chineses descobriram depois que os oito trigramas poderiam ser dispostos num arranjo circular. Uma forma mais antiga dessa disposição circular encontra-se no hsing-i, onde os cinco elementos são correlacionados aos quatro pontos cardeais e ao centro:

	ÁGUA	
METAL	TERRA	MADEIRA
	FOGO	

Quando essa disposição dos trigramas em círculo se realizou (talvez por obra dos grandes neoconfucionistas da dinastia Sung [960-1279 d.C.]), criaram-se todas as condições para o surgimento da arte marcial do pa-kuá*.

Esta estátua de Confúcio, em madeira, foi esculpida por Ju Ming, um taiwanês que há pouco tempo tornou-se conhecido internacionalmente por suas figuras de movimentos do t'ai-chi. Confúcio, cujo nome está ligado ao I-Ching, lançou as bases teóricas do pa-kuá.

Técnicas de Evasão

No pa-kuá, o praticante anda em círculos constantemente. A maioria das posturas são eretas e, aos olhos dos não-iniciados, a execução das formas parece incrivelmente monótona. Um jovem caminha rapidamente, descrevendo pequenos círculos, e de repente se abaixa, vai em linha reta para o outro lado do círculo e continua girando, só que na direção oposta, até que um novo mergulho, giro e movimento relampejante dos braços, das pernas e do tronco o lança numa outra série de giros.

Os aspectos marciais do pa-kuá são bastante ocultos, e é preciso ser versado na arte para saber reconhecê-los. O fundamento primeiro do pa-kuá, sobre o qual Mestre Hung nos falou, é o seguinte:

"No pa-kuá, os aspectos mais importantes são as fintas e as esquivas sutis. Ao contrário do que ocorre no hsing-i, no pa-kuá não é necessário ficar de frente para o oponente. No hsing-i, mil quilos de força são enfrentados com outros mil. No pa-kuá, procuramos nos mover em círculos para evitar o confronto direto, o que nos permite desviar e vencer mil quilos de força com apenas cem gramas. O hsing-i é direto e linear; o pa-kuá é indireto e circular. O t'ai-chi funciona em todas as direções."

* Tradicionalmente, os dois arranjos circulares dos oito trigramas remontam a Fu-Hsi, o fundador da tradição chinesa, que viveu há mais de cinco mil anos, e ao Rei Wen (Wen Wang), que viveu por volta de 1150 a.C. (N. do T.)

O irmão de Mestre Hung, Hung Hsien-mien, *acima* e *abaixo*, também é mestre de pa-kuá. À semelhança do Mestre Hung I-hsiang, ele estudou com Chang Chao-tung, mestre especializado em hsing-i e pa-kuá.

Algumas escolas de pa-kuá ensinam exercícios que se assemelham a atitudes explicitamente marciais: esquivar-se; contra-atacar; abaixar-se, etc. Mas, em geral, o conteúdo marcial do pa-kuá permanece sempre oculto. Esse ocultamento, em si mesmo, é um elemento central da arte e segue os princípios que Mestre Hung nos expôs a respeito do hsing-i: ser capaz de ocultar o próprio estilo, ser capaz de agir sem explicitar a própria intenção, confere ao praticante uma enorme vantagem.

Considere também as vantagens de uma pessoa que, quando atacada, é capaz de descrever um círculo ao redor do seu agressor com uma velocidade tremenda, desviando-se e golpeando ao mesmo tempo. Pouquíssimas pessoas destreinadas seriam capazes de reagir a isso, e os treinados para atacar e defender em linha reta seriam inevitavelmente sobrepujados.

O boxe pa-kuá baseia-se antes de mais nada no movimento circular. Este executante anda num círculo de pequeno diâmetro e periodicamente abaixa-se, faz movimentos de desvio com o corpo e muda de direção em alta velocidade.

Acima de tudo, o pa-kuá, à semelhança da sua base doutrinal, o *I-Ching* ou *Livro das Mutações*, atribui enorme importância à mudança. No pa-kuá, os alunos aprendem não só a andar em círculos, mas também como, quando e até por que mudar esses círculos.

Nas raízes da arte está a crença taoísta na natureza perpetuamente mutável do nosso universo. A existência encontra-se num permanente estado de fluxo, e esta arte ensina o praticante a unir-se ao processo de mudança e acompanhar o fluxo das coisas. De início, o aluno aprende posturas que correspondem aos trigramas. Na execução das formas do pa-kuá, ele vira no ponto correto do círculo, abandona uma postura e assume uma nova que corresponde ao ponto onde entra de novo no círculo. Entretanto, como em todas as artes chinesas, o objetivo último do pa-kuá é o de não estar mais escravizado à forma e tornar-se livre para agir e reagir naturalmente.

Um dos alunos mais antigos de pa-kuá do Mestre Hung, antes de nos fazer uma demonstração de sua arte, disse: "Quando pratico o pa-kuá, recrio o mito chinês da criação do universo. No começo, fico imóvel; só o *tao* existe.

Nesta fotografia, os braços levantados do aluno mostram que sua prática chegou ao momento simbólico da divisão do universo em yin e yang, no começo da forma de pa-kuá.

Meu primeiro movimento é o de levantar as mãos acima da cabeça; depois as levo para os lados e para baixo, desenhando as duas metades de um grande círculo; cada mão desenha uma metade. Essa é a divisão do cosmos nos dois elementos, yin e yang. Assim, começo a me movimentar. Quando ponho em movimento o yin e o yang, passo a fazer parte da mudança infinita e perpétua que é a própria vida do cosmos."

Pouco tempo depois, Mestre Hung comentou que o pa-kuá não deve ser explicado em palavras, mas na prática. As palavras criam severas limitações que a própria arte não tem.

O Pólo Supremo

O símbolo do t'ai-chi é antigo. Das representações suas que chegaram a nós, a mais antiga foi feita há mais de três mil anos, e o aparecimento desse símbolo nos documentos históricos chineses, embora esporádico, é sempre significativo. O círculo exterior é o cosmos que traz em si o conteúdo do *tao*. O *tao* é a "via", ou seja, o movimento do universo inteiro; de certo modo, o t'ai-chi é mais concreto e mais próximo de nós do que o *tao*.

Os filósofos da dinastia Sung (960-1279 d.C.) desenvolveram e elaboraram essa noção e formularam o conceito do chamado "Pólo Supremo". Em 1173, um deles, Chu Hsi, descreveu esse Pólo da seguinte maneira:

"Aquilo que não tem Pólo! E, não obstante, (é ele mesmo) o 'Pólo Supremo'. É ele a substância original daquele movimento que gera o yang e daquele repouso que gera o yin... as dez mil coisas (do Universo) remontam todas ao Pólo Supremo."

A arte marcial que recebeu esse título é chamada de t'ai-chi ch'uan, ou Punhos do Pólo Supremo. Em todos os seus níveis, o t'ai-chi trata sobretudo do uso do *chi*, da força vital segundo a sua formulação chinesa.

O deus da longevidade aparece como um médico neste detalhe, *à direita*, de uma pintura da dinastia Ch'ing (1644-1911). Em meio aos símbolos chineses clássicos da longevidade, como o veado, o pelicano e o ramo da grande árvore, o sábio está revelando o segredo da longa vida, o símbolo do t'ai-chi que aparece ampliado *abaixo*. Na boca do veado há um fungo considerado um elixir universal, uma cura para todos os males. A pintura é intitulada *Os Três Símbolos da Felicidade, da Prosperidade e da Longevidade*, e é uma cópia de uma obra anterior. O pintor, porém, é desconhecido.

A Força Vital

No sentido mais lato, *chi* significa energia. O termo é empregado pelos chineses em muitos níveis diferentes. É o componente fundamental do universo e manifesta-se também dentro dos limites da Terra. A neblina, o vento e o ar, bem como os seres humanos, contêm muito *chi*. A respiração é *chi*, mas o *chi* não se resume ao simples ar. É a força vital que nos mantém vivos. Os chineses acreditam que o *chi* percorre o corpo de maneira semelhante ao sangue, embora não idêntica.

Era com o *chi* que os eremitas taoístas realmente se ocupavam. Acreditavam que, vivendo nas montanhas (rodeadas de neblina — *chi*) e executando certos exercícios especiais de respiração, ginástica, prática sexual e talvez de artes marciais, o ser humano pode aprender, antes de mais nada, a controlar o *chi* dentro do seu corpo. Acreditavam também que é possível aprender a armazenar e conservar esse *chi*, e até mesmo concentrá-lo num ponto determinado do corpo ou liberá-lo de repente, com efeitos devastadores. Ao fim e ao cabo, o conhecimento do *chi* produzia não só a longevidade, mas a própria imortalidade.

O *chi*, porém, não existe somente no corpo de uns poucos eremitas taoístas: é um constituinte básico de todos os seres humanos e flui dentro do corpo através de caminhos ou canais chamados de meridianos. Em certos pontos notórios situados ao longo desses canais — pontos de junção, portais, válvulas, etc. —, é possível influenciar o *chi*, não só o que corre pelo canal em questão, mas também o de outras partes do corpo ligadas àquele canal. Assim, o *chi* que passa por um ponto situado no antebraço pode estar ligado ao fígado, e o que passa por outro ponto pode estar ligado ao baço.

A acupuntura, como todos sabem, é o sistema mais conhecido de manipulação de *chi* no corpo por motivos medicinais. Certos procedimentos de diagnóstico e tratamento por acupuntura foram postos por escrito por volta de 300 a.C., mas a maioria dos especialistas acredita que o sistema é muito mais antigo do que isso e talvez tenha se originado há cerca de cinco mil anos.

Os Pontos Vitais

Segundo a teoria clássica da acupuntura, há certos pontos onde não se pode enfiar agulhas. Esses pontos, ao lado de muitos outros que aparentemente não foram registrados pelos acupunturistas, são aqueles que, quando atingidos com uma arma, o punho cerrado ou mesmo um dedo, podem deixar a vítima atordoada, paralisada, inconsciente ou morta.

No Capítulo 3, mostramos que os adeptos do marma-adi, na Índia, identificaram 108 pontos desse tipo. Na opinião da maioria dos mestres chineses, existem muitos outros pontos, talvez mais de trezentos; mas todos tendem a concordar que existem 108 pontos principais, 36 dos quais causam a morte.

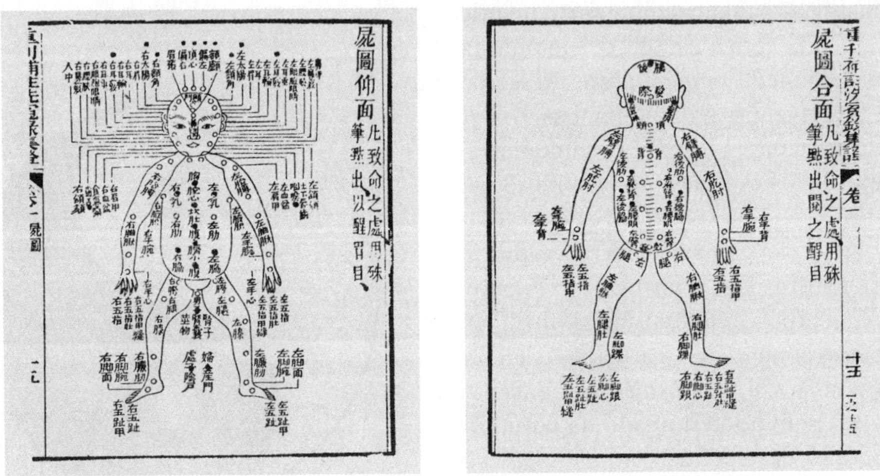

Estes diagramas do *Hsi Yuan Lu*, de 1247, que é o mais antigo livro de medicina legal ainda existente, mostram os pontos vitais da parte da frente do corpo, *à esquerda*, e da parte de trás, *à direita*.

A localização desses pontos vitais é conservada em segredo, mas pudemos conversar acerca de vários pontos bem conhecidos com mestres de Taiwan, do sul da Índia e do Japão, e o acordo quanto à posição deles foi quase total. Esse fato por si só basta para provar a veracidade desse conhecimento, mas o Dr. Joseph Needham teve a idéia de perguntar a especialistas ingleses em medicina legal quais seriam as prováveis conseqüências de um ataque a alguns desses pontos vitais indicados pelos artistas marciais e pelos acupunturistas. As respostas dos médicos confirmaram com exatidão as informações que Needham colhera com mestres de artes marciais chinesas e japonesas.

O conhecimento dos pontos vitais e de como eles devem ser golpeados não é, de modo algum, a única contribuição que a doutrina do *chi* deu às artes chinesas internas. Para começar, a prática de hsing-i, pa-kuá e t'ai-chi tem o objetivo de exercitar o fluxo de *chi* por todas as partes do corpo. O centro e a origem do *chi* no corpo é o *tan-tien*, um ponto situado cerca de oito centímetros (quatro dedos) abaixo do umbigo. O *tan-tien* é também o centro de gravidade do corpo, e um dos principais objetivos dos exercícios respiratórios, medicinais e marciais internos é o de fixar e fortalecer o *chi* nesse ponto.

A principal razão pela qual o Mestre Hung rejeita as artes duras e externas, como o boxe de Shaolin, é que, na opinião dele, elas fazem com que o *chi* do lutador se concentre bem alto no peito, onde se torna impossível de controlar e causa grandes males ao praticante. Fazer descer o *chi* é o objetivo básico das artes internas. Quando o *chi* desce, a postura do lutador fica firme e bem equilibrada (com "raiz")

A escultura de Ju Ming, *acima*, apresenta de forma congelada uma postura de t'ai-chi. *Abaixo*, Mestre Hung executa uma série de movimentos de pa-kuá. Vemos claramente que as diversas artes são constituídas a partir dos mesmos movimentos físicos, os quais sucedem-se, porém, em ordens diferentes.

e sua mente permanece calma e não é afetada pela ira. Quase todos os exercícios e formas do t'ai-chi têm esse estado como uma de suas metas principais.

Muitos especialistas acreditam que os movimentos das formas de t'ai-chi, quando executados no ritmo correto e muito lento que lhes é próprio, fazem aumentar grandemente o fluxo de *chi* pelo corpo e servem para revitalizar os principais órgãos vitais — o coração, o fígado, o baço, os rins e os pulmões — além de exercitar os músculos, os ligamentos e os ossos do corpo.

As Formas do T'ai-Chi

No t'ai-chi, além das formas, há dois exercícios principais, geralmente chamados de empurrar as mãos e mãos grudadas. No empurrar as mãos praticado pela maioria dos ocidentais, duas pessoas postam-se frente a frente e põem um dos pulsos em contato. Um dos praticantes lança a mão à frente em linha reta, em direção ao seu parceiro, e este tem de girar o corpo — os quadris e o tronco giram ao mesmo tempo — para esquivar-se do empurrão.

O que recebeu o ataque ataca por sua vez, o outro se defende, e assim por diante. Cria-se uma espécie de movimento de vaivém. Muitos ocidentais aproveitam esse movimento rítmico para entrar numa espécie de semitranse, mas na China quase inteira o empurrar as mãos é praticado com grande vigor e ener-

O pa-kuá baseia-se no *I-Ching* ou *Livro das Mutações*. A essência da arte está em que o praticante muda de postura e de direção com freqüência, mas a intervalos irregulares, de modo a deixar o oponente confuso e desorientado. Há oito mudanças básicas e 64 variações sobre essas mudanças. A variação representada nesta figura é uma das mais complexas.

gia. Os parceiros muitas vezes quase atacam uns aos outros, e o exercício é feito com força.

No exercício de mãos grudadas, uma pessoa põe a mão em cima da mão do parceiro. Este, então, move a mão livremente, em qualquer direção. A mão do primeiro tem de permanecer em cima da mão do segundo no decorrer de todo o movimento.

Tirar da base é um outro exercício muito popular na China. Nele, uma pessoa desafia outra a permanecer firme na mesma posição enquanto a primeira tenta empurrá-la para trás. Trata-se de uma brincadeira divertida e popular para depois das aulas e apresentações de t'ai-chi. Seu benefício mais óbvio é o de melhorar a sincronia dos movimentos, e o benefício oculto, o de fazer com que os participantes realmente se concentrem na postura (*hsing*) e na intenção (*i*) um do outro. Quando se aproveita o momento correto, é fácil lançar alguém para trás com essa técnica; mas é difícil tirar da base os adeptos do t'ai-chi, que são altamente versados na arte de ceder aparentemente ao adversário e voltar contra ele a sua própria força. O empurrão tem de ser dado para trás e para cima para tirar o parceiro da base.

O t'ai-chi, como o pa-kuá, teve a sua prática registrada pela primeira vez no final do século XVIII. Entretanto, já falamos sobre as antigas raízes filosóficas da arte e sobre a facilidade com que um conhecimento marcial pode ter-se incorporado às práticas místicas taoístas. Existe, pois, a forte possibilidade de que alguma forma de t'ai-chi tenha sido transmitida secretamente, de geração em geração, pelos eremitas que tradicionalmente habitavam as Montanhas de Wutang no noroeste da província de Hopei, na China — talvez por milênios antes de ter sido finalmente conhecida por gente de fora. Mestre Hung lembrounos de que, no ermo das montanhas, o conhecimento de autodefesa seria essencial contra os ataques de predadores.

Entretanto, as formas do t'ai-chi não parecem, de maneira alguma, formas de autodefesa. Com efeito, a maior parte dos ocidentais que praticam o t'ai-chi consideram o seu aspecto marcial menos importante do que os seus efeitos benéficos sobre a saúde, o desenvolvimento espiritual, a paz interior e a longevidade.

Talvez isso aconteça porque, na Europa, o t'ai-chi quase sempre é ensinado sozinho, ao passo que, na China, o praticante sempre tem a opção de estudá-lo como uma parte das artes marciais internas.

Quando assistimos à prática das formas do t'ai-chi, a opinião generalizada dos ocidentais parece a princípio confirmar-se. As formas são executadas com uma lentidão extrema, e poucas das posturas e gestos parecem conter movimentos de luta.

Entretanto, um exame mais atento nos revela uma grande quantidade de socos, empurrões, bloqueios, chutes, técnicas de desvio, lançamentos circulares, chaves e torções. Com efeito, quando Mestre Hung decidiu mostrar-nos as aplicações de alguns trechos das formas, a riqueza de técnicas de luta que se nos revelou foi incrível.

Os mestres das três artes marciais internas sempre consideram o t'ai-chi como a arte marcial suprema. Muitos mestres não deixam que seus alunos estudem t'ai-chi antes de considerá-los competentes em hsing-i e pa-kuá; e todos dizem que é preciso treinar por muitos anos para dominar as formas do t'ai-chi.

Os Princípios do T'ai-Chi

Na academia de Mestre Hung I-hsiang, em Taipei, há umas poucas crianças e adolescentes que aprendem primeiro algumas das formas principais do kungfu duro de Shaolin. Quando já têm idade suficiente, Mestre Hung ensina-lhes o hsing-i, depois o pa-kuá — e o t'ai-chi, só depois de dez anos de prática. Poucos alunos chegam ao estágio final, e, hoje em dia, o Mestre ensina essa arte principalmente aos seus familiares e amigos íntimos.

Já falamos sobre a relação entre o t'ai-chi e a filosofia, mas a arte tem vários princípios fundamentais que provêm diretamente da filosofia e também merecem a nossa atenção. O primeiro é o princípio de ceder.

O Taoísmo tem como pressuposto básico a idéia de que a força reside na suavidade e no ato de ceder. No contexto marcial, isso significa que o ato de mudar a direção da força de um ataque (desviar-se) sempre vai derrotar um inimigo que confia somente na força. Como explicou Mestre Hung:

"Nas situações de luta, há momentos em que nossos punhos e pés entram em contato com os do oponente. Entretanto, para resolver essas situações, não se pode usar formas duras, que seriam prejudiciais a ambas as partes. Nessas circunstâncias, o que fazer para nos defender? Um embate direto, caso se usasse bastante força, destruiria a ambos. Por isso, é muito melhor fazer movimentos circulares. Assim, é mais fácil atingir os *hsüeh dao* (pontos de energia vital) do adversário. Com movimentos circulares, é mais fácil ferir o oponente e, ao mesmo tempo, desviar-se da força dele."

A adesão ou o princípio de "colar" é outro princípio do t'ai-chi. Depois de desviar o agressor, o adepto do t'ai-chi agarra-se a ele (nesse ponto entra em jogo a prática de mãos grudadas). Agarrado o adversário, o ataque fica neutralizado e podem-se aplicar chaves, técnicas de imobilização ou de pressão aos pontos vitais.

Quando o princípio da expulsão é aplicado, o praticante lança o agressor para longe. Existem inúmeros relatos de mestres que lançaram seus adversários através de paredes, para a outra margem de um rio, etc., e não há dúvida de que alguns desses relatos são verdadeiros. É nesse ponto que o *chi* é liberado com força. Tais ações são freqüentemente ligadas ao conceito de devolver ou retribuir: o equilíbrio cósmico é restabelecido quando se devolve ao adversário a energia que ele mesmo despendeu no ataque. Essa noção vem da idéia de que, se a força for combatida pela força, a energia será desperdiçada. Quando o ataque é feito com força, a reação mais harmônica consiste em absorver a força que chega e usá-la em prol da defesa. Assim, nenhuma energia se perde no incidente.

Num nível mais elementar, a extrema lentidão do t'ai-chi é um exagero deliberado de certos princípios básicos das artes marciais internas: a lentidão, o relaxamento e a regularidade dos movimentos. Quando os movimentos são muito lentos, tem-se bastante tempo para pensar, e a decorrência natural disso são ações corretas executadas com um ar de tranqüilidade. Para executar lentamente seus exercícios, o praticante tem de estar relaxado. Assim, em virtude da

O t'ai-chi é tão popular que, a cada manhã, milhões de pessoas o praticam em toda a Ásia chinesa. Até mesmo no pátio do Templo do Céu, em Pequim, estes trabalhadores executam seus exercícios cotidianos para a promoção da saúde e da longevidade.

prática constante, a tranqüilidade e o relaxamento instilam-se na mente do aluno. Mais tarde, numa situação de combate, o aluno que adquiriu a técnica de relaxamento durante a prática será capaz de executar as formas rapidamente ao mesmo tempo que seu ser interior permanece totalmente tranqüilo.

A Unidade dos Três Sistemas

Já vimos que Mestre Hung ensina as três artes internas numa ordem rigorosa. Domina-se primeiro o hsing-i, depois o pa-kuá, e por fim o t'ai-chi. Talvez seja por simples coincidência que essa ordem pareça corresponder à antigüidade relativa dessas artes, mas é fato que ela corresponde à sua ordem de complexidade.

O hsing-i é relativamente simples tanto na teoria quanto na prática, e sua aparência exterior é semelhante à da maioria dos sistemas asiáticos de luta desarmada. A aplicação dos movimentos do hsing-i também é relativamente simples: há chutes, golpes de mãos, bloqueios, agarramentos e lançamentos.

O pa-kuá é muito mais complexo, tanto nas raízes teóricas quanto nos aspectos práticos e no verdadeiro sentido de suas técnicas. Com efeito, só um artista marcial experiente e sensível é capaz de compreender a riqueza técnica dessa arte.

Do mesmo modo, o t'ai-chi ch'uan, que combina as habilidades práticas do hsing-i e do pa-kuá e também introduz muitas técnicas novas, é altamente complexo. Ideologicamente, o t'ai-chi ch'uan contém uma larga gama de conhecimentos esotéricos taoístas e tem suas raízes nas complexidades da cosmovisão neoconfucionista da dinastia Sung — cosmovisão essa que, apesar do nome, é de natureza essencialmente taoísta. Cada postura do t'ai-chi tem um nome místico, e a execução de séries sucessivas de posturas ou formas teria o poder de harmonizar o espírito, a mente e o corpo do praticante. Em termos marciais, a riqueza de técnicas ocultas por trás do exterior tranqüilo do t'ai-chi prova que a arte é desenvolvida em altíssimo grau.

Nesse sentido, pois, as três artes internas japonesas podem ser vistas como artes essencialmente separadas e dispostas hierarquicamente de acordo com a sua complexidade. Para quem as observa de fora, isso é evidente: numa dessas artes, os praticantes movem-se em linha reta, bloqueando, socando e chutando; na seguinte, o praticante gira num círculo imaginário e de repente mergulha, atravessa o círculo e sai do outro lado, voltando a descrever suas voltas; na terceira, o mestre se move de maneira lenta e ritmada, dando um passo aqui, outro ali, em qualquer direção; seus braços e seu tronco descrevem um sem-número de gestos pontuados por momentos de imobilidade completa.

Não obstante, há entre essas três artes uma unidade que um observador, depois de vê-las executadas pela décima ou vigésima vez, não pode deixar de constatar. Elas transmitem uma impressão semelhante, e um exame atento revela ainda mais semelhanças entre as três.

Em nossos primeiros encontros, Mestre Hung explicou-nos que o controle cuidadoso da respiração e o cultivo do *chi* são os objetivos básicos das artes marciais internas. São também os objetivos básicos de outras práticas do Taoísmo. Há uma antiga tradição de exercícios respiratórios taoístas feitos para promover a saúde e a longevidade. Essas técnicas costumam ser praticadas junto com exercícios de ginástica calistênica que promovem a saúde pela ativação não só da estrutura externa dos músculos, tendões e ossos, mas também dos órgãos internos.

Mestre Hung I-hsiang dá uma aula desses exercícios todos os dias, antes do nascer do sol, em Taipei. Nela, seus alunos, muitos dos quais têm mais de 60 anos, executam esses antigos exercícios de respiração e ginástica segundo os princípios da tradição taoísta.

Muitos desses exercícios foram descritos e ilustrados em textos de medicina chinesa escritos há pelo menos quinhentos anos. Diversas posturas apresentadas nos textos e praticadas por Mestre Hung fazem parte também das formas do hsing-i, do pa-kuá e do t'ai-chi. Não são tão fáceis de perceber no hsing-i em virtude da rapidez dos movimentos nessa arte; não obstante, as fotografias, como as mostradas neste capítulo, revelam que elas estão lá. No mais antigo manuscrito conhecido (datado de 1621) que reproduz os exercícios medicinais registrados por volta de 200 d.C. pelo médico Hua Tuo, as ilustrações do urso, do macaco e do tigre encontram-se reproduzidas no t'ai-chi, no pa-kuá e no hsing-i.

Do mesmo modo, várias estátuas de posturas de t'ai-chi, entalhadas em madeira pelo escultor chinês Ju Ming, são idênticas a certas posturas de pa-kuá que Mestre Hung e seus alunos executaram para que os fotografássemos.

Temos certeza, portanto, de que as três artes não são unidas somente pela teoria. Há uma congruência entre os elementos mesmos que compõem as artes em questão, e esses elementos fazem parte da estrutura maior do pensamento e da prática taoístas tradicionais.

No caso, estamos tratando principalmente das qualidades marciais dessas artes. O objetivo marcial das artes suaves chinesas é antes de mais nada o de treinar o praticante para reagir de maneira tranqüila e natural numa situação de combate sem que a sua mente seja obscurecida pela técnica, pelo medo ou pela incerteza. O adepto das artes marciais internas deve ter criado em si o seguinte conjunto de prioridades: a vontade ou a mente (*i*) comanda, a força (*li*) obedece e a energia (*chi*) segue.

O Apelo do T'ai-Chi

Todos esses princípios estão incorporados nas três artes marciais internas, mas nenhuma delas os manifesta de maneira mais pura do que o t'ai-chi. Talvez seja por isso que o t'ai-chi é tão popular entre todos os chineses, onde quer que morem. Em Xangai, Pequim, Cantão, Hong Kong, Taipei, Singapura e até nos bairros chineses das cidades norte-americanas, por volta da hora do nascer do sol, todos os parques e espaços abertos da cidade ficam cheios de pessoas praticando t'ai-chi.

Este símbolo clássico neoconfuciano representa a fusão do símbolo do t'ai-chi com os oito trigramas do *I-Ching* ou *Livro das Mutações*. A arte marcial do pa-kuá baseia-se nessa unidade de idéias.

É um espetáculo impressionante e agradável: enquanto a neblina sobe do ar úmido da manhã, senhores idosos passeiam sob as árvores com seus pássaros presos em gaiolas. Duas senhoras trocam confidências, cada qual com uma das pernas passada por sobre o encosto de um banco de jardim. Enquanto isso, um homem solitário executa suas formas solenes e prolongadas sob um pequeno salgueiro ao lado de um tanque cheio de carpas.

Essas pessoas freqüentam esse mesmo lugar há décadas e estarão lá todos os dias por muitos anos ainda. Não há dúvida de que o t'ai-chi é, de longe, a mais praticada de todas as artes marciais no mundo inteiro, e continuará sendo no futuro.

UMA FAMÍLIA DE ARTISTAS MARCIAIS

Hung I-hsiang, mestre das artes marciais chinesas suaves ou internas, mora em Taipei, capital de Taiwan, a República da China. Combinamos que, em nosso primeiro encontro, ele nos exporia seus conhecimentos da história e da filosofia da China imperial.

Chegamos acompanhados de um intérprete chinês e instalamo-nos no consultório de Mestre Hung. Ele mora no bairro tradicional da cidade, num complexo de ruas dedicadas à venda, por atacado, de produtos para a culinária chinesa. O consultório é também a sala de vistas de Mestre Hung, e num dos lados fica um corredor por onde passam os inquilinos ao entrar e sair da casa.

As paredes são cobertas de cristaleiras cheias de troféus recebidos pelo mundo afora. No meio há uma mesa baixa, grande e muito bem lustrada. No lado oposto ao da porta há um armário com instrumentos de acupuntura e os aparelhos necessários para encanar ossos fraturados; acima deles fica a pintura, feita pelo próprio Mestre Hung, dos animais cujos movimentos são imitados na estranha arte marcial chamada hsing-i.

A aparência de Mestre Hung engana os incautos. Parece ele um homem manso, meio gordo; mas, quando se move, o faz repentinamente, com uma graciosidade e um poder impressionantes.

Para ajudar o Mestre a expor a doutrina, estavam lá alguns de seus alunos, entre os quais dois de seus filhos e um sobrinho. Quando sabiam a resposta correta, respondiam em lugar do Mestre. Quando Mestre Hung discordava da resposta dos discípulos ou queria acrescentar mais alguma coisa, falava em taiwanês, que era traduzido pelo seu filho mais novo para o mandarim e vertido para o inglês, a duras penas, pelo intérprete.

Como seria de se esperar, o intérprete encontrou-se em dificuldades, pois viu-se mergulhado em conversas que exigiam a tradução de conceitos quase impossíveis de traduzir. A experiência foi a um só tempo cômica, frustrante e enfurecedora, pois sabíamos que coisas profundas estavam sendo ditas e que toda uma nova luz estava sendo lançada sobre diversos aspectos das artes marciais.

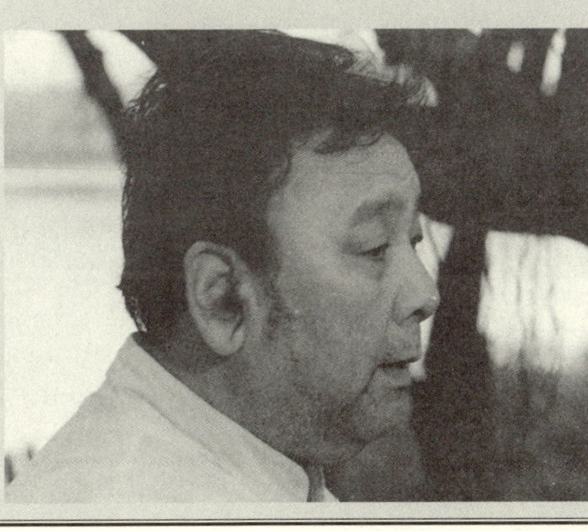

Hung I-hsiang é reconhecido como mestre das artes marciais chinesas internas há mais de 25 anos. Embora esteja chegando aos 60 anos, ainda tem grande força e velocidade.

Depois de algumas horas, com a cabeça girando e os blocos cheios de anotações desorganizadas, retiramo-nos e fomos para a Livraria Caves para espairecer. Nessa livraria é possível comprar livros publicados em outros países mas reimpressos em Taiwan e vendidos a preços baixíssimos.

Nas prateleiras da livraria encontramos a grande obra *Science and Civilization in China*, do Dr. Joseph Needham, cujos volumes já publicados servem de útil introdução às complexidades da filosofia e da cultura chinesas.

Um volume, em específico, ajudou-nos a compreender o conceito fundamental que está por trás do t'ai-chi ch'uan, pois, quando o tomamos da prateleira, ele caiu no chão dramaticamente aberto na página que falava sobre o "Pólo Supremo", conceito que, até então, tínhamos tido dificuldade para compreender.

Ficamos surpresos por ver que as informações fornecidas pelo livro e pelo Mestre — as primeiras, evidentemente acadêmicas, e as outras baseadas na sabedoria tradicional — eram tão semelhantes.

Não é de surpreender que Mestre Hung seja tão rico em conhecimentos. Passou a vida inteira longe da China continental, em Taiwan. Essa ilha, que já foi chamada Formosa, tem sido desde há séculos um refúgio para escritores, administradores, filósofos e quaisquer outros grupos perseguidos quando a vida se tornava perigosa demais no continente.

A atmosfera em Taipei é diferente da que predomina em cidades como Cantão e Hong Kong. Em Taipei, os chineses parecem mais relaxados, mais abertos, menos frenéticos. Vigoram ainda os antigos padrões e há uma ausência de tensão, tudo isso apesar das relações intranqüilas com a China comunista, do outro lado do mar. A tensão tem sido contínua desde que o Governo Nacional da China fugiu para Taiwan (então chamada Formosa) em 1949, ao mesmo tempo que o Exército Vermelho comandado por Mao Tse-tung tomava o poder em Pequim.

Muitos homens de grande valor, entre os quais diversos mestres de artes marciais, fugiram junto com os políticos.

Não obstante, a família de Mestre Hung já mora em Taiwan há várias gerações. Seu pai começou a trabalhar há cerca de oitenta anos, vendendo velas; na época em que a eletricidade chegou, ele já era o maior vendedor de velas da ilha.

Agora com 90 anos de idade, Hung pai ainda se levanta da cama às três da manhã e anda cinco quilômetros até o seu lugar predileto, do outro lado da cidade. Trata-se de um espaço ao pé de uma pequena colina, embaixo das árvores, onde o ar, antes do nascer do sol, é saudável e cheio de *chi*.

Lá ele faz seus exercícios, conversa com os amigos e depois caminha de volta para casa a tempo de pedir à filha para abrir sua loja, o negócio tradicional da família, que agora não vende mais velas, mas incenso. Senta-se e toma um chá de jujuba e ginseng, bom para fortalecer as pernas.

Acima de sua cabeça, escrito em bela caligrafia, está o seu *Poema da Longa Vida*:

Dormir bem, levantar-se cedo,
Ao comer, parar com um quarto do estômago vazio,
Sempre andar, e sorrir, sempre sorrir,
Estar livre de cuidados e ocupado todo o dia,
Assim, não envelhecerás.

Até o final da Segunda Guerra Mundial, Hung pai viveu numa Taiwan ocupada pelos japoneses, que proibiram o estudo e a prática das artes marciais chinesas. Apesar disso, ele fez com que seus filhos as aprendessem: contratava guarda-costas que cuidavam da loja durante o dia e ensinavam as artes da luta secretamente, à noite. Os filhos costumavam praticar os estilos duros, externos, mas o mais velho morreu cedo. Pai Hung atribuiu a morte do filho aos malefícios causados pelas técnicas duras e, a partir daí, fez questão de que os filhos restantes só praticassem as artes suaves.

Depois da guerra, quando os japoneses saíram de Taiwan, o jovem Mestre Hung passou a estudar com um mestre chinês. Seu filho, Tze Han, contou-nos a história:

Todos os dias, de manhã bem cedo, Mestre Hung reúne-se com sua família e seus alunos num pequeno templo de Taipei para tomar o café da manhã e falar sobre artes marciais.

"Meu avô era fabricante de velas. Há muito tempo, antes da chegada da eletricidade em Taiwan, as velas eram artigos indispensáveis para a vida doméstica. Na qualidade de fabricantes de velas, nós éramos bastante prósperos, embora fôssemos também bastante ocupados. Para dar cultura aos filhos e ensinar-lhes também a defender-se, meu avô contratou diversos mestres renomados de kung-fu para vir a nossa casa e ensinar seus filhos. No começo, todos eles eram mestres da escola de Shaolin, embora não fossem mestres de primeiro time.

"Na mesma época, meu avô também gostava muito de receber em nossa casa diversas pessoas ligadas às artes marciais. A maioria dessas pessoas vinha do continente. Um desses hóspedes foi Chang Chuen-feng, que depois se tornou mestre de meu pai. Meu pai era o quarto filho de um total de cinco. Dos cinco filhos de meu avô, o segundo, o terceiro e o quarto gostavam muito de treinar kung-fu. Treinavam freqüentemente com Mestre Chang.

"Embora cada um dos três fosse muito bom em pelo menos um estilo, nenhum deles jamais foi capaz de vencer o Mestre. Por isso, meu avô decidiu contratar Mestre Chang para ser o nosso mestre residente. Chang era especialista em hsing-i e pa-kuá.

"Houve também o Mestre Cheng Han-ming, engenheiro que trabalhara no continente, no Departamento de Engenharia do Rio Amarelo. Cheng era mestre de kung-fu Shaolin, hsing-i e t'ai-chi. Descobriu que seus discípulos não haviam aprendido o t'ai-chi e não ficou satisfeito com isso. Então, com toda a polidez, pediu a meu avô que lhe desse um de seus filhos, de quem o mestre gostava muito, como seu discípulo pessoal. Esse foi meu pai.

"Com o consentimento de seu primeiro professor, Mestre Chang, meu pai passou a treinar com Mestre Cheng. Entretanto, Mestre Cheng falava com um forte sotaque de Shantung, e, naquela época, meu pai praticamente não entendia o dialeto mandarim. Por isso, eles tinham de comunicar-se por meio de gestos, o que não prejudicou o processo de treinamento. Porém, em decorrência disso, meu pai aprendeu mais os aspectos práticos do que os teóricos.

"Depois de observar por muito tempo os seus mestres e estudar por conta própria, meu pai desenvolveu o sistema de T'ang shou tao, que combina elementos do hsing-i, do pa-kuá, do t'ai-chi e um pouco do Shaolin."

Mestre Hung estudou com seu mestre por quinze anos e ensinou sob a direção dele por outros cinco. Sentiu-se tentado a procurar outros mestres, mas Mestre Cheng disse: "Desafie os alunos dos outros. Se eles ganharem, você pode mudar de mestre; mas, se você ganhar, vai ficar comigo." Depois de cerca de vinte lutas, ele se convenceu e ficou. Agora tem a sua própria academia, em Taipei.

Além de instrutor de artes marciais, ele é também médico de medicina tradicional chinesa; por isso, passa o dia no consultório. Os alunos chegam continuamente para ouvi-lo, para conversar, para ajudá-lo ou para receber tratamento. As conversas sobre o *I-Ching*, sobre as origens e o desenvolvimento das artes, fluem incessantemente. O Mestre aparentemente ignora a maior parte do que é dito, exceto quando alguém comete um erro. Então, ele entra abruptamente na conversa para corrigi-lo.

Vez por outra, ele agarra um discípulo com uma velocidade que parece anormal para um homem tão grande e aperta um ponto vital, aplica uma chave ou imobiliza um membro para exemplificar alguma questão.

Depois, lança o discípulo (agonizante) para um lado com uma leve gargalhada e volta ao trabalho. Quem visita a sua casa ou sala de treinamento ou comparece ao desjejum que ele oferece num café depois da sessão de treino da madrugada muitas vezes se sente mais como se estivesse num seminário de universidade do que entre lutadores.

Todos os seus discípulos — alguns dos quais são crianças, ao passo que outros têm mais de 60 anos — parecem totalmente dedicados aos estudos e encontram-se numa permanente busca pelas verdades mais elevadas e profundas contidas nas artes chinesas internas.

Na Europa, muitas vezes se comenta que a arte japonesa do shorinji kempô, inventada neste século, é a "arte marcial dos intelectuais"; porém, até mesmo a complexa filosofia do shorinji kempô é reduzida à insignificância quando comparada à do hsing-i, do pa-kuá e do t'ai-chi.

6 AS ESCOLAS CLÁSSICAS DE ARMAS DO JAPÃO

No que diz respeito aos armamentos, eles são instrumentos de mau agouro. Não devem ser usados pelo homem do Tao. Isso porque as ações das armas terão a sua retribuição; espinheiros e abrolhos crescem nos locais onde exércitos estiveram aquartelados. Às grandes guerras seguem-se inevitavelmente anos de escassez. O homem do Tao, quando está em casa, faz da esquerda o lugar de honra; e, quando usa armas, faz da direita o lugar de honra. Só usa as armas quando não pode evitá-lo e não se agrada de suas conquistas. Caso se agradasse delas, é porque teria gosto pelo morticínio dos homens. Aquele que se agrada do morticínio dos homens não pode ter a sua vontade imposta ao mundo.

Tao Te Ching,
de Lao Tzu

Em 1447, Henrique VI ocupava o trono da Inglaterra. O exército inglês havia sido expulso da França pela segunda e última vez e a Guerra das Duas Rosas estava prestes a começar.

A palavra "marcial" estava entrando no uso comum; fora introduzida na língua inglesa por Geoffrey Chaucer, pouco mais de cinqüenta anos antes. Era provavelmente usada por jovens de boa família, conhecedores das artes marciais de sua época. Eles aprendiam a usar a espada e o machado de guerra, e eram instruídos nas regras dos torneios, nos quais se usavam a lança, a maça e o escudo. Depois de um ritual de iniciação que começava com uma vigília de uma noite inteira perante o altar, o cavaleiro seguia o código de cavalaria pelo resto de sua vida.

Em 1447, o Japão não era uma nação unificada. A população se dividia em grupos rivais comandados pelos senhores feudais locais, ou daimios. Numa época de guerra contínua, os jovens aprendiam o *bujutsu*, as virtudes marciais, e sua educação incluía as artes de luta do *kyu-jutsu*, ou arte do arco; do *ken-jutsu*, ou arte da espada; do *naguinata-jutsu*, ou arte da alabarda; do *so-jutsu*, ou arte da lança; e a arte do uso de um sem-número de outras armas.

A diferença essencial entre as duas culturas resume-se no fato de que, no Japão, essas mesmas artes ainda são ensinadas. A mais antiga das escolas de combate do Japão que sobrevivem até hoje foi fundada em 1447. Os ensinamentos estabelecidos pelo fundador continuam sendo transmitidos sem alteração alguma.

Tenshin Shoden Katori Shinto Ryu

A mais importante de todas as academias de artes marciais do Japão fica a alguns quilômetros de Narita, o novo aeroporto internacional de Tóquio, numa região que já foi uma área rural pacífica. É como se no condado semi-rural de Sussex, perto da pista principal do Aeroporto de Gatwick, em Londres, houvesse uma escola que ensinasse desde a Idade Média as artes da justa e do torneio.

Na Tenshin Shoden Katori Shinto Ryu, o praticante pode aprender a usar uma espada de samurai para lutar contra um homem trajado de armadura medieval e armado de bastão, alabarda, lança ou espada longa ou curta. O fato de os ensinamentos da escola não terem sido alterados em função das mudanças de vida ocorridas no século XX revela uma coerência e uma firmeza raras até mesmo no Japão.

Os alunos da Tenshin Shoden Katori Shinto Ryu estudam uma arte marcial pura. O objetivo da escola é o de aperfeiçoá-la, de desenvolver as técnicas por cujo aperfeiçoamento muitos homens morreram no passado. As lições aprendidas em combate constituem uma parte importante dos ensinamentos. É por isso que os alunos mais avançados têm uma firmeza tão grande. Essa firmeza não poderia ser atribuída a outros motivos, uma

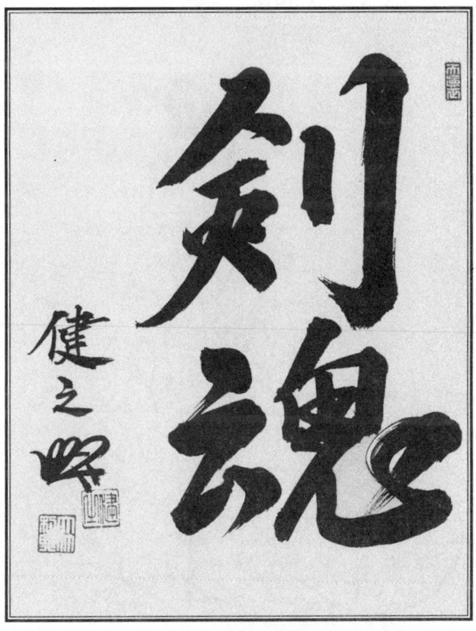

Otake Sensei, Mestre de Treinamento da Tenshin Shoden Katori Shinto Ryu, decidiu presentear-nos com esta caligrafia, cuja tradução é "alma de espada". Os selos quadrados são os selos pessoais de Otake Sensei.

vez que não há vantagem alguma, do ponto de vista prático, em estudar lá em vez de estudar numa escola que ensine uma arte de autodefesa, como o aikidô ou o karatê. Lá, os discípulos aprendem o sistema clássico de combate com armas, no qual cada movimento foi concebido para matar ou ferir de morte o adversário.

Os objetivos da escola permanecem os mesmos desde a sua fundação, há quase 550 anos: formar espadachins versados em todos os aspectos da arte da guerra, desde o uso das armas até os conhecimentos táticos, logísticos e até médicos.

Os alunos da escola sabem que estão partilhando de um conhecimento histórico raríssimo, até mesmo único, que deve ser conservado e transmitido às gerações futuras. Em reconhecimento desse fato, o governo do Japão deu à escola um título de honra sob a forma de um nome: "Um Valor Cultural Inestimável".

As Origens Feudais

O Mestre de Treinamento, Mestre Otake, contou-nos a história de como a escola foi fundada:

"O fundador da Katori Shinto Ryu, Iizasa Choisai Ienao Sensei ou Choisai Sensei (a expressão *Sensei* significa "mestre"), nasceu no ano de 1387 na localidade que hoje se chama Takomachi, na prefeitura de Chiba (a cerca de 64 quilômetros de Tóquio).

"Na juventude, tornou-se famoso como especialista no uso da espada e da lança. Foi contratado, na qualidade de samurai (soldado ou guerreiro), pela família Chiba, cujos filhos eram, naquela época, os senhores da região. Ao que parece, passou também algum tempo trabalhando para Ashikaga Yoshimitsu, um dos shoguns — governantes militares — da família Ashikaga que então governavam Kyoto, a capital.

"Aparentemente, ele participou de algumas batalhas campais e essa experiência levou-o a perceber que o tipo de guerra que estava ocorrendo não poderia conduzir senão à destruição das famílias e das linhagens.

A Tenshin Shoden Katori Shinto Ryu foi fundada em 1447 por Iizasa Choisai Ienao Sensei, *à esquerda*. O atual chefe da Ryu, Mestre Otake, sempre se lembra da expressão calma e pacífica da face do Fundador nessa imagem, comparando-a com a atitude feroz em que são representados a maioria dos mestres espadachins.

"Por isso, quando a família Chiba caiu em desgraça e foi por fim derrotada, Choisai Sensei separou-se de sua própria família e foi viver no recinto mais interno do Santuário Katori. Tinha 60 anos quando se retirou para viver como recluso no Santuário."

No Japão, há dois santuários especialmente famosos dedicados às artes marciais. O Santuário Katori encontra-se numa colina baixa cujo topo é recoberto de árvores grandes e antiqüíssimas. As mais antigas são amarradas com cordas, à maneira da religião xintoísta. Os templos e outros edifícios do santuário foram construídos em meio às árvores. O Santuário Kashima fica lá perto; ambos ainda são focos de peregrinação importantes e populares.

"Naquela época, aconteceu que um dos discípulos do Fundador foi lavar um cavalo numa nascente chamada Fonte Divina ou Fonte do Deus, perto do Santuário Katori. Pouco tempo depois, o cavalo começou a sofrer de dores e morreu.

"Para Choisai, esse acontecimento foi uma revelação do poder divino da divindade xintoísta adorada no Santuário Katori, divindade essa que se chama Futsunushi-no-Kami. A morte do cavalo deu-lhe uma espécie de intuição espiritual do poder da divindade. Por isso, ele decidiu passar mil dias em adoração no Santuário Katori. Nesse período, dedicou-se a austeras práticas de purificação e estabeleceu para si um cronograma rigoroso de treinamento marcial.

O Santuário Katori, um dos mais importantes santuários xintoístas do Japão, é dedicado a Futsunushi-no-Kami, a divindade da espada. Foi para cá que veio Choisai Sensei quando fundou a Tenshin Shoden Katori Shinto Ryu.

"Ao final desse período de penitência e treinamento, ele estabeleceu os ensinamentos que constituem a Katori Shinto Ryu.

"Choisai Sensei acreditava que havia descoberto os ensinamentos diretos e verdadeiros do deus Futsunushi-no-Kami, adorado no Santuário Katori, e por isso antepôs ao nome Katori Shinto Ryu a expressão *tenshin shoden*, que significa 'tradição celeste, verdadeira, correta'. Isso nos dá o nome completo da tradição, 'Tenshin Shoden Katori Shinto Ryu', que significa 'a tradição marcial que é o caminho dos deuses'. Como a palavra 'Shinto', que significa 'o caminho dos deuses', significa o caminho verdadeiro e correto que os homens devem seguir, à semelhança de todas as tradições xintoístas que nos foram transmitidas desde os tempos antigos, está implícita nela a idéia de um caminho que as pessoas devem trilhar com um coração sincero. Ao que parece, foi assim que Choisai Sensei entendeu esse conceito e usou-o em sua tradição marcial."

A linha de sucessão da escola jamais foi rompida. O atual Mestre da Tenshin Shoden Katori Shinto Ryu é o vigésimo da sucessão, embora não seja um mestre praticante. Por isso, é Otake Sensei, o Mestre de Treinamento, que transmite a tradição para os discípulos. Ele não ensina somente as técnicas de luta, mas também os conhecimentos eruditos de uma escola do Budismo esotérico.

A Filosofia do Fundador

O fundador, Choisai Sensei, viveu até os 102 anos de idade e deixou uma grande quantidade de ensinamentos, tanto filosóficos quanto práticos. São esses os ensinamentos transmitidos por Mestre Otake.

No centro de todos esses ensinamentos há um trocadilho. O trocadilho se expressa na língua japonesa, mas depende, para ser compreendido, dos caracteres chineses que exprimem as mesmas palavras. Em japonês, a palavra *heiho* significa todo o currículo marcial de uma escola tradicional de uso de armas, mas as suas origens lingüísticas são muito mais complexas:

"Dos ensinamentos de Choisai Sensei, aprendemos que a palavra *heiho*, escrita com os caracteres japoneses, significa 'o método do soldado'. Escrita com caracteres chineses, entretanto, *heiho* adquire o sentido de 'pacífico' ou 'calmo'.

"Portanto, o método marcial é uma verdadeira via de combate; mas quem é capaz de assimilar o currículo inteiro (da Katori Shinto Ryu) descobre que ele se torna uma via de paz.

"Chegamos a descobrir que a vitória pela morte do adversário não é uma vantagem verdadeira. É esse o sentido da paz.

"Assim, no *bujutsu*, ou seja, nas artes marciais, nós praticamos técnicas que foram criadas para matar outro ser humano. No treinamento, praticamos artes em que, quando um parceiro se move, o outro é morto. Não obstante, os ensinamentos de Choisai Sensei deixam claro que, muito embora o treinamento seja feito desse modo, não é correto matar as pessoas com a espada. Fazem-nos

Mestre Otake senta-se ao lado do santuário do dojô durante o treinamento, à maneira tradicional, sobre uma pequena esteira de fibras de palmeira. É daí que, com um bokken ou espada de madeira repousando sobre os seus joelhos, ele supervisiona os movimentos dos discípulos com a espada.

ver que ser homem não é só ser forte e poderoso. O simples fato de termos a força necessária para destruir não nos levará em nenhuma direção produtiva.

"Se assim fosse, os animais que dependem unicamente do seu poder e da sua força para sobreviver, como o leão e o tigre, simplesmente continuariam a crescer e multiplicar-se até dominar completamente a Terra. A verdade é que isso não acontece. Valer-se unicamente da força bruta é o caminho dos animais.

"Na qualidade de seres humanos, temos de seguir um caminho diferente, um caminho em que não é correto manifestar abertamente a própria força. No *bujutsu*, nas artes marciais, é essencial que sejamos muito fortes. Não obstante, é igualmente necessário que não revelemos a nossa força. Precisamos compreender uma forma mais elevada de sabedoria humana e manter oculta a nossa força bruta. É por isso que Choisai Sensei falava de *heiho*, o método da paz."

O Desenvolvimento da Katori Shinto Ryu

Os guerreiros e estrategistas de todo o Japão costumavam ir aos Santuários Katori e Kashima para prestar homenagem às duas divindades marciais. Era bastante natural, por isso, que, como já haviam viajado tanto para chegar ao santuário, fizessem uma parada no local onde Choisai Sensei ensinava para ver se conseguiam aprender alguma coisa.

"Naquela época, sempre que alguém lançava um desafio ao chefe de um dojô ou sala de treinamento, ocorria um *shiai*, ou seja, um duelo ou uma luta, geralmente com a espada de madeira. Essa luta era coisa muito séria. Um golpe da espada de madeira pode causar ferimentos graves e, se pega na cabeça, pode até matar.

"Depois de estabelecer o seu local de treinamento no Santuário Katori, Choisai Sensei tornou-se tão conhecido que, se permitisse os torneios de *shiai*, haveria uma pessoa morta quase todos os dias. Por isso, ele proibiu de modo expresso e rigoroso todos os combates.

"Até hoje em dia, a Katori Shinto Ryu proíbe que qualquer um dos seus praticantes se envolva em combate com outra pessoa antes de ter chegado ao grau de *menkyo* ou Mestre Licenciado. É certo que um dos dois duelistas seria gravemente ferido ou mesmo morto. É por isso que se diz que *shiai*, o torneio, é sinônimo de *shiniai*, que significa 'encontrar-se para buscar a morte'. É outra maneira de dizer que qualquer espécie de combate é uma coisa muito séria, uma questão de vida ou morte.

"Em decorrência disso, desde aquela época, as competições de luta são proibidas na Katori Shinto Ryu. Choisai Sensei ensinava que a forma ideal de vitória era aquela que podia ser obtida sem o combate nem o uso de armas.

"Abaixo do nível de vitória obtido numa competição amistosa está a vitória obtida quando se fere o oponente. A terceira forma de vitória, e a mais baixa de todas, é a que se obtém matando-se o oponente. Choisai Sensei ensinava que a forma ideal de vitória era a que podia ser obtida sem luta e sem violência."

Entre os ensinamentos há um que se chama *kumazasa no oshie*, ou seja, "os ensinamentos do bambu-anão". É esse o nome que a Katori Shinto Ryu deu a uma série de histórias que relatam o modo pelo qual Choisai Sensei era desafiado pelos guerreiros que visitavam o seu dojô.

"Segundo esses ensinamentos e as histórias que sempre o acompanham, quando um desafiante chegava ao dojô e dizia a Choisai Sensei: 'Por favor, deixe-me tentar derrotá-lo', Choisai Sensei respondia: 'Ótimo, mas primeiro vamos nos sentar juntos.'

"Então, ele pedia a algum membro do dojô que estendesse uma esteira de palha sobre um canteiro de bambus-anões, de modo que a esteira se apoiasse sobre os frágeis bambus cerca de trinta centímetros acima do chão.

"Então, Choisai Sensei subia nessa esteira e sentava-se sobre ela. Nem a esteira caía nem os bambus vergavam-se sob o seu peso. Ele convidava então o desafiante a subir e sentar-se ao lado dele.

"Segundo se conta, quando os desafiantes viam isso, percebiam que estavam na presença de uma pessoa extraordinária e admitiam imediatamente a própria derrota. Sabiam que lhes seria impossível fazer a mesma coisa. Embora tivessem vindo para lutar, Choisai Sensei era capaz de convencê-los de que não era essa a maneira correta de se proceder. Ele descia então de sua esteira e oferecia-lhes a hospitalidade do seu dojô.

"O sentido de *kumazasa no oshie*, ou 'os ensinamentos do bambu-anão', é que, em vez de ensinar somente métodos de matar, Choisai Sensei conseguia

Otake Sensei escreve os diplomas para todos os seus discípulos quando completam os diversos estágios de treinamento.

ensinar aos seus desafiantes a maneira correta segundo a qual os seres humanos devem se comportar. Diz-se que todos os guerreiros que vieram ao Katori Shinto Ryu voltaram a seu local de origem num estado mais maduro ou tranqüilo."

Mestre Otake

O jovem Otake nasceu numa fazenda perto do local de nascimento do Fundador. Cresceu em meio à atmosfera militarista que tomou conta do Japão antes da Segunda Guerra Mundial.

Otake vivia profundamente preocupado com a propaganda que exortava os jovens a estar preparados a dar a vida pelo imperador. Tinha medo de não conseguir. Para aprender a morrer, foi estudar na Katori Shinto Ryu. Depois de um serviço militar breve e monótono, voltou ao fim da guerra para aprofundar seus estudos na Ryu.

Naquela época, o Mestre dava aulas em sua fazenda. A Katori Shinto Ryu tornara-se uma tradição rural exteriormente insignificante, que poderia chegar a desaparecer. O Mestre ficou doente e o jovem Otake, já designado como seu sucessor, assumiu parte dos seus deveres.

Um desses deveres era a cura de doentes pelos métodos budistas. Certa vez, Mestre Otake teve de exorcizar um jovem possuído pelo espírito de uma raposa. Sustentou duas noites de intenso combate e finalmente conseguiu expulsá-lo do jovem, fazendo um movimento intimidador com sua espada. Em toda a sua vida, só fez um exorcismo; não quis ter de novo a mesma experiência.

Até há bem pouco tempo, Mestre Otake era fazendeiro e criador de cavalos de corrida, mas aposentou-se para ter mais tempo para dedicar-se à Katori Shinto Ryu, que havia sobrevivido em sua forma pura: uma tradição de luta praticada principalmente pelos samurais fazendeiros ou funcionários militares dos daimios. Porém, nos últimos cinqüenta anos, a zona rural japonesa, como a da Europa, sofreu muitas mudanças. Otake Sensei chegou à conclusão de que os efeitos dessas mudanças sobre a sua escola exigiriam que ele dedicasse a ela toda a sua atenção. Por exemplo, com a criação de um serviço de trens rápidos e de uma rede de rodovias que ligam a capital à zona rural, a maioria de seus alunos passou a vir de Tóquio, e não mais da pequena comunidade de senhores de terras.

Entretanto, mesmo hoje em dia, há somente uns cinqüenta e poucos membros que praticam regularmente. A Katori Shinto Ryu nunca atraiu um grande número de alunos; não foi feita para o treinamento de grandes massas.

As Técnicas e o Treinamento

A Katori Shinto Ryu sempre aceitou alunos de todas as classes sociais. A única qualificação exigida é a disposição de continuar treinando e estudando. É preciso ter

ARMAS DE TREINAMENTO

As armas usadas para o treinamento na Tenshin Shoden Katori Shinto Ryu são feitas de madeira de lei. A ponta da lança é coberta de couro.

A maior das armas, a yari ou lança, **1**, tem 289,75 cm de comprimento e é manejada com movimento de torção e estocadas.

A naguinata ou alabarda, **2**, com 253,15 cm de comprimento, é curta o suficiente para ser girada. O lado curvo representa uma lâmina e é usado para cortar e estocar. Também o cabo da arma é usado em combate.

O bo, ou bastão, **3**, tem 183 centímetros de comprimento e é usado tanto nos treinamentos quanto em combates de verdade. Pode ser girado ao redor do corpo do praticante, numa técnica que dá a este um grande raio de ação. Ambas as extremidades do bo são usadas quer para segurar, quer para golpear, e os lutadores mudam freqüentemente o lado de ataque do bastão para ter mais versatilidade na luta.

O bokken, **4**, a espada de treino do samurai, tem 97 centímetros de comprimento. Uma pancada do bokken causa muita dor e pode até ser fatal.

O kodachi ou espada curta, **5**, de 54,9 centímetros de comprimento, é a segunda arma do samurai. Portada na mão esquerda, é usada sozinha ou junto com a espada longa. Para seu uso, é essencial que o praticante se aproxime do agressor.

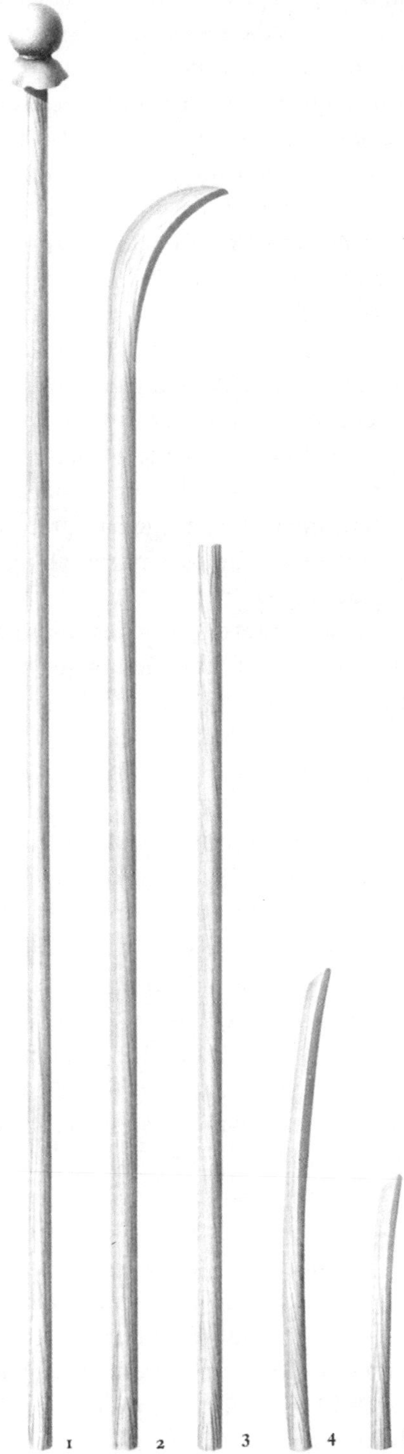

1 2 3 4 5

muita coragem para executar os elaborados movimentos de prática em velocidade rápida. As espadas de madeira (bokken) e as outras armas de treino passam céleres e a uma distância perigosamente pequena do rosto e do corpo dos praticantes. A mais pequena falha de concentração que prejudique a precisão e o ritmo dos movimentos pode ter por conseqüência, no mínimo, uma pancada dolorida.

O conhecimento da arte tem três estágios. A passagem dos membros de um estágio para outro é marcada pela entrega de um diploma copiado à mão pelo Mestre da Ryu a partir dos escritos originais do falecido Fundador. O aluno diligente recebe o seu primeiro diploma ao cabo de cerca de cinco anos de treino. Depois disso, ele pode freqüentar as aulas avançadas e estudar o uso das armas mais complexas; pode também começar a estudar a primeira fase do conhecimento esotérico de estratégia, religião e medicina transmitido pelo Fundador.

O segundo diploma é concedido depois de mais ou menos dez anos, e o terceiro, entregue somente aos instrutores sêniores, geralmente não é concedido a quem passou menos de quinze anos na Ryu. O conhecido estudioso norte-americano Donn Draeger, autor de diversos livros que dão a palavra final sobre as artes e caminhos marciais japoneses, é o único estrangeiro a ter alcançado esse grau na Ryu.

Otake Sensei dá aulas três vezes por semana, mas, como muitos alunos têm de transpor os 64 quilômetros que separam o santuário da cidade de Tóquio, poucos deles treinam mais de duas vezes por semana. A aptidão marcial de todos eles, porém, deixa claro que quase todos praticam em casa. Nas outras artes de luta, o normal é que pouquíssimos alunos cheguem ao fim do treinamento. No karatê, por exemplo, diz-se que, de mil praticantes que começam a treinar, só um se torna bom o suficiente para ser instrutor. Não é isso, porém, o que acontece na Katori Shinto Ryu. Isso talvez se deva, entre outras coisas, ao fato de que, na Ryu, os discípulos são obrigados a fazer um pacto de sangue antes de poder dedicar-se ao estudo de maneira séria e regular. A verdade é que todos os membros da Ryu levam seu treinamento muito a sério.

A Ryu não é grande, e o dojô de Otake Sensei (a sala de treinamento, literalmente "o lugar do Caminho") só permite que dois pares de alunos pratiquem ao mesmo tempo. Até quatro podem praticar simultaneamente as formas-solo da arte de desembainhar a espada (chamada *iai-jutsu*), usando espadas de verdade, afiadas para o combate.

Todo o treinamento regular é feito com armas; só se praticam formas, chamadas *katá* em japonês. Ao contrário do que acontece em quase todas as outras artes e caminhos marciais, não há exercícios formais de aquecimento e alongamento nem a prática de técnicas simples. Só se vêem as seqüências longas e contínuas de cortes, talhos, estocadas, golpes de ponta e bloqueios combinados em padrões de movimentos minuciosamente predeterminados para cada katá.

Os katás também se ordenam numa seqüência rígida que começa com o movimento relativamente simples de desembainhar a espada. A este seguem-se

Os dois filhos de Otake Sensei praticam ken-jutsu ao ar livre, usando os tradicionais sapatos de lona e couro.

os *omote-ken-jutsu*, os katás da arte da espada para os principiantes, os quais, como todos os que se seguem, são feitos a dois. Todos os espadachins têm de aprender os dois papéis dos katás de combate. As aulas de Otake Sensei partem do primeiro katá para os posteriores, mais diversificados e complicados.

Aos katás da arte da espada para os principiantes seguem-se as formas de bo, ou bastão, contra a espada. Vêm por fim as naguinata, ou alabardas, que podem ter até dois metros e meio na Katori Shinto Ryu e são as armas mais difíceis de ser dominadas pelos principiantes. Relampejam pelo ar em grandes arcos; às vezes, o alabardeiro tem de dar um salto para o alto a fim de ter espaço suficiente para aplicar um corte de baixo para cima. O espadachim que se lhe opõe permanece a distância e procura aproximar-se do adversário de repente, aproveitando os momentos em que ele gira a alabarda. Todos os movimentos são coreografados.

Otake Sensei demonstra sua zanshin ou concentração total no momento de impacto enquanto pratica com seu filho mais novo, que maneja uma naguinata ou alabarda.

Acima, à esquerda, o filho de Otake Sensei usa o cabo da alabarda para desviar um golpe aplicado por seu pai. A fotografia *acima, à direita*, foi tirada logo após o final do katá de alabarda. No movimento final, o filho de Otake deu um salto à frente e atingiu o pai no espaço entre o pescoço e o ombro.

Abaixo, o filho mais novo de Otake Sensei tenta cortar de baixo para cima o pulso do seu oponente, que consegue bloquear-lhe o movimento. *À esquerda*, ele tira a mão direita da espada para não perdê-la com o golpe de baixo para cima desferido pelo oponente.

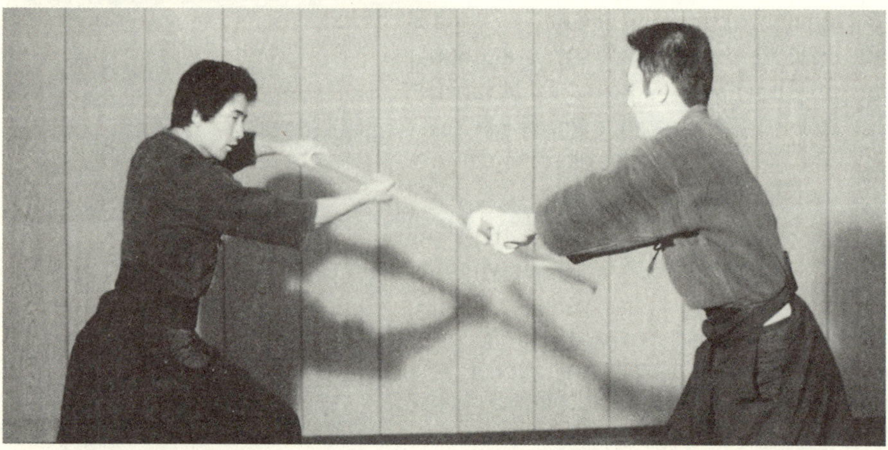

Os katás intermediários da arte da espada são muito complexos, rápidos e curtos. Os movimentos são tão precisos que às vezes a palma da mão esquerda é utilizada para apoiar e direcionar a lâmina da espada. Contragolpes sucedem-se rapidamente a partir de todos os ângulos possíveis e imagináveis.

Entre os ensinamentos da Katori Shinto Ryu há o nin-jutsu, as artes dos ninjas (espiões e assassinos do Japão feudal) ou artes da espionagem. Nestas fotografias, um dos membros mais antigos da Ryu demonstra o lançamento dos shuriken, ou dardos de ferro. Esta parte dos ensinamentos da escola é secreta, mas Otake Sensei concordou em mostrar-nos os lançamentos básicos.

O shuriken é feito para causar a morte silenciosamente, e o nin-jutsu é a arte do assassinato silencioso. O homem que aparece nestas fotografias autênticas — as primeiras jamais publicadas — pratica de quatrocentos a quinhentos lançamentos por dia e é capaz de cravar seis dardos num círculo de menos de cinco centímetros de diâmetro a cinco metros de distância.

Quando se prepara para lançar, *acima*, apóia o peso sobre a perna de trás e usa o braço e a mão que estão à frente para mirar. No ato do lançamento, *abaixo*, o peso é transferido para a perna da frente, de modo que o movimento do braço que lança possa seguir até o fim com suavidade.

Esses katás, como todos os outros, são evidentemente muito cansativos. Até mesmo os jovens de melhor constituição física saem do campo de treino cobertos de suor depois de somente dez ou quinze minutos de prática. A mais cansativa de todas as armas, porém, é a lança. Essa arma enorme, de três metros de comprimento, é usada somente para desferir-se estocadas com um movimento de parafuso. É extremamente difícil de manejar. Depois de uma sessão de uso da lança contra a espada de Otake Sensei, os alunos saem do campo de treino totalmente sem fôlego.

O interessante é que todas as armas, quer usadas sozinhas, quer combinadas, são sempre manejadas contra uma espada. O espadachim, por sua vez, aprende a defender-se de ataques de todos os tipos de armas e descobre quais são os pontos fracos de cada uma. Em certo sentido, pois, a Katori Shinto Ryu é fundamentalmente uma escola para espadachins-guerreiros, e não para os usuários de quaisquer armas. Isso não nos surpreende, pois a escola tem uma profunda relação com o Santuário Katori, que é o principal santuário xintoísta da divindade da espada.

Depois de dominar a lança e as técnicas mais avançadas da espada, os alunos podem passar a estudar as técnicas secretas ensinadas na Katori Shinto Ryu para a luta corpo-a-corpo com adversários totalmente armados; podem também começar a usar armas mais avançadas, como o shuriken, o dardo de ferro. É muito pouco o que sabemos sobre esses assuntos, que só são comunicados aos que estudam na Ryu há anos.

Mestre Otake, porém, dispôs-se a revelar-nos alguns fatos genéricos sobre o treinamento. Contou-nos que os fortes choques das armas de madeira durante os treinos têm a intenção de iludir os incautos. Quando as armas se batem, diz-se que isso é bom para as mãos, pois faz com que elas se acostumem com o impacto; porém, se duas espadas afiadas se chocassem dessa maneira, ambas as lâminas ficariam danificadas ou mesmo quebradas.

Numa luta de verdade, os dois participantes dariam meio passo à frente em relação à distância a que se conservam um do outro durante a prática dos katás. A partir dessa nova posição, os mesmos golpes não resultariam num embate das lâminas, mas em cortes, talhos e estocadas aplicadas ao tronco e aos membros do oponente, bem como em movimentos defensivos. Isso pode se ver claramente nas fotografias destas páginas e das seguintes, nas quais Otake Sensei mostra como atacar um adversário com armadura. Quando ele demonstra os golpes verdadeiros, sua espada muitas vezes atinge dois alvos ao mesmo tempo. No treinamento, quando os espadachins executam os movimentos a uma distância maior um do outro, é difícil para o observador leigo perceber a verdadeira intenção dos golpes. É esse um dos aspectos da tradição de segredo da Katori Shinto Ryu. Os espiões ou observadores casuais só vêem duas espadas de madeira batendo uma contra a outra, ao passo que os espadachins sabem que, numa luta real, cada um deles teria infligido ao outro um ferimento grave. Na

Katori Shinto Ryu, portanto, o ataque e a defesa são simultâneos e cada movimento dos katás foi feito para provar esse princípio.

Uma das grandes diferenças entre a arte essencialmente marcial da escola de Otake Sensei e todas as outras artes e caminhos marciais descritos neste livro é que, para um espadachim-guerreiro, qualquer golpe aplicado corretamente acarreta a morte do adversário, e o menor erro de discernimento implica a morte, geralmente instantânea, do próprio espadachim. Um corte na virilha causa a morte em vinte segundos; um corte nas axilas mata mais rápido ainda, e um corte no lado do pescoço rompe a veia jugular e mata em três ou quatro segundos. A *katana*, a espada japonesa tradicional de combate, é afiada como uma navalha. Por isso, não há nenhum outro sistema de combate em que cada movimento seja tão vital — ou tão mortífero — quanto no ken-jutsu, a arte do espadachim.

Para lutar-se corretamente segundo o estilo dessa tradição, a espada é usada de muitas maneiras diferentes contra um número limitado de alvos. Esses alvos são determinados pelos pontos vulneráveis da armadura japonesa. Infligem-se cortes no rosto, na parte de baixo dos pulsos, na parte de dentro dos braços (do bíceps), nos lados do pescoço, nos lados e na frente do abdômen na altura da cintura e na parte de dentro das pernas. A alabarda pode atingir também as panturrilhas, que são para a espada um alvo muito baixo. Em todos esses lugares há espaços entre as partes da armadura; além disso, em todos eles passam as principais artérias e veias do sistema circulatório do corpo.

É interessante notar que esses alvos lógicos para um espadachim-guerreiro são, em sua maioria, simplesmente ignorados na forma esportiva de esgrima chamada kendô. No kendô, os alvos são o topo da cabeça, a garganta, os ombros, o centro e os lados do peito e a parte de ci-

Tenshin Shoden Katori Shinto Ryu é um sistema de combate cujo principal objetivo é o de treinar guerreiros para vencer seus adversários numa luta de verdade. O fundador ensinou seus discípulos a procurar os pontos fracos da armadura japonesa tradicional. Na série de fotografias apresentadas nesta página e nas seguintes, Otake Sensei demonstra como fazer isso. Nesta foto, a espada de Otake Sensei atinge o ponto intermediário entre a armadura do ombro e o capacete do outro guerreiro, alcançando-lhe o pescoço.

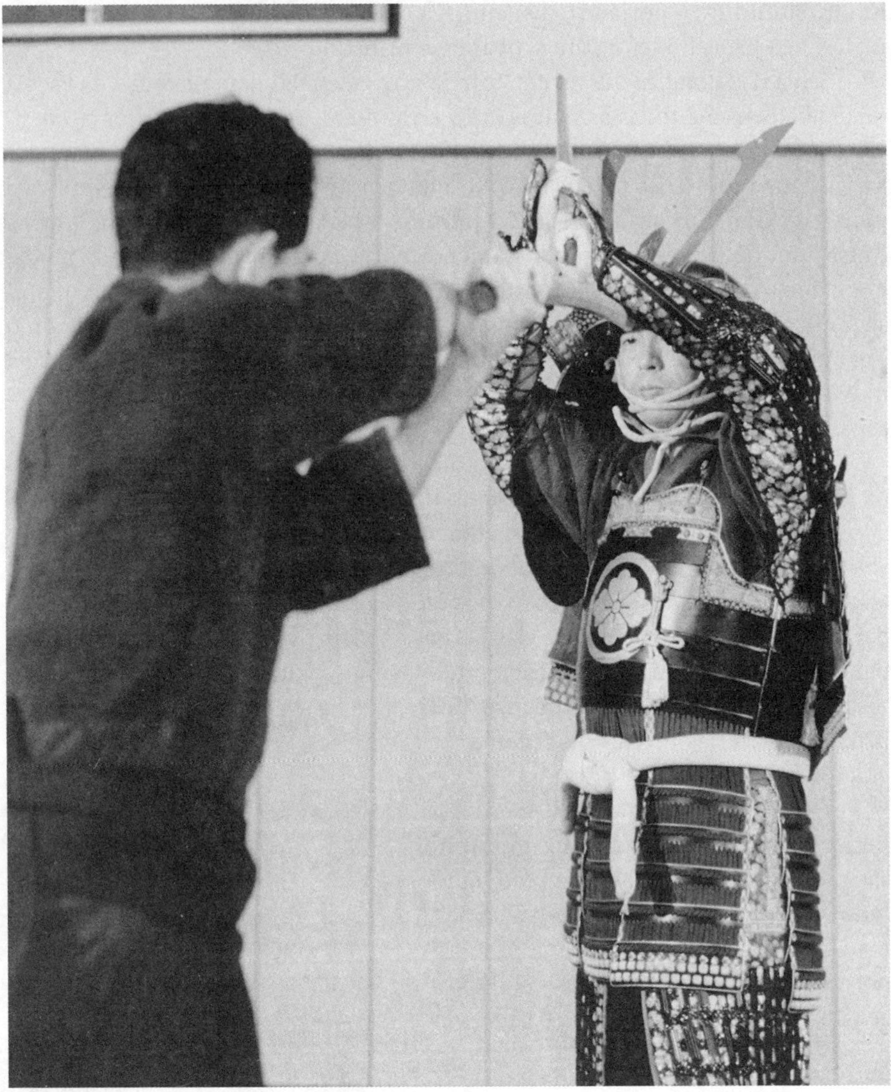

A espada do Mestre está com a lâmina virada para cima. Ao mesmo tempo que a ponta da espada perfura o crânio do adversário, o fio corta a vulnerável parte de baixo do seu pulso.

ma das mãos e dos pulsos. Um espadachim trajado com a armadura tradicional está totalmente protegido em todas essas partes do corpo. Por isso, o valor real de combate do kendô esportivo é praticamente nulo.

No kendô esportivo, o estudo dos katás tem pouco relevo; na Tenshin Shoden Katori Shinto Ryu, porém, a prática resume-se ao estudo dos katás. Em diversas ocasiões, perguntamos a Otake Sensei o porquê disso.

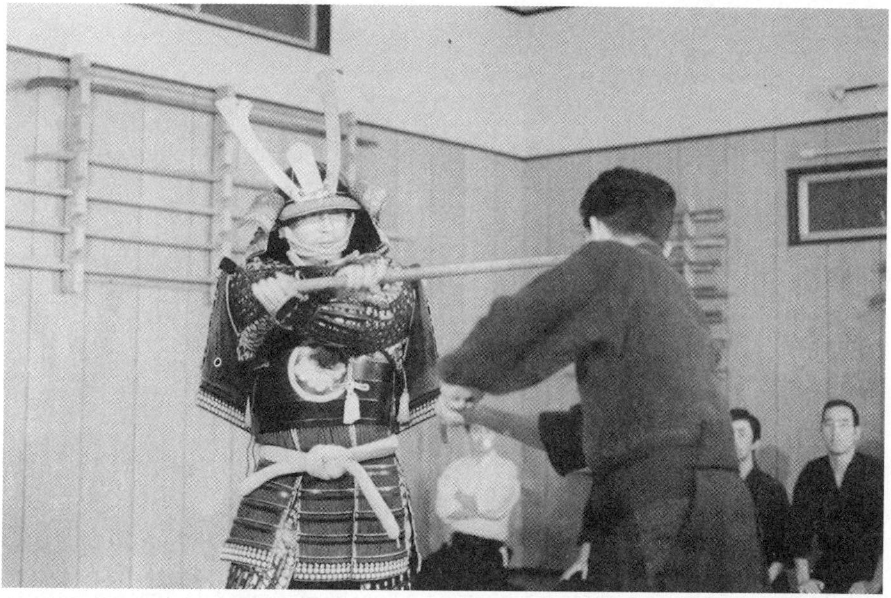

A espada de Otake Sensei atinge o adversário na altura da cintura, entre o peitoral da armadura e os protetores das coxas. Ao mesmo tempo, a espada do aluno abate-se sobre o pescoço do Mestre, num exemplo de um ataque simultâneo de ambos os combatentes.

Ele nos explicou que, em primeiro lugar, existe a crença firme de que os katás são fruto de uma inspiração divina. O Mestre Fundador recebeu-os do céu numa visão e depois registrou-os para que fossem transmitidos perpetuamente aos seus sucessores. Para que, pois, estudar o que é terreno quando se tem nas mãos o que é celeste?

Em segundo lugar, a divindade e a perfeição são coisas correlatas: os movimentos dos katás abarcam quase todas as ações imagináveis que podem ser feitas com uma espada, e é quase certo que as que não constam dos katás simplesmente não teriam valor de combate.

Em terceiro lugar, Otake Sensei acha que o embate de estilo livre pode gerar maus hábitos nos alunos. Os praticantes começam a "segurar" os golpes, ou seja, a parar a espada antes que seus movimentos atinjam a plenitude da força e do poder de penetração. Além disso, no torneio, um fator de competição começa a substituir a cooperação, e a responsabilidade e o perigo de se ter nas mãos uma arma de verdade são substituídos pela atitude mental do esportista que maneja uma arma de brinquedo.

Por fim, Otake Sensei nos deixou claro que o verdadeiro valor dos katás não está somente no fato de eles refinarem a habilidade marcial do praticante — aguçando as suas reações e melhorando o seu equilíbrio, a sua capacidade de julgar o momento correto de atacar, a sua velocidade e a sua precisão —, mas essencialmente no fato de instilarem no aluno o autocontrole e a discipli-

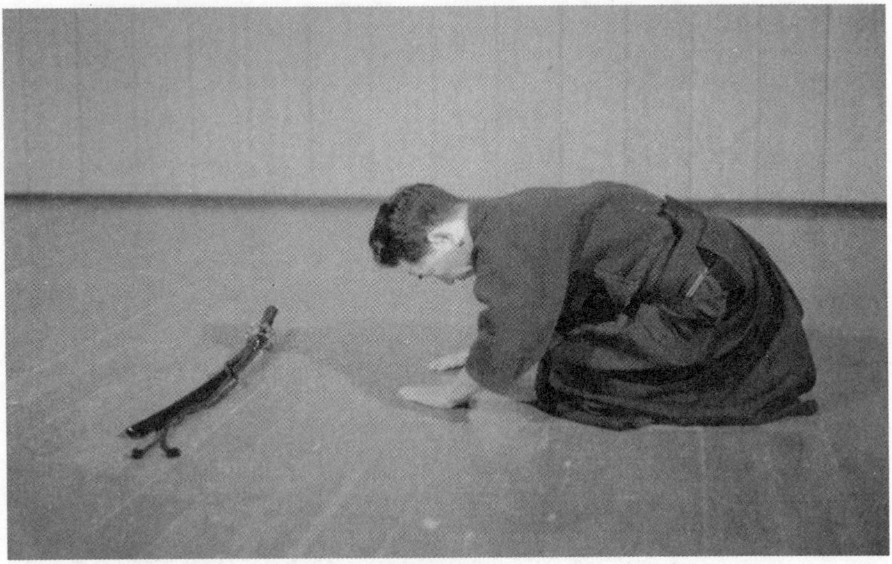

Otake Sensei prostra-se perante o santuário do dojô, *acima*, antes de tomar nas mãos a sua espada. Depois de acalmar-se e concentrar-se totalmente, *abaixo*, ele usa o polegar esquerdo para soltar a espada da bainha, deixando-a pronta para ser desembainhada.

na. Os katás, ao mesmo tempo que ensinam as pessoas a matar, ensinam-nas também que não convém usar a violência.

O Iai-Jutsu

A prática do combate com armas de madeira é apenas uma das partes do treinamento. A outra parte, o iai-jutsu, é a clássica prática de uma pessoa só com a espada de verdade. Todo dia, antes do nascer do sol, Mestre Otake sai de sua casa e passa pelo jardim de árvores que ele mesmo plantou e às quais deu formas elegantes. Entra no dojô e recita um sutra budista. Então, ritualmente, executa os elaborados movimentos com a espada, gestos curtos e rápidos como o relâmpago seguidos por pausas de espera e imobilidade.

No Japão, muitos homens praticam o iai-jutsu e o iai-dô; para a maioria, porém, essas artes são exercícios físicos ou aspectos da prática do Budismo Zen. Quando Mestre Otake desembainha a sua espada, toda a finalidade desse gesto se faz perceber. Ele imagina à sua frente um oponente real; nunca perde de vista a finalidade devastadora de sua espada.

O iai-jutsu consiste, em boa parte, na busca do golpe de espada único e perfeito. Trata-se da luta depurada e reduzida a um único e crucial momento, como no famoso desafio do filme *Os Sete Samurais*, de Akira Kurosawa, que termina em morte. Levanta-se de fato a questão de o que aconteceria caso tivesse de haver um segundo golpe. Na Katori Shinto Ryu, os alunos aprendem uma sucessão de golpes, o que se aproxima muito de uma situação de conflito real.

Em muitos katás do iai-jutsu, o espadachim parte da posição agachada. Esses katás são concebidos como reações a um ataque noturno. O executante permanece agachado, para não ser visto pelo seu agressor e dá um salto no último instante, desferindo simultaneamente um ou mais golpes. Os katás cobrem sistematicamente ataques vindos da frente, dos lados e pelas costas, bem como múltiplos ataques vindos de múltiplas direções. A essência da arte é a velocidade coruscante e a precisão absoluta, e o objetivo é o de derrubar um agressor com o menor número possível de golpes. Presta-se grande atenção à correta colocação da espada no cinto antes do início do movimento e à sua rápida e eficiente recolocação na bainha depois do embate.

Na mente da maioria dos japoneses, o iai-jutsu e o iai-dô são associados ao Budismo Zen; não, porém, para os adeptos da Katori Shinto Ryu. Eles aprendem um sistema de encantamentos budistas que podem ser usados no campo de batalha. O guerreiro que estudou o Budismo esotérico executa com suas mãos uma série de gestos mágicos, como explica Mestre Otake:

"Dentro do currículo do *heiho* ('o método do soldado'), ou seja, nas artes da guerra, encontramos algo chamado *kuji no in*, ou 'a inscrição das nove letras ou nove sinais'. Essa prática, sem dúvida alguma, foi uma das contribuições dadas pelo Budismo místico às artes da estratégia. É uma das práticas do Budismo Mikkyo, que trata de práticas místicas, encantamentos e invocações.

"Há nove sinais, e cada um deles tem um nome: *rin*; *pyo*; *to*; *sho*; *kai*; *jin*; *retsu*; *zai*; *zen*. Eles compõem o *kuji no in*. Depois de dominar esses nove e unificar o corpo e a mente por meio da prática, você pode usar o que se chama de décima letra. Para tanto, você faz a espada-de-mão, inscrevendo nove linhas na palma da mão (Sensei demonstra). Cada uma das linhas representa uma das nove letras, e, juntas, elas formam uma grelha. Quando pomos mais um caractere no centro da grelha, isso se chama 'o método do décimo caractere' ou 'da décima letra'.

"Insere-se no centro da grelha uma décima letra, escolhida dentre um conjunto determinado de caracteres chineses. A décima letra é escolhida de acordo com as suas necessidades. Se você está atacando, ou está sendo atacado, ou não

O golpe cortante para baixo, *acima*, originou-se acima da cabeça de Otake Sensei. No momento em que a fotografia foi tirada, ele havia completado metade do corte e a espada estava descendo tão rápido que a lâmina tomou a forma de um borrão. Entretanto, o corpo e os braços do Sensei estão completamente imóveis.

No fim do golpe cortante para baixo, este momento de imobilidade absoluta foi seguido por uma pequena sacudidela no cabo da espada para tirar da lâmina o sangue imaginário. No fim, a lâmina é posta de volta na bainha.

Otake Sensei pára momentaneamente numa postura defensiva, antes de virar 180 graus para defender-se de um ataque por trás num katá de iai-jutsu.

quer que o seu navio afunde no mar, ou quer curar uma doença, tem de inserir o caractere apropriado no centro da grelha.

"Imagine, por exemplo, que você fosse fazer uma viagem de navio. Nesse caso, desenharia a grelha das nove letras e, no centro, inscreveria o caractere que significa 'dragão'. Então, mesmo que o seu navio afundasse, você não se afogaria. Cortaria as letras rapidamente e faria uma invocação específica. A invocação o deixaria confiante de que, mesmo que o seu navio fosse a pique, você seria salvo.

"Esse método da décima letra é necessário quando você se determina a fazer alguma coisa e precisa ter uma atitude firme e inabalável, ou seja, precisa ter fé na sua capacidade de conseguir. Nesse caso, você usa a inscrição das nove letras ou o caminho da décima letra para instilar essa atitude no seu espírito e na sua mente.

"Ao determinar a estratégia marcial, é essencial que você tenha uma confiança inabalável na sua própria capacidade. Deve ter uma convicção capaz de romper qualquer barreira, transpor qualquer obstáculo. Para ilustrar esse ponto, temos a antiga história de um casal de namorados. A jovem foi atacada por um tigre assassino e ficou gravemente ferida. Por mais que o namorado tentasse curá-la, nada havia que ele pudesse fazer, e ela morreu. Fora morta pelo tigre; e, das profundezas do seu próprio sofrimento, o namorado determinou-se a vingar-se do tigre por ter matado a sua amada.

"Tomou seu arco e suas flechas e, todos os dias, entrava nas matas em busca do tigre. Por fim, certo dia, viu a distância a forma de um tigre adormecido e percebeu de imediato que aquele era o tigre que matara sua namorada. Estirou o arco, mirou cuidadosamente e desferiu a flechada. A flecha perfurou profundamente o corpo do tigre e o jovem correu adiante para confirmar que ele estava morto. Quando chegou lá, porém, percebeu que sua flecha havia perfurado uma pedra listrada semelhante à forma de um tigre adormecido.

"Depois disso, a reputação do jovem no povoado em que vivia cresceu, pois todos começaram a comentar sobre o quanto ele era forte, capaz de perfurar uma pedra com uma flechada. Os outros queriam ver se ele seria capaz de fazê-lo de novo. Mas, por mais que ele tentasse, as flechas batiam na pedra e caíam. Percebeu ele que isso acontecia porque estava tentando somente cravar uma flecha numa pedra. Antes, quando pensara que a pedra era o tigre, a determinação de vingar sua amada possibilitara que ele perfurasse até mesmo uma pedra com sua flecha. Essa história deu origem ao ditado japonês: 'Uma vontade forte pode furar uma pedra.'

"O homem de estratégia tem de ter uma tal vontade forte, uma tal convicção inabalável, pois é nessa espécie de crença ou fé que uma força incrivelmente poderosa se manifesta. Sem esse tipo de convicção, até mesmo os mais nobres esforços se perdem.

"Isso vale, evidentemente, não só para a estratégia marcial, mas para todos os aspectos da vida. A história do Japão nos fornece um outro exemplo. Na época das guerras entre os clãs Taira e Minamoto, no período da história do Japão em que a casta guerreira estava tomando forma, ocorreu, em 1184, a Batalha de Yashima. Nela, os guerreiros de Taira desafiaram os de Minamoto a tentar derrubar com uma flecha um leque que estava preso no alto do mastro de um de seus navios. Os guerreiros de Minamoto, que estavam em terra olhando para os navios, perceberam que seria extremamente difícil para qualquer homem atirar uma flecha a tão grande distância, quanto mais acertar o alvo, fixado no mastro balouçante de um navio em águas encapeladas.

"Mesmo assim, um certo guerreiro chamado Nasu no Yoichi apresentou-se e disse que tentaria derrubar o leque do alto do mastro. Incontinenti, entrou com seu cavalo nas águas rasas. Encaixando a flecha na corda do arco antes de puxá-lo, percebeu que seria muito difícil mirar o leque, que balouçava como o mar. Invocou então o nome da sua divindade tutelar, que era também a divindade tutelar do clã Minamoto: o grande bodhisattva Hachiman, em quem cria firmemente.

"Fez um voto ao grande bodhisattva Hachiman, o deus da guerra, que, mesmo que morresse no dia seguinte, não se arrependeria de sua vida se fosse capaz de atingir o leque com sua flecha. Pediu então a Hachiman que acalmasse as ondas, de modo que o alvo não se mexesse tanto. Milagrosamente, naquele mesmo instante, o mar se acalmou; o guerreiro estirou o arco, desferiu a fle-

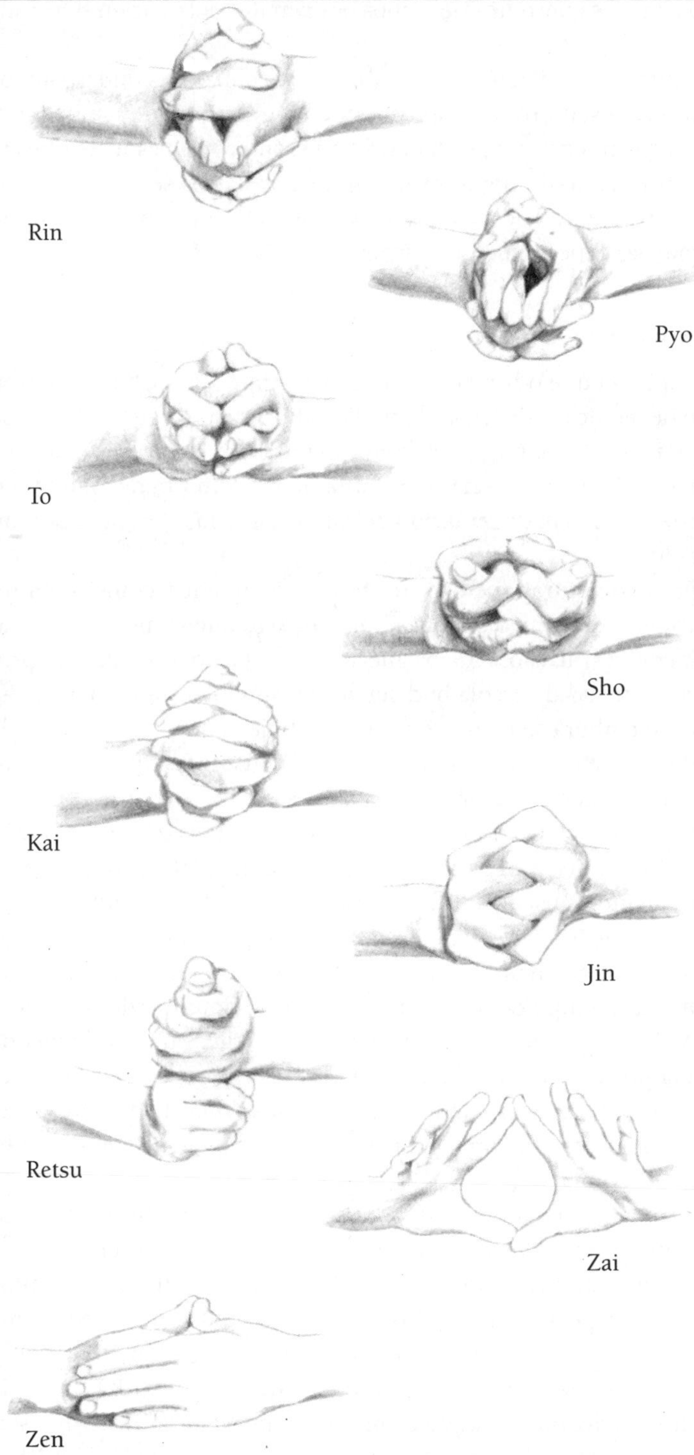

O kuji no in, nove letras ou sinais, é uma prática da escola esotérica Mikkyo, do Budismo, seguida por muitos artistas marciais japoneses. A Mikkyo é um ramo do Budismo Shingon, a "Escola da Palavra Verdadeira". Essa escola foi fundada por volta de 806 d.C. por Kobo Daishi, que acreditava que cada religião era a expressão de um dos dez estágios do progresso do ser humano rumo ao Estado de Buda.

chada e atingiu o alvo. Os guerreiros de ambos os exércitos aclamaram sua grande habilidade.

"Provavelmente, esse milagre é um símbolo. O acalmar das ondas simboliza a tranqüilização do seu próprio espírito, que ocorreu quando ele invocou sua divindade. Provavelmente, foi por ter acalmado seu próprio espírito que ele foi capaz de atingir o leque no ponto exato em que as hastes se encontram. É isso que quero dizer quando falo de fé ou convicção. Os guerreiros tinham de haver-se com situações especialmente difíceis."

Os Usos dos Nove Sinais

Otake Sensei já explicou que o fundador da Katori Shinto Ryu, Choisai Sensei, incorporou o uso de técnicas esotéricas da tradição budista para aumentar a boa fortuna dos guerreiros. Para tanto, o guerreiro precisa executar a série de gestos de mão chamados *kuji no in* e selar o encantamento com um décimo movimento secreto. Esse sistema pode ser usado de várias maneiras benéficas por um praticante instruído.

"Em toda parte, é natural que os seres humanos, quando começam a ter muitos problemas, procurem algo em que se apoiar, algo que aumente a sua capacidade de lidar com a situação. Para os guerreiros do Japão, esse algo foi proporcionado pelas doutrinas da escola budista dos encantamentos e do misticismo. Digo isso muito embora se pense comumente, hoje em dia, que as artes da guerra e da espada são em tudo idênticas às artes do Budismo meditativo, e muita gente diga que a espada e o Zen são a mesma coisa.

"Porém, embora a essência do Zen seja a mesma essência de todo o Budismo, o Zen é uma forma que exige um período de treinamento extremamente longo. Esse treinamento consiste em ficar sentado de frente para uma parede branca. As únicas instruções do praticante são a de não pensar em nada, e, mais ainda, de não pensar em não pensar em nada. O domínio dessa prática leva décadas. É necessário um tempo enorme para penetrar no domínio do não-ego.

"A escola Mikkyo, por sua vez, oferece uma prática ou uma forma de atividade concreta por meio da qual a pessoa pode entrar nesse mesmo estado de auto-apagamento. Essa atividade é a prática da formação das 'Nove Letras' ou sinais de mão. O uso de uma técnica concreta como essa é muito mais rápido."

Essas técnicas mágicas também podem ser usadas para curar os doentes. O paciente que procura Mestre Otake senta-se em silêncio enquanto o Mestre escreve encantamentos sobre uma folha de papel. Ele desenha uma silhueta simples do corpo humano e, no lugar do desenho correspondente à parte do corpo que precisa de tratamento, as nove linhas entrecruzadas que representam o *kuji no in*. Acrescenta então o décimo sinal. O papel do desenho é dobrado em forma de leque e encaixado num gravetinho que serve de cabo.

Então, Mestre Otake coloca o leque sobre o altar da família e, de pé diante do altar, faz os nove sinais de mão. Pega o leque de papel e o passa sobre o paciente, depositando-o depois sobre o local da doença. No fim, o paciente tem de levar o leque até as margens de um rio, cravar na terra três varinhas de incenso acesas, atirar o leque na água e ir embora sem olhar para trás.

Esses ensinamentos do Fundador da Katori Shinto Ryu são úteis para todos os aspectos da vida:

"Os principais guerreiros ocupavam-se do estudo de muitas coisas que envolviam práticas mágicas e as artes das fórmulas mágicas e encantamentos. Essa prática misteriosa inclui a arte da cura de doenças; métodos para entrar na fortificação ou castelo de um inimigo; e métodos de proteger o próprio castelo contra sítios ou ataques. Inclui, na verdade, um número incalculável de artes.

"Essas artes são preservadas na Katori Shinto Ryu, onde, por exemplo, temos métodos para a remoção de objetos alojados no olho e meios para a cura de doenças. Essas práticas de cura são chamadas, no Japão, de *te-ate*. O nome implica o toque das mãos ou a imposição de mãos.

"A mão pode ser usada para gerar energia. Nos tempos antigos, provavelmente tinha ainda mais poder do que tem hoje em dia. Tomemos o exemplo de uma criança que está com dor de estômago e se queixa disso para sua mãe. A mãe corre com o filho para o consultório médico, mas encontra-o fechado. Vai para vários lugares à procura de alguém que cuide da criança, mas não acha ninguém. Por compaixão, então, ela procura confortar o filho, tocando-o com suas próprias mãos.

"De modo quase milagroso, a criança sente um grande alívio, ou mesmo sente a dor desaparecer por completo. Nesse caso, foi o amor da mãe que passou por suas mãos, confortou a criança e provocou o alívio. Às vezes, essa energia pode ser muito mais eficaz do que a de um estranho que por acaso é médico e diz: 'Onde está doendo?' ou 'O que você está sentindo?'

"É por isso que certas pessoas, quando sofrem, por exemplo, de uma inchação ou uma dor em algum lugar, podem aliviar-se ou mesmo curar-se completamente por meio do poder da lei budista. Elas fazem uso do seu próprio poder psicológico, ou seja, do poder de Deus. A eficácia desse poder depende da convicção ou da fé da pessoa.

"Nestes últimos tempos, temos ouvido falar muito da psicocinese e dos poderes psicológicos ou ocultos. Para ativar esse tipo de poder, qualquer que seja o nome que se lhe dê, a pessoa tem de ter uma fé ou uma crença implícita na existência do poder e uma convicção da sua eficácia. A pessoa plenamente convicta de que esse método poderá curá-la será curada milagrosamente. Já vi isso acontecer inúmeras vezes. É por isso que penso que essas coisas não devem ser chamadas de ocultas, nem mesmo de milagrosas.

"Aprendi por experiência que essas coisas misteriosas acontecem de fato. Essa fé, essa convicção, pode operar milagres. Não estou me referindo aos ca-

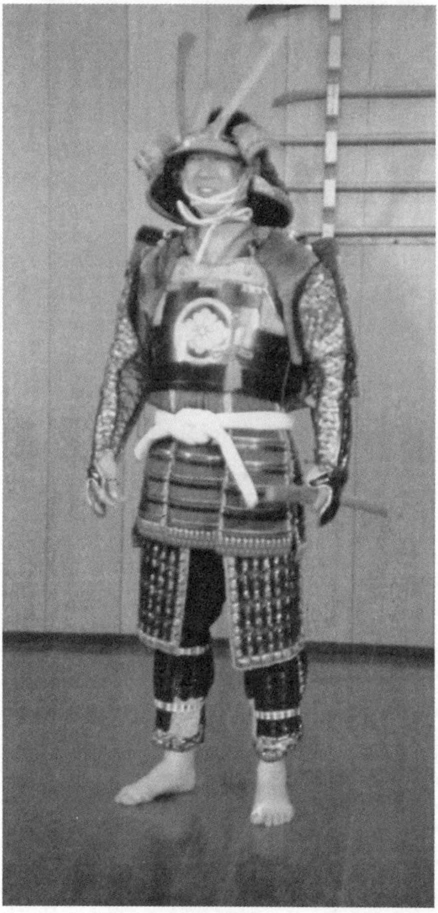

A lâmina é a parte mais importante da espada japonesa. Sua fabricação é um ato religioso que só acontece depois da purificação da oficina e do oferecimento de preces à divindade da espada. Quando a lâmina está terminada, é tratada com veneração, como um objeto sagrado. O Mestre, *acima*, limpa sua espada regularmente. Salpica sobre ela um pó bem fino e a esfrega, depois, recobre-a de uma fina camada de óleo chinês.

A armadura japonesa foi projetada para proteger os guerreiros contra ataques. O espadachim treina para atacar o guerreiro trajado de armadura em seus pontos fracos: a garganta, os quadris, as axilas e a parte de dentro das coxas.

Na arte de combate chamada iai-jutsu ou "arte de desembainhar a espada", o praticante treina com uma espada de verdade, totalmente afiada. Depois de virar 180 graus, o espadachim estabiliza sua espada com a mão esquerda antes de desferir um golpe frontal. Para aumentar a força do golpe, ele segue o movimento da lâmina e desce até o nível do chão. Ao fim do movimento, está pronto para lançar-se novamente ao ataque.

sos de coincidência, nos quais uma pessoa pensa em algo e aquilo que ela pensou acontece. A convicção pode realmente produzir e manifestar milagres. É uma questão de fé. Hoje em dia, muitos acreditam em Deus ou no Buda. Não obstante, qualquer que seja a opinião dessas pessoas, esses eventos milagrosos realmente acontecem."

A ESPADA JAPONESA

Logo depois de começarmos a trabalhar com Otake Sensei, percebemos que nos seria bastante instrutivo descobrir como é fabricada a arma tradicional do guerreiro japonês, a espada. Otake Sensei contou-nos com satisfação que ainda existem cinco mestres espadeiros no Japão.

No decorrer da história do Japão, a qualidade das espadas variou muito. Já houve períodos de produção em massa, durante os quais quase todas as lâminas eram de constituição relativamente ruim, e períodos em que só foram fabricadas espadas da mais alta qualidade. A espada do próprio Otake Sensei data da fundação da Tenshin Shoden Katori Shinto Ryu, há cerca de 550 anos. Ela tem uma curvatura muito acentuada, o peso e o equilíbrio perfeitos para o combate.

Otake Sensei é amigo do Mestre Espadeiro Yoshihara Yoshindo, que mora nos arredores de Tóquio, e telefonou a Yoshihara San para combinar com ele uma visita nossa.

Yoshihara San mostrou-nos um grande torrão de terra dura, escuro e retorcido. No decorrer das duas semanas seguintes, fez uso da sua arte para transformar essa peça de três quilos de minério de ferro numa lâmina de espada brilhante, afiadíssima e perfeitamente cinzelada. O minério vem de uma mina específica, localizada no Japão.

Um assistente bate o metal na bigorna, deixando-o achatado. Dobra então o metal e repete o processo de quinze a vinte vezes. Essa peça, que contém milhares de camadas de metal mais duro e mais mole, é moldada então na forma de uma lâmina.

O primeiro estágio da fabricação da espada é a fundição do minério e sua moldagem na forma de um bloco retangular sólido ao qual é afixado uma espécie de cabo bem comprido, o qual depois será retirado. O bloco é batido na bigorna até ficar achatado. Essa peça achatada pode ser coberta de palha ou mergulhada numa solução que remove as impurezas do metal. Ainda aquecida ao vermelho, ela é fendida na metade com um formão bem duro e dobrada sobre si mesma, de modo a assumir novamente um formato retangular. É recolocada na fornalha e o processo é repetido milhares de vezes. Esse processo de dobrar, bater e redobrar dispõe o aço em camadas finíssimas, semelhantes às de um compensado laminado de madeira, as quais, quando associadas ao complexo processo de temperamento que se segue, dá à lâmina suas qualidades especiais.

O temperamento acontece depois que a lâmina já foi achatada e formada com um lado mais fino, o qual será, ao fim do processo, o fio da espada. O metal é aquecido a uma temperatura exata, que só o mestre espadeiro consegue avaliar pela cor que a lâmina assume ao fogo. É mergulhada então num líqüido frio. Os dois lados da lâmina são agora de espessuras diferentes; por isso, se expandem e se contraem em proporções diferentes, dando à lâmina a sua curvatura característica. O temperamento também endurece o exterior da lâmina, mas deixa o interior relativamente macio. Com isso, ela se torna menos frágil e ligeiramente flexível.

Pedras de amolar umedecidas são usadas para lixar e polir a lâmina pré-pronta. O polidor começa por usar um bloco de granito de grão grosso, passando-o na lâmina com movimentos longos. No fim, usa pedras de grão fino com movimentos curtos e homogêneos.

A lâmina está, agora, pronta para ser polida. O polimento é feito à mão, com pedras cada vez menos ásperas, até que a superfície da lâmina fique semelhante a um espelho. Nesse estágio, Yoshihara San também pode gravar um símbolo na parte da lâmina próxima ao cabo ou, se for essa a vontade do futuro proprietário, escavar um sulco ao longo de todo o comprimento da lâmina pelo qual o sangue possa escorrer. Com isso, a espada fica um pouco mais leve. Por fim, a lâmina é enviada a um afiador profissional, que lhe dá o último acabamento antes que seja entregue ao proprietário.

Yoshihara San, com pouco menos de 40 anos, é jovem para ser um mestre espadeiro, mas suas lâminas já são conhecidas em todo o Japão. São vendidas por alto preço e consideradas um excelente investimento. Yoshihara San entristeceu-se um pouco ao nos contar que a maioria de suas lâminas saem direto da forja para um cofre de banco e nunca são usadas. Disse ainda que, por causa disso, dá uma leve predominância às qualidades estéticas da lâmina sobre o seu valor utilitário.

Entretanto, Otake Sensei considera-as suficientemente boas, a tal ponto que comprou duas, uma feita por Yoshihara San e outra pelo seu irmão, também mestre espadeiro, e as deu a seus dois filhos, para que as usem e tratem com todo o cuidado.

O Estudo do Yin e do Yang

O mundo do guerreiro japonês não era povoado somente por muitos elementos secretos e metafísicos. Ele era obrigado a cuidar de muitos assuntos práticos, mas, para tanto, recorria a meios totalmente diferentes dos que seriam empregados, por exemplo, por um europeu.

Os samurais não estudavam somente os ensinamentos das escolas do Budismo esotérico, mas também estudavam música, a doutrina de Confúcio e muitos outros ramos do conhecimento, como, por exemplo, a teoria do equilíbrio do yin e do yang. Na cosmologia chinesa, esses são os dois pólos fundamentais do universo, respectivamente o princípio negativo e o princípio positivo. Os japoneses chamam-nos de *in* e *yo*.

"Todos esses estudos desempenhavam um papel na vida do guerreiro. A teoria do yin e do yang era usada, por exemplo, quando ele queria construir uma casa ou, se fosse rico e poderoso, fundar um castelo. Numa ocasião dessas, ele estudaria o equilíbrio entre o yin e o yang para determinar a melhor localização e orientação para o edifício. Sabia que, por mais esforço que empenhasse na fortificação, isso de nada valeria se os arredores não fossem condizentes com o seu objetivo.

"Quanto a isto, as antigas artes da estratégia incluem ensinamentos acerca da importância das direções. Para o norte, por exemplo, é muito importante ter terras altas, ao passo que é uma grande desvantagem ter montanhas elevadas ao sul do edifício. As montanhas elevadas, quando posicionadas ao norte, garantem a proteção do deus chamado Serpente-Tartaruga. A leste, é importante garantir que haja água corrente, como um rio ou ribeiro. Diz-se que assim fica assegurada a proteção desse lado do edifício, pelo poder do Deus Dragão Azul. Ao sul, é vantajoso ter um espaço aberto, campos ou planícies, para obter-se a proteção do deus Pássaro Vermelho. Por fim, a oeste, é melhor ter uma grande estrada, que lhe garante a proteção do Deus Tigre Branco.

"Diz-se que um local como esse é protegido pelas quatro divindades: ao norte, a Serpente-Tartaruga; a leste, o Dragão Azul; ao sul, o Pássaro Vermelho; e a oeste, o Tigre Branco. Tudo isso faz parte de um sistema de estudos dos efeitos das forças positivas e negativas, sistema esse que as pessoas seguiam sem se desviar. Na moderna cidade de Tóquio, por exemplo, que antigamente era chamada Edo, o castelo de Edo, construído no século XVI pelos shoguns Tokugawa, foi feito exatamente de acordo com essas instruções. Atualmente, o castelo faz parte do Palácio Imperial.

"Segundo os ditames do yin e do yang, uma casa construída de acordo com essas instruções tem grandes vantagens. Minha própria casa foi posicionada segundo essas regras, e descobri, como era de se esperar, que as montanhas altas ao norte impedem a chegada de ventos frios, de modo que minha casa fica muito mais quente do que se fosse construída em outro lugar.

"É interessante perceber que o Japão, o qual é um país situado basicamente num eixo leste-oeste, com uma cadeia de montanhas no centro, tem a maioria da população vivendo ao sul dessa cadeia de montanhas, no lado voltado para o sol, com os fundos de suas casas voltados para as montanhas, que barram os ventos frios da Sibéria. A meu ver, os ditames do yin e do yang resultam de tendências naturais que levam as pessoas a viver dessa maneira. Seguindo essas regras, elas podem viver confortavelmente de acordo com a natureza.

"Há pouco tempo, alguns arqueólogos desenterraram espadas do Período dos Túmulos da pré-história do Japão, de 300 a 400 d.C. Algumas delas são espadas retas com incrustações de ouro e prata num lado ou nos dois. Os desenhos das incrustações são os usados para representar as diversas direções da rosa dos ventos. Outras espadas trazem os desenhos dos símbolos do sol e da lua, que também representam as forças yin e yang, negativa e positiva."

Os Cinco Elementos no Pensamento Japonês Antigo

Seguindo a tradição chinesa, os guerreiros do Japão ocupavam-se não só da interação entre os dois pólos fundamentais do universo como também dos cinco elementos que se combinam de infinitas maneiras para criar tudo o que existe no mundo. Otake Sensei falou um pouco mais sobre esse aspecto da visão de mundo do guerreiro:

"Os nomes dos dias da semana correspondem aos princípios do yin e do yang. O primeiro dia da semana é o dia do sol; o segundo, o dia da lua; e os outro cinco dias recebem os nomes dos cinco elementos físicos, determinados pelo estudo dos princípios positivo e negativo, estudo esse que foi feito na Ásia, nos tempos antigos. Os nomes dos dias são os nomes dos cinco elementos: fogo, água, madeira, metal e terra. Segundo os princípios do yin e do yang, esses cinco elementos podem dispor-se de duas maneiras. A primeira é uma ordem na qual geram um ao outro, uma ordem harmônica; a segunda é uma ordem na qual os elementos se dispõem de acordo com suas rivalidades. Nesta segunda ordem, os diversos elementos inevitavelmente destroem uns aos outros.

"No relacionamento harmonioso entre os cinco elementos, a madeira produz fogo, que por sua vez transforma a madeira em cinza, ou seja, produz terra. A terra gera o metal; o metal gera a água e a água gera a madeira.

"A segunda ordem, baseada no conceito da rivalidade dos elementos, começa com a madeira. Esta quebra a terra; a terra absorve ou impõe limites à água; a água apaga o fogo; o fogo derrete o metal e o metal corta a madeira.

"O estudo das forças positiva e negativa no universo; o estudo do Budismo dos encantamentos e magias, chamado *mikkyo*; o estudo dos cinco elementos; e o estudos das fórmulas mágicas — todos esses estudos foram reunidos e desempenhavam um papel na formação dos homens de guerra e generais militares do passado. Esses estudos constituíam a base do currículo deles.

"O verdadeiro conteúdo do que tradicionalmente se chama de 'artes marciais' não são simplesmente as técnicas de matar. Há muito mais coisas envolvidas. O fundador da Shinto Ryu, Choisai Sensei, propôs estudos que conduzissem ao desenvolvimento da harmonia e de uma coexistência essencialmente pacífica entre o homem e a natureza e entre o homem e seus semelhantes. É nisso que ele pensava quando disse que as artes marciais devem ser as artes da paz. Os melhores guerreiros e generais do passado conheciam, além da arte de matar outros seres humanos, uma larga variedade de outras artes. Sem o seu conteúdo filosófico, as artes marciais não seriam nada além da aquisição de uma força bruta semelhante à dos animais."

Musashi Miyamoto

O mais famoso espadachim do Japão medieval foi Musashi Miyamoto. Foi ele um homem extremamente culto, poeta, artista e escritor. Seu *Gorin no sho*, ou *Livro dos Cinco Anéis*, é um clássico da literatura japonesa, mas a reputação de Musashi advém sobretudo de ele ter matado centenas de adversários em duelos. Com tudo isso, a opinião de Mestre Otake a respeito dele não é nem um pouco lisonjeira:

"Não há dúvida alguma de que esse homem, Miyamoto, era muito forte, a ponto de ser freqüentemente considerado um *kensei* ou 'santo da espada' aqui no Japão. Entretanto, esse homem não se casou, não teve filhos, não teve descendente nenhum, e só teve três discípulos que estudaram a sua arte. Praticava um método de treinamento associado a um grau incomum de austeridade, algo que o homem médio não tem a menor esperança de conseguir realizar.

"Ele não dormia nunca em leitos macios, por exemplo; não tomava banho nem penteava o cabelo. Não há dúvida de que esse tipo de treinamento é algo extraordinário, mas fico a me perguntar se ele acaso não sacrificou a própria humanidade para realizar-se na arte do espadachim.

"Até mesmo a humilde erva ao redor do nosso dojô gasta muita energia para tentar crescer, tentar gerar o caule e as folhas e, depois, tentar produzir uma semente. Desenvolveu meios de encorajar os passarinhos a comer suas sementes e transportá-las para outros lugares. Até a erva do campo tenta deixar descendentes. Em virtude desse esforço, muito embora ela possa morrer nessa tentativa, na primavera seguinte seus descendentes enchem de flores o campo onde ela se encontrava.

"Parece-me que há aí uma lição para a humanidade. O ser humano que tem um objetivo tão fixo que não o deixa sentir o forte desejo de ver florescer os seus descendentes é uma pessoa sem coração, cujo valor enquanto ser humano é muito baixo.

"Ao contrário de Miyamoto, Choisai Sensei viveu até os 102 anos de idade sem sofrer nenhum infortúnio sério numa era marcada pela luta e pela guerra. A família de Choisai Sensei continua até hoje, numa linha ininterrupta de vinte gerações. O atual Mestre da Ryu é um descendente direto de Choisai Sensei. Em virtude de suas excelentes qualidades humanas, sua família vem se perpetuando há vinte gerações.

"É notável que qualquer família possa traçar uma linhagem de vinte gerações. Quando consideramos que essa família esteve ensinando uma arte marcial no decorrer de todas essas vinte gerações; e que ela viveu, entre outros, pelo período histórico Segoku (a Era dos Estados Litigantes que começou em 1470 e durou cem anos, e foi o século mais confuso e belicoso da história do Japão), esse feito torna-se ainda mais notável.

"Não consigo deixar de me impressionar pelo esforço despendido pelas sucessivas gerações de mestres para preservar, transmitir e desenvolver as tradições da Katori Shinto Ryu e da família Iizasa. O fato de que as técnicas, os métodos de treinamento e os ensinamentos espirituais da Katori Shinto Ryu foram preservados intactos é o resultado direto da natureza preciosa dos ensinamentos contidos nessa tradição."

O Papel do Zen

"Muitos mestres afirmam que a pessoa que quer tornar-se especialista em artes marciais tem de sentar-se e praticar também a meditação zen. Há gerações e gerações que se relatam as histórias de como os membros de famílias famosas praticavam o zen, ou de como Musashi Miyamoto aprendeu o zen com o famoso monge Tokuan. O zen expandiu-se muito recentemente, em parte devido ao clichê freqüentemente repetido de que a espada e o zen são uma só coisa.

"No Japão, porém, os grandes generais, estrategistas e guerreiros não praticavam o zen, mas o Budismo dos encantamentos e das práticas místicas. A prova disso são as espadas conservadas em museus como tesouros nacionais, ou aquelas que ainda estão nas mãos de particulares, cujas incrustações têm relação com a escola mágica e esotérica do Budismo. Enquanto o Zen atribui máxima importância ao conceito de vazio, a escola Shingon, das práticas místicas e encantamentos, adotou o conceito de plenitude, o que significa que tem como preocupação principal a de compreender a vida do universo.

"Tanto a forma esotérica do Budismo quanto a técnica da estratégia marcial são, por natureza, coisas secretas. *Heiho*, a "via da estratégia", foi conservada como um segredo até há bem pouco tempo. Mesmo hoje em dia, quem entra na Katori Shinto Ryu faz um juramento de sangue e se compromete a não demonstrar as técnicas para ninguém. Os tempos mudaram, e é possível que o Mestre da Ryu decida um dia fazer uma demonstração pública das técnicas, mas a filosofia básica da arte ainda é secreta."

Esse segredo é mais um motivo pelo qual a escola esotérica e mística do Budismo sempre foi tão intimamente associada à estratégia marcial.

O Bushidô

Na época em que a Tenshin Shoden Katori Shinto Ryu foi fundada, as artes marciais no Japão eram todas chamadas por um único nome: *bujutsu*. *Bu* é a raiz que significa "marcial", e *jutsu* significa "habilidade" ou "arte". Embora o termo nem sempre seja usado de maneira correta no Japão atual, no sentido estrito ele se refere somente àquelas escolas que só ensinam habilidades de combate, como, por exemplo, a Tenshin Shoden Katori Shinto Ryu.

Muitos séculos depois da fundação dessa escola, as influências do Budismo Zen afetaram as artes marciais japonesas; e, quando o Período de Edo (1603-1867) — uma longa era de paz — seguiu-se à época dos generais litigantes, um novo conceito entrou nessas artes. Foi nessa época que a idéia de *budô* veio à existência. *Budô* significa "via marcial" ou "caminho marcial". *Dô* é derivado da palavra chinesa *tao* e significa um caminho através da vida. A palavra *budô* era e ainda é usada para designar os sistemas marciais com ou sem o uso de armas nos quais alguns dos aspectos funcionais das artes de combate foram transformados, geralmente por razões estéticas.

Não obstante, conceitualmente, *budô* é mais do que isso. Ao adotar para si uma "via marcial" nessa época de paz, o guerreiro japonês comprometia-se antes de mais nada a seguir um caminho de desenvolvimento espiritual por meio do treinamento marcial. A eficácia prática desse treinamento de combate passou a ser secundária. Assim, a arte de combate pela espada, o ken-jutsu, tornou-se o kendô, a via da espada; o naguinata-jutsu, a arte da alabarda, tornou-se o naguinata-dô, a via da alabarda; e assim por diante. Nas escolas de combate

(*-jutsu*), mais antigas, a função predominava sobre a forma; mas nas escolas *dô*, mais refinadas, a forma e o estilo às vezes sobrepujam a eficiência marcial.

Entretanto, o *bushidô* ou "caminho do guerreiro" trata antes de mais nada das atitudes e objetivos mentais do guerreiro feudal. Na opinião de Otake Sensei, o *bushidô* ou código de ética do samurai foi grosseiramente distorcido e assumiu um sentido totalmente diferente do original. Essa distorção ocorreu principalmente na época moderna e foi usada para justificar sentimentos e atividades nacionalistas e militaristas. O Sensei explica:

"Especialmente em nossa época, quando as pessoas falam sobre a palavra *bushidô*, lembram-se do recente suicídio de Mishima Yukio (um romancista cujos livros foram publicados no Ocidente) e pensam naquele tipo de bushidô exposto no livro *Hagakure*, escrito pelo sacerdote Yamamoto Joche. Além de ser sacerdote, ele escreveu seu livro durante o Período Genroku (1688-1704), que foi uma época de paz no Japão. Infelizmente, ele cometeu alguns erros em diversas passagens do livro, ao passo que outros trechos estão escritos de tal modo que podem facilmente ser mal-interpretados.

Este detalhe da pintura de um biombo japonês mostra um general trajado de armadura tradicional atacando o exército inimigo sobre o seu cavalo na batalha do Rio Uji, ocorrida em 1184.

O Xintoísmo é a religião mais antiga do Japão. Os caracteres shintô significam literalmente "o caminho dos deuses".

"Ele afirma, para resumir, que seguir o *bushidô* é buscar a morte, mas o sentido de *bushidô* não se resume a morrer. Por causa dessa interpretação errônea, as pessoas de outros países acham que o *bushidô* é a mesma coisa que o harakiri ou seppuku, ou seja, o suicídio ritual.

"Na verdade, o sentido de *bushidô* é o de fazer alguma coisa boa para o mundo, deixar no mundo uma marca benéfica, e depois ser capaz de desapegar-se do corpo humano e aceitar a morte. Porém, é muito fácil entender erroneamente esse conceito. Ele não se resume a sair em busca da morte. Se você tentar realizar algo e por algum motivo não conseguir fazer o que queria, não será muito produtivo pensar: 'Falhei, tenho de me matar.' O *bushidô* não tem nada que ver com um modo de vida tão irresponsável quanto esse.

"Quando a pessoa tenta fazer algo e não consegue, há também no *bushidô* o conceito de continuar a viver, mesmo que na desonra, se houver a possibilidade de corrigir o erro cometido ou remediar a situação. É esse o verdadeiro bushidô.

"É claro que esse conceito existe no Budismo: é o conceito budista de compaixão. Também no Budismo encontramos a premissa de que é bom ajudar os outros, fazer o bem ao mundo, mesmo que isso lhe cause problemas ou possa custar até mesmo a sua vida. Os dois conceitos são idênticos. A mesma coisa está presente no Cristianismo quando os cristãos falam da caridade.

"Aqui no Japão, temos o Xintoísmo (Shintô). Trata-se de uma religião cujo nome, quando escrito com os caracteres chineses, significa 'o caminho de Deus' ou 'o caminho dos deuses'. O caractere chinês que significa 'via', 'estrada' ou 'caminho' é escrito em duas partes. A parte à direita é o caractere chinês que significa pescoço ou cabeça; a parte à esquerda significa 'correr'. O sentido global do caractere que significa 'via', 'estrada' ou 'caminho' é o de 'tomar a cabeça nas mãos e correr para algum lugar'.

"Acima desse caractere escrevemos o caractere que significa 'deus', e assim obtemos o escrito 'via dos deuses' ou 'Shintô'. Se, acima do mesmo caractere, escrevermos os dois caracteres que significam *bushi* ou 'guerreiro', a palavra se torna *bushidô*. A nuance de significado da palavra, portanto, é a de que essa é uma via que exige responsabilidade; em outras palavras, é uma via na qual a sua cabeça, ou o seu pescoço, está em risco.

"As diversas artes de cultivo pessoal são escritas com a palavra *-dô*. O sentido global, portanto, é o de que esse é o caminho correto a ser seguido pelos seres humanos.

"Há uma história que, a meu ver, exemplifica muito bem esse ponto. Penso que ela deve ter pelo menos um fundo de verdade. Por volta do ano 1576, os soldados do Senhor Okudaira, um dos parentes próximos do Shogun Tokugawa, estavam sitiados em seu castelo. Dentre os homens havia um guerreiro de posição muito humilde chamado Torisunaemon. Todos os homens estavam no Castelo de Nagashino, sitiados pelos guerreiros da família Takada. O comandante da guarnição do castelo queria enviar um mensageiro ao Shogun Tokugawa para informá-lo da situação e pedir ajuda.

"Quando o comandante perguntou quem se dispunha a ir, muitos homens qualificados apresentaram-se, mas um deles em específico, Torisunaemon, era famoso por ser bom nadador, e por isso foi escolhido para fugir do castelo e tentar chegar ao Shogun Tokugawa Ieyasu para pedir ajuda. Os alimentos estavam tão escassos dentro do castelo que os sitiados estavam tendo de comer casca de pinheiros para sobreviver. O comandante pedia que o socorro chegasse em três dias. Depois disso, eles se matariam para não morrer de fome.

"Torisunaemon conseguiu escapar do sítio e chegar a Tokugawa, que concordou em mandar uma força de alívio em três dias. No caminho de volta, porém, o mensageiro foi capturado pelos soldados de Takada. O comandante dos homens de Takada pensou que, como Torisunaemon não era nobre, mas de classe baixa, poderia ser manipulado. Disse a Torisunaemon: 'Se você for amanhã de manhã à frente do castelo e disser ao exército que o socorro não virá e que, portanto, eles devem se render agora, farei de você um oficial no meu exército.'

"Torisunaemon começou a pensar com seus botões: 'Se eu for promovido a essa patente, minha mãe ficará muito contente. Seria muito bom que ela visse que eu dei certo na vida.' Assim, concordou com a proposta do general inimigo.

"No dia seguinte, foi amarrado como se fosse um prisioneiro e levado à frente do castelo. Chamou as pessoas lá de dentro: 'Tenho algo a dizer; vocês todos, escutem com atenção.' Quando o povo do castelo viu quem era, agrupou-se nas muralhas para ouvir o que ele tinha a dizer. Lá estava ele, amarrado, com todas as pessoas que conhecia olhando-o de dentro do castelo, do outro lado do fosso.

"Então pensou consigo mesmo: 'Por mais que minha mãe ficasse feliz se me visse oficial de um exército, um homem bem-sucedido na vida, ela ficaria muito mais feliz se eu fosse leal e ajudasse as pessoas do castelo a sobreviver a esta batalha, mesmo que eu venha a morrer por isso.' Por isso, a essa altura, decidiu o que ia dizer e gritou bem alto: 'Ouçam todos com atenção!' Então disse: 'Não desistam; o socorro está chegando, agüentem firme por mais três dias!' Nesse instante, os soldados de Takada crivaram-no de lanças e o mataram.

"É esse o verdadeiro sentido do auto-sacrifício, a verdadeira flor do bushidô."

7 KARATÊ: A ARTE DAS MÃOS NUAS

O que conhece os outros é sábio;
O que conhece a si mesmo é iluminado.
O que vence os outros é forte;
O que vence a si mesmo é poderoso.
O que conhece o contentamento é rico.
O que se conserva no caminho com energia é dotado de vontade.
O que não se desvia do lugar que lhe cabe é dotado de perseverança.
O que morre, mas não perece, alcançou a longevidade.

Tao Te Ching,
de Lao Tzu

Nos três capítulos anteriores, examinamos as raízes das artes marciais na China e no Japão. Falamos muito pouco, porém, sobre as artes marciais das nações menores que ficam entre essas duas potências.

Já há mais de mil anos que a Coréia é um conhecido centro de fusão entre as culturas japonesa e chinesa, mas quase não se repara no pequeno arquipélago que liga as ilhas principais do Japão à ilha chinesa de Taiwan. Os japoneses dão a esse arquipélago o nome de Ilhas Ryukyu, o qual vem do nome chinês Liu Ch'iu. A maior ilha do arquipélago é Okinawa, que é também a capital. Ela fica cerca de 550 quilômetros ao sul de Kyushu (a maior ilha do arquipélago japonês), 550 quilômetros ao norte de Taiwan e cerca de 740 quilômetros a leste da China continental.

A expressão japonesa *kara te* significa “mão vazia”. Foi esse o nome dado no século XX à forma de combate desarmado de Okinawa.

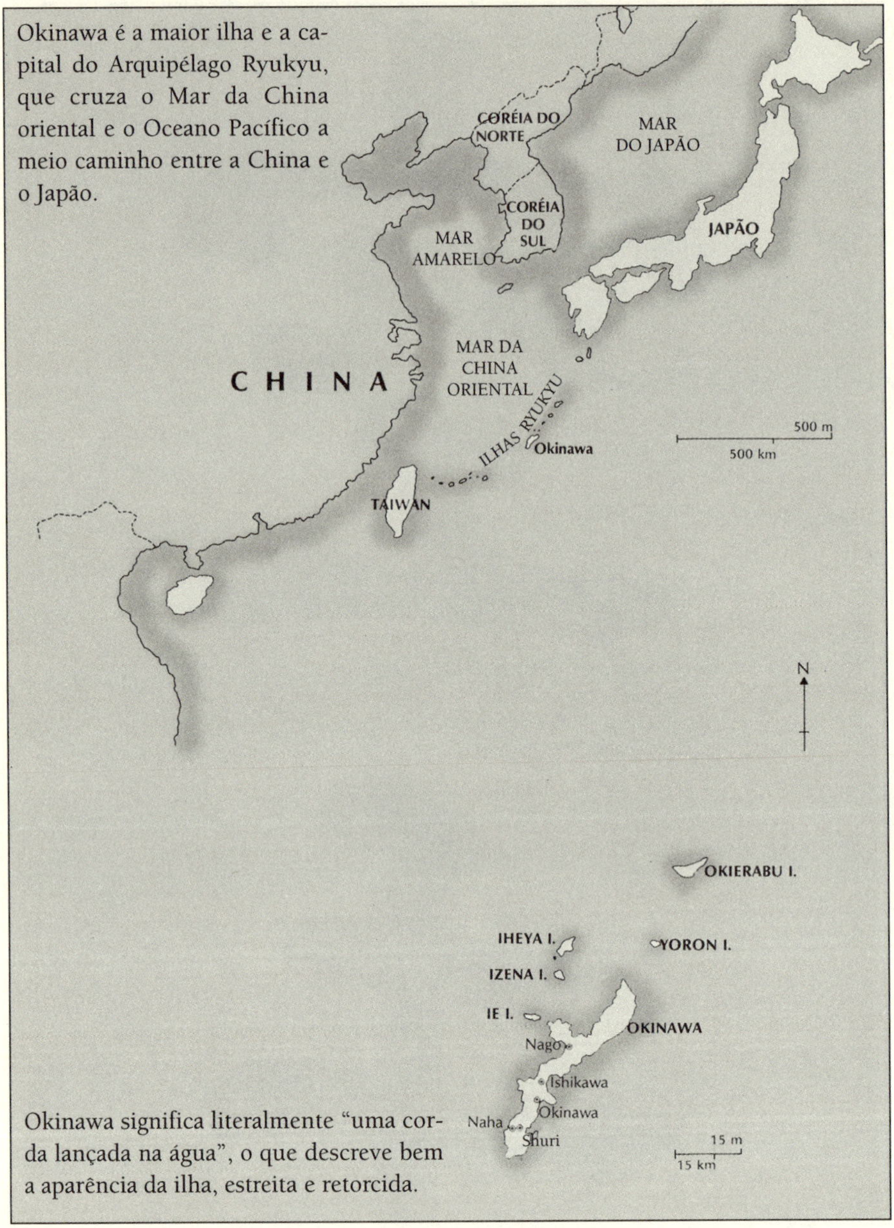

Okinawa é a maior ilha e a capital do Arquipélago Ryukyu, que cruza o Mar da China oriental e o Oceano Pacífico a meio caminho entre a China e o Japão.

Okinawa significa literalmente "uma corda lançada na água", o que descreve bem a aparência da ilha, estreita e retorcida.

Praticamente rodeada de recifes de coral, Okinawa, em quase toda a sua extensão de 110 quilômetros, não tem mais do que dez quilômetros de largura. O clima é agradavelmente quente durante a maior parte do ano em virtude das correntes quentes que chegam às praias da ilha, a qual, porém, é freqüentemente assolada pelas tempestades e tufões tão freqüentes nessa região. O solo de Okinawa é, em sua maior parte, pobre e apático, e os dois terços setentrionais da ilha são quase totalmente cobertos de florestas de coníferas. Até hoje, as ilhas Ryukyu têm, juntas, uma população de não mais de um milhão de almas, cinco por cento das quais são membros do exército norte-americano e seus familiares.

A História de Okinawa

Segundo se pensa, os primeiros habitantes de Okinawa vieram não só da China, mas também das ilhas japonesas ao norte e do sul da Ásia. A arqueologia nos mostra que a penetração das culturas chinesa e japonesa na ilha data de pelo menos 300 a.C.

Naquela época, o povo de Okinawa levava uma vida simples, sustentada por uma agricultura incipiente, pela pesca e pela coleta de frutos do mar. Entretanto, sucessivas invasões militares dos japoneses, ocorridas entre os séculos VI e IX d.C., evidentemente estimularam os nativos a organizar-se em povoados regidos cada qual por um chefe.

Os japoneses foram os primeiros a reconhecer a importância estratégica de Okinawa. Indo e vindo da China, passavam pela ilha e às vezes entravam no excelente porto de Naha. Esses contatos, aliados às visitas esporádicas dos chineses, fizeram com que os habitantes de Okinawa desenvolvessem uma cultura cada vez mais sofisticada. No fim do século XIII, o Budismo, vindo do Japão, foi introduzido na ilha.

Em 1340, Okinawa estava dividida em três reinos rivais; dez anos depois, o maior desses reinos entabulou com a China uma relação formal, tributária, que foi confirmada pelo Imperador da China em 1372. Os termos de relações diplomáticas entre os dois países estabeleciam que os habitantes de Okinawa, como os de quase todos os países vizinhos da China com exceção do Japão, enviassem anualmente delegações ao continente com tributos para o Imperador. Alguns nobres, participantes dessas delegações, podiam viajar do litoral chinês até a Corte Imperial. Alguns dos príncipes mais jovens chegavam até a entrar nas escolas para estrangeiros que havia em Pequim, onde estudavam a cultura, as artes e as ciências chinesas por muitos anos antes de voltar para casa. Desse modo, muitos membros importantes da sociedade de Okinawa familiarizaram-se com a vida urbana e cortesã da China, bem como com as suas tradições e conhecimentos.

Em 1393, os chineses enviaram a Okinawa um grupo de sacerdotes, artesãos e outros profissionais, que apresentaram ao povo da ilha as tradições chinesas e as artes da construção de navios, navegação, administração, fabricação de papel, tinta e penas, cerâmica e laqueação.

Em 1429, ao cabo de uma curta guerra civil, Okinawa foi unificada sob o comando de um único rei e estabeleceu-se a primeira dinastia, chamada Sho. Foi assim que começou a era de ouro da história de Okinawa. O povo começou a dedicar-se ao comércio e, aos poucos, constituiu-se uma rede de rotas comerciais que alcançavam não só o Japão e a China como também a Indochina, a Tailândia, a Malásia, Bornéu, a Indonésia e as Filipinas. Okinawa tornou-se uma espécie de Veneza ou Gênova do Oriente, uma grande centro de distribuição de madeiras raras, especiarias, incenso, chifre de rinoceronte, marfim, estanho e açúcar do sul da Ásia. Essas mercadorias eram trocadas por porcelanas, tecidos, ervas medicinais e metais preciosos do Japão, da Coréia e da China.

Os navegadores e mercadores de Okinawa visitavam não só a China e o Japão, mas todos os principais portos da Ásia oriental. Hoje em dia, os okinawanos consideram esse um dos fatores mais importantes da história das suas artes marciais.

A Proibição do Porte de Armas

Outro evento de crucial importância aconteceu naquela época. Por volta de 1470, a ruína da dinastia Sho desencadeou um período de turbulência política que só terminou com o estabelecimento de uma nova dinastia, também Sho, em 1477. O novo rei, Sho Shin, teve de lidar com os senhores feudais rebeldes que entrincheiravam-se em seus castelos em diversos pontos da ilha. Uma das primeiras medidas que tomou foi proibir que qualquer pessoa portasse espadas, nobre ou plebeu. Em seguida, ordenou que todas as armas da ilha fossem confiscadas e armazenadas sob seu controle em seu castelo, em Shuri. Por fim, obrigou todos os nobres, já desarmados, a ir morar na capital.

É interessante notar que essa política de desarmamento e "desalojamento" dos nobres rebeldes em Okinawa precedeu a tomada dessas mesmas medidas por parte dos governantes da principal ilha do Japão. Com efeito, em 1586 foram publicados os Editos da Espada de Toyotomi e, em 1634, o Shogun Tokugawa deu ordem para que todos os daimios ou senhores feudais passassem a residir na capital do país.

A era de ouro de Okinawa continuou até 1609, quando o Japão recém-unificado, perante a recusa de Okinawa a reconhecer a hegemonia do novo Shogun, invadiu a ilha e esmagou-lhe a resistência. O rei foi levado a Edo (o antigo nome de Tóquio) por três anos e só voltou depois de ter sido forçado a tornar-se um fantoche dos japoneses.

Tipicamente, no contexto complexo de relações entre a China e o Japão, o Shogun não exigiu que Okinawa parasse de pagar tributos aos chineses. Muito pelo contrário, forçou os okinawanos a conservar uma fachada de lealdade à China. Sempre que vinham os diplomatas do continente, os governantes japoneses se escondiam e ocultavam todos os indícios que pudessem revelar a sua presença. Os japoneses queriam e precisavam manter um contato indireto com a China, e fizeram isso por intermédio de Okinawa; mas a verdade é que a riqueza e a independência política de Okinawa caíram sob o domínio japonês em 1609.

Fato importantíssimo para tudo o que diremos a seguir é que, depois de 1609, os japoneses mantiveram a proibição do porte de armas e conservaram a nobreza fechada na cidade de Shuri. Os samurais japoneses, porém, podiam levar consigo suas armas. Evidentemente, a proibição do porte de armas pelos nativos da ilha vigorou no decorrer de toda a história subseqüente de Okinawa: em 1816, Napoleão, ao ouvir falar de um pequeno estado chamado Okinawa cujos habitantes não portavam armas, comentou: "Não consigo compreender um povo que não se interesse pela guerra."

Hoje em dia, em Okinawa, a maioria dos mestres de karatê acredita que a proibição do porte e uso de armas por parte de um dos seus primeiros reis não foi um ato de opressão, mas de sublime sabedoria.

A Arte das Mãos

Esse breve resumo histórico nos deixa aptos a falar sobre a grande tradição okinawana de *te*, a arte marcial das mãos, na qual o corpo humano é treinado para ser todas as armas que uma pessoa precisa para se defender.

Os arquivos reais de Okinawa foram destruídos num incêndio na Segunda Guerra Mundial, junto com quase todo o patrimônio arquitetônico e cultural da ilha. Esse fato criou um grande obstáculo às pesquisas de muitos grandes mestres de karatê de Okinawa, que são os principais estudiosos da arte marcial que praticam. Felizmente, os mestres anteriores já haviam estudado alguns dos registros históricos mais antigos; e, como a tradição oral sobre o assunto é extensa, boa parte dela já foi novamente posta por escrito. Existe também, é claro, a arte em si, atualmente chamada *karatê* ou *karatê-dô*, a qual tem muito a nos ensinar sobre as suas próprias origens.

Nesta postura, a penúltima do katá suparimpei, Higaonna Sensei mostra a grande semelhança que existe entre as artes marciais da China e de Okinawa. Esta postura é a clássica postura chinesa do cavaleiro, enquanto as mãos assumem a forma das garras de um animal.

O karatê, tal como o conhecemos hoje em dia, é em grande medida o produto de uma síntese que ocorreu no século XVIII entre a arte okinawana do *te* e as artes chinesas de Shaolin e outros estilos do sul que eram praticados na época na província de Fukien. Nos últimos sessenta anos, as artes marciais japonesas influenciaram o karatê praticado no próprio Japão, mas essa influência não se fez sentir na própria ilha de Okinawa.

Acredita-se que a arte do tê tenha pelo menos mil anos. Os habitantes de Okinawa de mil anos atrás não eram ricos e não tinham muitas armas. O país não era unificado, de modo que o conhecimento da autodefesa era uma habilidade importante; esse fato provavelmente deu o ímpeto necessário à criação de uma arte marcial autóctone. Mais tarde, nos séculos XV e XVI, quando os okinawanos começaram a viajar extensivamente, certamente entraram em contato com muitos dos grandes sistemas marciais do sul da Ásia, os quais teriam influenciado a sua própria arte. Certas técni-

O sai, supostamente, é uma arma para policiais, usada para bloquear e especialmente prender lâminas de espada.

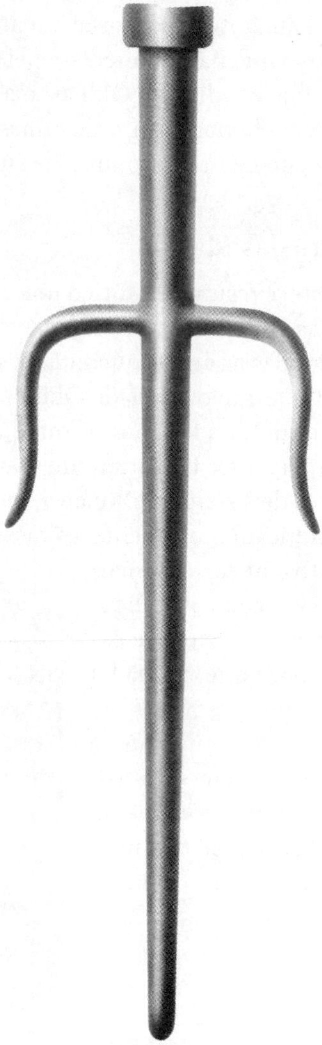

O tuifu ou tonfa é a manivela de uma pedra de moinho usada para moer arroz. É particularmente eficaz para bloquear ataques de armas brancas, e também pode ser usado ofensivamente.

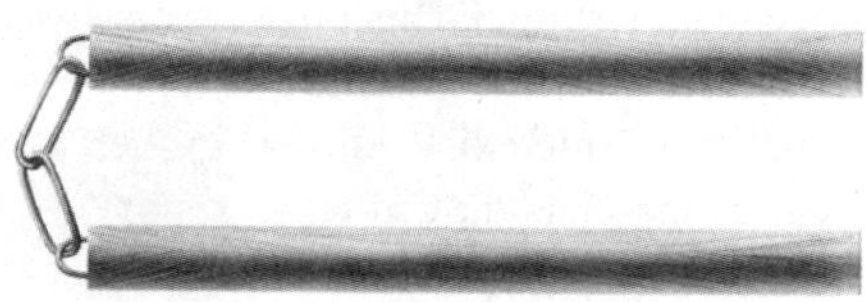

O nunchaku é uma arma feita de duas peças de madeira, cada qual com cerca de 30 cm de comprimento, ligadas uma à outra por uma corrente ou cordão. A arma é girada rapidamente em torno do corpo do usuário e o efeito de chicote assim criado é extremamente poderoso.

cas do karatê atual parecem ter-se originado no continente asiático. O estilo de Okinawa, porém, é único e singular, e as influências estrangeiras sempre foram modificadas de modo a entrar em acordo com os princípios de luta da própria ilha. O primeiro desses princípios é o uso das mãos (*te*), e especialmente do punho cerrado.

As Distinções entre as Artes Okinawanas

Acredita-se que, quando o rei Sho Shin desarmou os nobres e reuniu-os na cidade de Shuri, dois movimentos nasceram em Okinawa. Os nobres, por um lado, procuraram, aprenderam e desenvolveram a arte de combate do tê, que não faz uso de armas. Os agricultores e pescadores, por outro lado, começaram a desenvolver sistemas de luta armada baseados no uso combativo de ferramentas e instrumentos agrícolas. Manguais, cabos de moinho, foices, freios de montaria e até mesmo remos tornaram-se armas mortíferas.

Tanto a tradição de luta armada quanto a de luta desarmada eram praticadas em segredo e permaneciam restritas cada qual a uma classe social. Tê era praticada pelos nobres da corte real, ao passo que *Ryukyu bujutsu* (artes armadas de Ryukyu) cresceu e se desenvolveu no meio do povo. Até mesmo no século XX, vários dos maiores mestres de karatê, com destaque para Chotoku Kyan, ainda são descendentes das famílias nobres da cidade de Shuri.

A primeira exibição de artes marciais chinesas em Okinawa de que se tem notícia ocorreu em 1761. Conhecemos também as histórias de vários mestres de tê daquela época. Sabe-se que alguns desses mestres, entre os quais Chatan Yara, viajaram à província de Fukien, na China, para treinar. Kusanku, um grande mestre chinês, passou seis anos em Okinawa. No século XIX, a arte okinawana passou a ser chamada de *T'ang-tê*, ou "mão chinesa".

Muito embora a arte fosse praticada em segredo, em lugares remotos, e principalmente à noite ou antes do amanhecer, três estilos separados começaram a

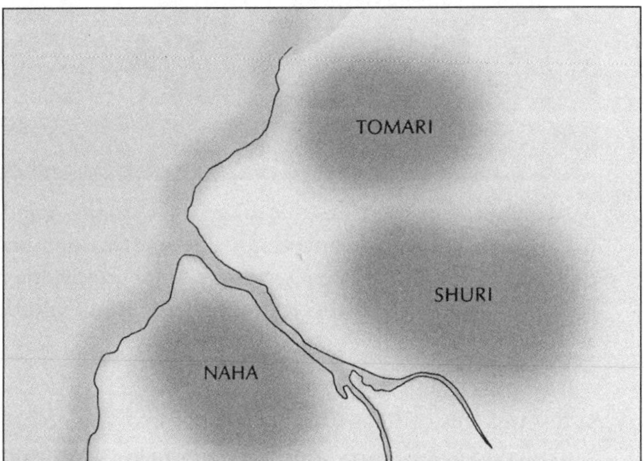

No século XIX, os três principais estilos de tê, a arte marcial de Okinawa, eram chamados de Shuri-tê, Naha-tê e Tomari-tê, por causa das cidades em que se desenvolveram. Elas ficam a poucos quilômetros umas das outras; por isso, os principais estilos de tê são, na verdade, muito semelhantes.

A sangrenta ocupação e destruição de Okinawa na Segunda Guerra Mundial não foi senão o último capítulo de uma história de contínua dominação do país por potências estrangeiras. O estoicismo do povo de Okinawa provavelmente decorre da história turbulenta da ilha, e isso teve um efeito profundo sobre a atitude dos okinawanos em relação às artes marciais.

surgir nos três centros urbanos em torno do palácio real. Shuri-tê, a arte que desenvolveu-se em Shuri, era praticada pelos samurais da corte, ao passo que no porto de Naha e em Tomari, a cidade baixa de Shuri, o povo desenvolveu os seus próprios estilos de tê.

As diferenças entre eles provavelmente derivam do fato de terem sido influenciados por tradições chinesas diversas. Temos alguns indícios de que o Shuri-tê é derivado do kung-fu Shaolin, ao passo que o Naha-tê (a arte praticada em Naha) incorporou mais técnicas suaves dos taoístas, entre as quais certos métodos de respiração e controle do *ki*, a força vital, chamado *chi* em chinês. Tomari-tê (a arte praticada em Tomari) evidentemente lança suas raízes nas duas tradições.

É importante sublinhar, porém, que as cidades de Shuri, Naha e Tomari ficam a poucos quilômetros umas das outras, e que as diferenças entre suas respectivas artes são diferenças de ênfase, não de tipo. Por trás dessas diferenças superficiais, tanto os métodos quanto os objetivos de todo o karatê de Okinawa são os mesmos.

Higaonna Sensei caminha na postura sanchin carregando grandes pesos de ferro. Antigamente, esses pesos seriam grandes jarras de cerâmica cheias de areia.

No final do século XIX, os nomes dos estilos haviam mudado de novo. As artes de Shuri e Tomari uniram-se sob um único nome, *shorin-ryu*, que significa "a escola do pinheiro flexível". Naha-tê tornou-se *goju-ryu*, "a escola do duro e do mole", e foi desenvolvida pelo grande mestre Higaonna Kanryo. O shorin-ryu subdivide-se em diversos estilos ligeiramente diferentes, mas o goju-ryu permanece, em grande medida, unificado do ponto de vista estilístico. Nasceu também em Okinawa e no Japão uma tradição na qual ambos os estilos são fundidos e ensinados como um só. A maior das escolas que fizeram essa fusão é a japonesa *shito-ryu*, comandada por Mabuni.

Diz-se tradicionalmente que o estilo shorin-ryu é mais leve e mais rápido do que o goju-ryu, e que suas posturas são, em geral, mais altas. Os *katá* — conjuntos de formas — dos dois estilos são ligeiramente diferentes: no goju-ryu, os braços e as pernas ficam mais flexionados e seus movimentos são mais circulares, e a respiração tem um peso maior. No entanto, nas antigas fotografias dos mestres, amigos de diversos estilos sempre aparecem juntos, e os bons instrutores fazem questão de frisar a unidade que existe entre todos os *karate-ka*, literalmente, "homens do karatê". Em 1935, um comitê interestilístico de mestres okinawanos reuniu-se para escolher um único nome para sua arte. Chamaram-na enfim de *karatê*, que significa a arte de defesa das "mãos nuas", ou seja, sem o uso de armas. Na opinião de alguns mestres, o sufixo japonês *-dô*, "a via", deve ser acrescentado ao nome.

Hoje em dia, o karatê ainda floresce em Okinawa. A destruição dos edifícios históricos, dos arquivos e de boa parte do patrimônio cultural da ilha durante a horrível batalha de 1945 entre os japoneses e os norte-americanos fez com que o povo prezasse ainda mais sua cultura, sob a forma da dança, da música e do karatê.

Seguindo antigos precedentes, os mestres de karatê contam-se entre os maiores dignitários da sociedade okinawana, e é grande o número de *dojôs* ou salas de treinamento nas áreas construídas de Naha e Shuri. Muito embora não haja um único mestre supremo de cada estilo, há muita amizade e pouca competição entre os atuais líderes da arte.

Os Dojôs

Seguindo sempre os padrões tradicionais, os dojôs ou salas de treinamento de cada instrutor são pequenos, freqüentemente construídos somente em madeira. Suas paredes são adornadas com as armas e utensílios de treinamento específicos de Okinawa, como as jarras *bushi*, de cerâmica, halteres de pedra e *makiwara* — tábuas para o treinamento de socos — de carvalho.

A jarra *bushi* é uma jarra de cerâmica, geralmente cheia de areia, a qual é pega com a mão e carregada para cá e para lá a fim de fortalecer os músculos dos dedos e das mãos. Os halteres de pedra assemelham-se a grandes martelos com cabeça de pedra. O usuário segura-os pelo cabo e os gira a fim de fortalecer os pulsos e os antebraços. Os *makiwara* são pilares sólidos de carvalho fixados no chão. Os quinze centímetros superiores são enrolados com corda e essa área é socada dura e repetidamente para condicionar os nós dos dedos.

Fora da escola há uma placa com os nomes do instrutor e do estilo; e, no ponto focal do dojô, vê-se de hábito uma imagem de Dharuma (o nome japonês de Bodhidharma) ladeada por fotografias do mestre ou dos mestres do instrutor. Para completar essa espécie de altar, e de acordo com o costume chinês de estabelecer-se espíritos guardiães para velar sobre a sala de treinamento, muitas vezes vê-se fora do dojô duas estátuas de leões sentados. O primeiro, com a boca fechada, está inspirando, ao passo que o segundo, com a boca aberta e os dentes à mostra, está expirando.

No dojô, o respeito absoluto é uma norma. Os praticantes tiram os sapatos e curvam-se perante o altar ao entrar e sair da sala; depois da aula, têm o dever de arrumar e limpar o chão e as paredes. Muitos dojôs de Okinawa têm grandes cartazes nas paredes, nos quais está explícita a etiqueta do salão: "purifique a mente"; "treine com diligência e supere as dificuldades para adquirir a perseverança"; "mantenha limpos os uniformes e o salão"; "a cortesia é o princípio e o fim do karatê"; "harmonizando respiração e ação, esvazie a mente de pensamentos egoístas durante o treino"; "pratique com toda a força e dedicação"; "o dojô é o lugar sagrado onde o espírito humano pode ser temperado e polido". Os alunos novos são encorajados a aprender esses preceitos de cor; os antigos, a pô-los sempre em prática.

Na maioria dos dojôs, sempre há alguém praticando sozinho ou pequenos grupos treinando juntos. O mestre dá aulas formais na maioria das noites durante a semana e nos fins de semana. Freqüentemente, os alunos novos e avançados treinam separados. Às vezes, treinam juntos no começo da aula, e só depois dividem-se em dois ou três grupos. Dessa maneira, os principiantes podem ver os alunos mais avançados treinando, o que é essencial para o aprendizado.

No começo das aulas, os alunos sentam-se em fileiras e prostram-se perante o mestre e o altar do dojô. A alguns minutos de meditação sentada (*zazen*) segue-se uma nova prostração perante o altar; então, os alunos põem-se de pé.

Os Exercícios de Aquecimento

Os exercícios de ginástica ou de aquecimento do karatê são extremamente completos e sistemáticos. Começam trabalhando os dedos e as solas dos pés (que entram e saem das posições necessárias para a aplicação dos vários golpes de pé). A isso segue-se o trabalho sistemático com as articulações do corpo, por meio do alongamento, tensionamento e relaxamento dos tendões e músculos que se ligam a cada articulação. Os pés são rodados e forçados para cima a fim de trabalhar-se as articulações dos tornozelos. Giram-se as articulações dos joelhos e as mãos são pressionadas sobre a rótula. Os alunos ficam sobre as pontas dos pés e abaixam-se lentamente a fim de trabalhar os músculos das pernas. Para soltar as articulações dos quadris, giram-se as pernas uma a uma; diversos exercícios de alongamento, semelhantes aos utilizados pelos atletas, são empregados para soltar os tendões do jarrete e os outros principais tendões das pernas. A coluna vertebral é trabalhada sistematicamente: para a frente (as mãos encostam nos dedos dos pés), para trás (arqueando-se a coluna com as mãos apoiadas na região lombar inferior) e para os lados (pondo-se um braço por sobre a cabeça e arqueando-se para o lado oposto o tronco e a cabeça).

Em seguida, o pescoço é alongado, deixando-se cair a cabeça para a frente (sem respiração). Ela volta à horizontal (inspirando) e cai para trás (expirando), do modo que o praticante fique olhando para cima. Volta à horizontal (sem respiração) e os movimentos são repetidos. O pescoço é então girado horizontalmente para os lados: o praticante olha para a frente, depois para a direita, depois para a frente de novo, depois para a esquerda, e repete o movimento inteiro diversas

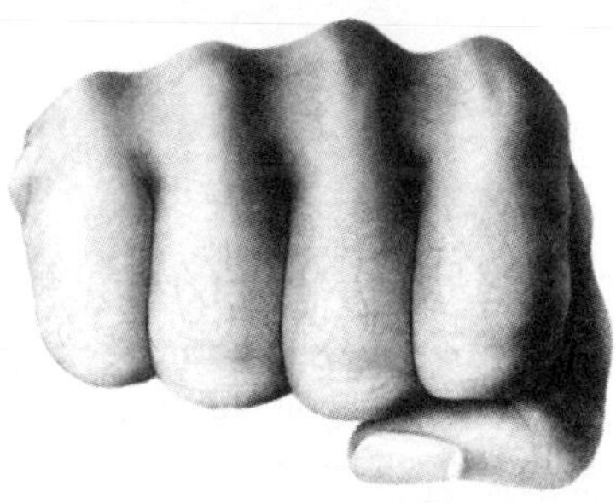

Para cerrar adequadamente o punho, o karateka ou praticante de karatê tem de apertar bem os dedos e pôr o polegar sob o indicador e o médio. Para bater com o punho fechado, as costas da mão devem ficar na mesma linha do antebraço. O pulso tem de ficar rígido para não flexionar-se na hora do impacto.

vezes. O pescoço é flexionado verticalmente para os lados (do mesmo modo que o tronco na seqüência de aquecimento das vértebras) mas, desta vez, a coluna vertebral permanece ereta. Depois, a cabeça inteira é girada em círculos em ambas as direções com a respiração normal, a boca e os olhos abertos.

Os exercícios de braços são praticados com ambas as mãos fechadas bem apertadas num "punho de karatê". Para formar esse punho, as articulações dos dedos são flexionadas de tal modo que os dedos fiquem bem alojados nas palmas das mãos. O polegar flexiona-se sobre a falange intermediária dos dedos indicador e médio. Os punhos cerrados são elevados à altura do peito e os cotovelos ficam na horizontal, para os lados. A partir dessa posição, a mão fechada lança-se numa trajetória horizontal até que o braço inteiro se flexione para desferir um soco imaginário com as costas das mãos.

O exercício é repetido então no plano vertical. O punho cerrado, com os polegares para baixo, é levado em posição vertical até os lados das orelhas, de onde se encaminha para os lados e para baixo. No último instante, o pulso é rodado para dar o característico efeito de chicote do soco de karatê. É tão importante dar o soco quanto recolher o punho depois do soco; também isso aumenta o efeito chicote, além de exercitar a retração dos músculos dos braços.

Depois de toda a tensão dos exercícios de braço, o karateka pode ficar com câibra nas mãos. Para livrar-se delas, ele abre e fecha os dedos das mãos rapidamente. Por fim, as articulações dos ombros são trabalhadas: ambos os braços são girados alternadamente para a frente e para trás.

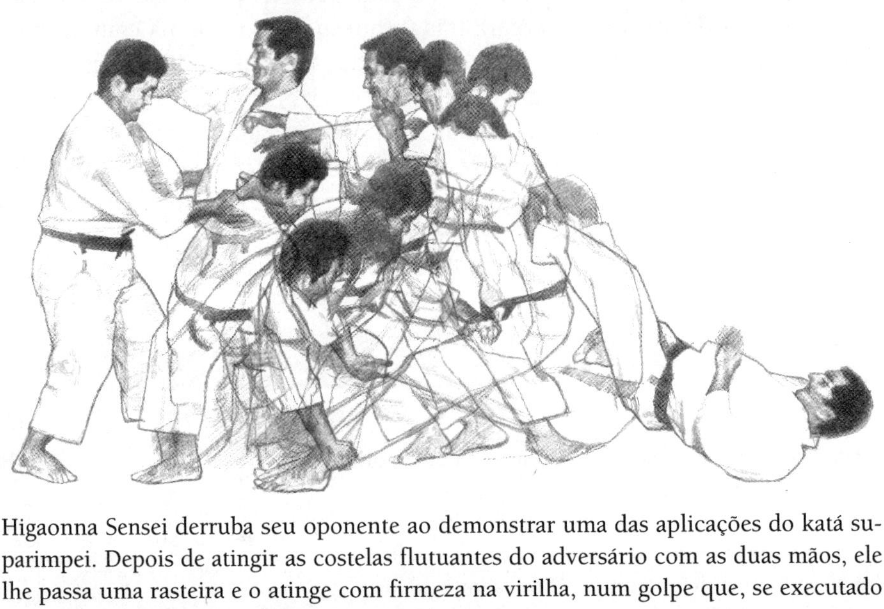

Higaonna Sensei derruba seu oponente ao demonstrar uma das aplicações do katá suparimpei. Depois de atingir as costelas flutuantes do adversário com as duas mãos, ele lhe passa uma rasteira e o atinge com firmeza na virilha, num golpe que, se executado com toda a força, provavelmente provocaria a morte.

Higaonna Sensei demonstra a forma perfeita na execução de um chute frontal ao queixo, mantendo a mão numa posição defensiva. A velocidade do chute fez com que sua perna ficasse borrada na fotografia.

A esta altura, podemos dizer com segurança que todas as principais articulações, músculos e ligamentos já foram exercitados. Diz-se que a simples execução desses exercícios melhora muito o estado dos pulmões, do coração e dos órgãos digestivos. Entretanto, os karatekas passam então a fazer vários exercícios com o corpo inteiro, alongando simultaneamente grandes conjuntos de músculos, tendões e articulações. Geralmente, esses exercícios são chutes altos para a frente, para trás e para os lados, elevação dos joelhos à altura do peito e outros movimentos mais marciais. Há também uma enorme quantidade de exercícios de ginástica feitos no chão, como flexões de braço, por exemplo, cujo objetivo é especificamente o de desenvolver a flexibilidade das costas e das pernas. Exercícios que envolvem a tensão muscular prolongada das mãos, dos braços, do peito (músculos peitorais), do abdômen e das pernas são combinados a exercícios de respiração para o desenvolvimento do *ki*, ou energia vital. É essa a tradução japonesa da palavra *chi*.

O aquecimento é um dos grandes segmentos do currículo de treinamento do karatê e serve para desenvolver a força do praticante. Por isso, cada exercício é repetido muitas vezes, a ponto de os iniciantes terem de fazer um grande esforço para chegar ao final. Isso realmente significa que os alunos se tornam mais fortes e mais ágeis a cada aula, e, além disso, serve para afugentar os principiantes mais letárgicos. Para deixar claro que não têm a intenção de maltratar os alunos, a maior parte dos instrutores faz os exercícios junto com a classe. Outro atributo importante desses exercícios é que eles deixam o corpo do karateka suficientemente alongado para executar boa parte das exigentes técnicas de combate que são treinadas a seguir. A adequada prática do karatê exige uma grande agilidade e, ao mesmo tempo, uma força contínua. Um corpo solto e alongado é muito mais capaz de absorver pancadas, quedas e choques do que um corpo frio e rígido.

O Treinamento do Karatê

No treinamento do karatê, o objetivo do mestre é o de desenvolver em seus alunos uma compreensão de como praticamente todas as partes do corpo podem ser usadas como armas letais. Embora a formação mental concomitante deixe claro aos alunos que é maximamente importante não lutar, o corpo vai sendo transformado no mais complexo sistema de armas que se possa imaginar. As técnicas de karatê ensinam ao praticante como usar essas armas naturais das mais diversas maneiras a fim de defender-se contra um agressor.

No treinamento, a primeira coisa que o aluno tem de aprender é a adotar a postura correta a partir da qual lançar um ataque ou fazer uma defesa. Há muitas posturas de luta no karatê, mas só quatro são usadas no estilo goju-ryu, e três no shorin-ryu. Na primeira, uma postura só para o treinamento, a perna da

Na postura de treinamento, a perna de trás fica reta, com o pé virado em 45 graus para a frente. A perna da frente, flexionada, faz baixar o corpo inteiro; o pé da frente aponta nessa mesma direção.

Na forma de luta da primeira postura, as pernas estão flexionadas e os pés estão virados para fora em relação à linha das pernas. O peso fica centralizado nesta postura baixa.

frente é flexionada e colocada à frente do tronco; a perna de trás fica reta e o pé encosta no chão num ângulo de 45 graus. A posição é baixa e, para atacar, o aluno tem de sair dela. O peso fica principalmente na perna da frente.

Do mesmo modo, a segunda postura básica é baixa, mas ambas as pernas ficam bem afastadas e flexionadas, com os pés virados ligeiramente para fora. O tronco, ereto, equilibra-se numa posição central, com o peso distribuído pelos dois pés. A cabeça e o tronco têm a possibilidade de girar quase 180 graus para defender ou contra-atacar. Trata-se de uma postura de luta dotada de grande poder e estabilidade, na qual o karateka pode entrar ou da qual pode sair à vontade.

A terceira postura é uma postura alta na qual ambas as pernas ficam levemente flexionadas e um pé é colocado à frente do outro. O pé de trás leva a maior parte do peso, deixando livre o da frente para desferir um chute repentino ou conduzir o corpo num ataque ou numa ação evasiva. Esta postura é a postura básica de luta, freqüentemente chamada "postura do gato", uma vez que deixa o lutador livre para saltar ou "dar o bote", se necessário.

Por fim, os membros da goju-ryu adotam uma postura chamada *sanchindachi* (*dachi* significa "postura"). Nela, os pés ficam a mais ou menos trinta centímetros de distância um do outro, um mais à frente, outro mais atrás, cada qual do seu lado. Ambos apontam para dentro e os joelhos, levemente flexionados, também aproximam-se um do outro. Os quadris são postos para a frente e assim também os braços, aproximando-se ao máximo um cotovelo do outro. Os punhos ficam cerrados, com o polegar para cima. É essa a suprema postura de defesa, a partir da qual o karateka é capaz de absorver golpes vindos de praticamente todas as direções sem se mexer, com os pés firmemente arraigados no chão. Há toda uma série de katás baseados nessa postura, os quais serão tratados de forma mais detalhada adiante neste capítulo.

Depois de adotar uma dessas posturas, os alunos praticam as técnicas básicas de chutes, socos e bloqueios. Essas técnicas são normalmente praticadas em combinações, mas, de início, é mais fácil descrevê-las isoladamente.

Técnicas de Chute

A maioria dos chutes de karatê são baixos, com alvos abaixo da linha da cintura. Nos chutes à frente, o joelho se levanta e o pé voa à frente, golpeia e volta à posição vertical antes de o joelho baixar e o pé voltar ao chão. O chute pode ser aplicado com os dedos dos pés, a parte da sola logo atrás dos dedos ou o calcanhar. O efeito chicote do chute aumenta quando o praticante se concentra igualmente na fase de ataque e na fase de retração do pé; essa prática, além disso, impede que o pé seja agarrado pelo adversário e permite que o praticante volte o mais rápido possível a uma postura estável. Os alvos são as canelas, a virilha, o umbigo e o plexo solar. É fácil, mas arriscado, alçar um chute à altura do queixo do adversário. Todos os chutes, quando adequadamente executados, são extremamente fortes, mas é mais difícil imprimir a velocidade e a precisão corre-

tas às pernas do que aos braços. Por isso, todos os tipos de chute são treinados à exaustão.

Há dois tipos básicos de chutes laterais. Num deles, o joelho eleva-se à frente, vira num ângulo de noventa graus e o pé atinge o lado do corpo ou a têmpora do oponente. Neste chute muito rápido, é a parte da sola do pé atrás dos dedos ou o peito do pé que faz o contato de ataque. No outro chute, que é um chute lateral legítimo, o peso do corpo é apoiado sobre um só pé. O tronco vira noventa graus e, ao mesmo tempo, o pé que está livre é elevado até ficar na altura do joelho estacionário. Uma vez nessa posição, pode ser lançado para o lado de modo que a lateral do pé atinja o joelho, a virilha, o abdômen ou o peito do oponente.

É aí que entram em cena os exercícios descritos há pouco, feitos com os dedos dos pés, pois eles ensinam o pé e os dedos a virar de modo que a superfície de contato do chute não seja a sola, mas o lado do pé.

Esses dois chutes laterais, como o chute de frente, são usados também no ka-

Esta postura, *acima*, é chamada de postura do gato, pois o karateka pode partir dela para o ataque. A maior parte do peso se apóia na perna de trás, usada para lançar o lutador à frente ou para os lados. A perna da frente quase não tem peso e pode, por isso, ser usada para desferir chutes rápidos.

A postura sanchin, *à esquerda*, é a suprema postura defensiva do estilo goju-ryu. Ambas as pernas ficam ligeiramente flexionadas, com os joelhos aproximados um do outro e o quadril para a frente. Nesta posição, podem-se absorver golpes de praticamente todos os ângulos.

TÉCNICAS DE CHUTE

O calcanhar é a parte mais dura e menos sensível do pé. É usada como arma principalmente em chutes para a frente e ocasionalmente para baixo (pisão no pé), com a parte da frente do pé flexionada para trás.

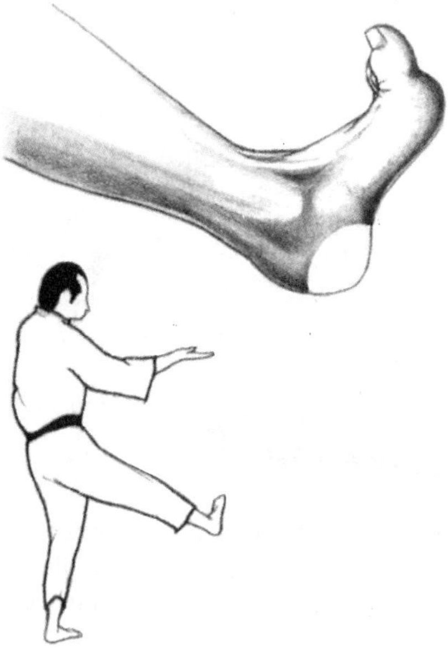

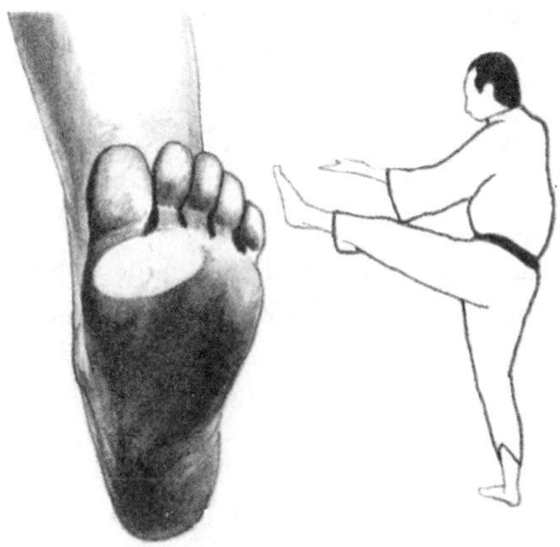

A parte da sola do pé logo atrás dos dedos é a superfície de contato mais usada para os chutes. Os dedos estão flexionados para trás e o pé, inclinado para a frente. Esta técnica é usada quer em chutes frontais ao centro do corpo do oponente, quer num chute que entra pela lateral. Também este ponto do pé é duro e pouco sensível, capaz de absorver grandes impactos.

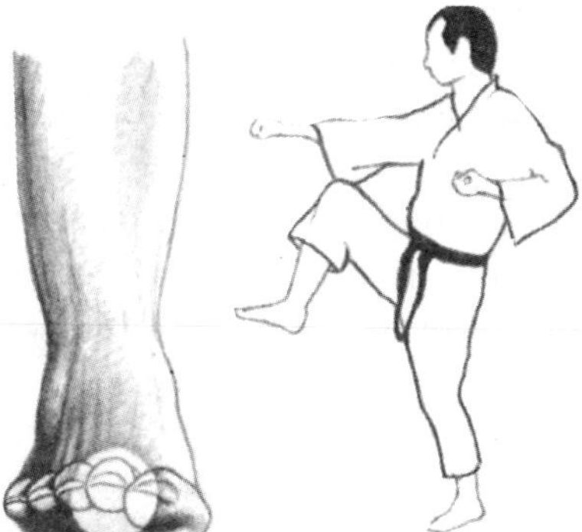

Os dedos podem ser usados para estocadas de frente, especialmente contra alvos moles, como o abdômen ou a virilha.

Flexionando-se os dedos para baixo, o peito do pé também pode ser empregado em chutes frontais ou laterais. Porém, essa área do pé é frágil demais para ser dirigida contra alvos duros e ossudos.

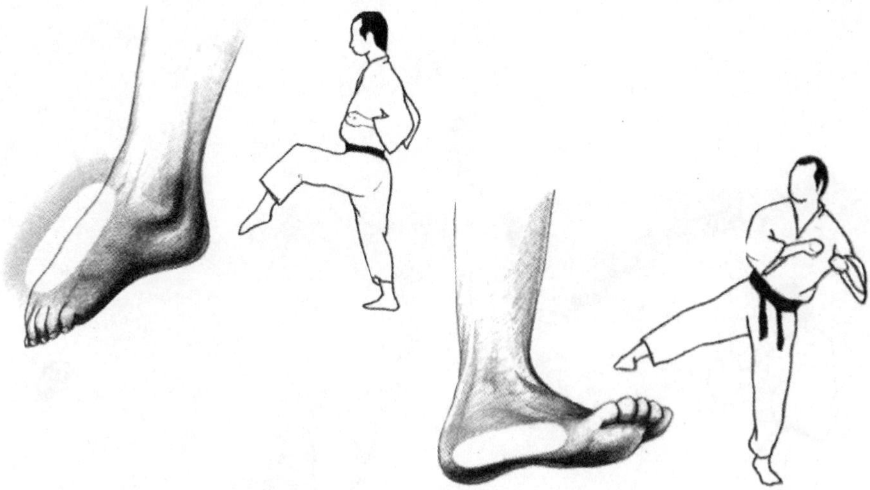

O lado do pé só é usado em chutes laterais aplicados à linha média do corpo do oponente. Para que o chute seja adequadamente executado, o dedão tem de estar flexionado para cima, mas o dedinho, para baixo. O pé deve, portanto, ficar tão horizontal quanto possível no ponto de impacto.

laripayit do sul da Índia e nas tradições chinesas do kung-fu Shaolin, descritas no Capítulo 4.

O chute para trás é executado de maneira semelhante ao segundo chute para o lado, exceto pelos fatos de o pé ser lançado para trás e a superfície de contato ser o calcanhar ou o lado do pé. O pisão é uma técnica utilizada para terminar uma luta depois que o adversário já está caído no chão ou para atingir os dedos ou o peito do pé de um adversário desatento. Além desses chutes básicos, há também várias combinações de chutes e chutes voadores. Também esses encontram-se igualmente na tradição de Shaolin.

Os chutes são usados sobretudo em ataques desferidos de longe, com o adversário pelo menos a um metro de distância. Por mais poderosos que sejam os chutes, eles são menos garantidos do que a enorme gama de técnicas de mão de que dispõe o karatê, a arte das mãos nuas.

Técnicas de Mão

O punho cerrado é a "mão" fundamental do karatê. Na prática, para desferir-se um soco, um dos braços é puxado da frente para trás, ao mesmo tempo que o outro é lançado de trás para a frente. Isso aumenta enormemente o poder do so-

PUNHO CERRADO

Num soco corretamente aplicado com o punho cerrado, a base do indicador e do dedo médio deve atingir o oponente. Para que o pulso não se dobre com o impacto, as costas das mãos devem formar uma linha reta com o antebraço.

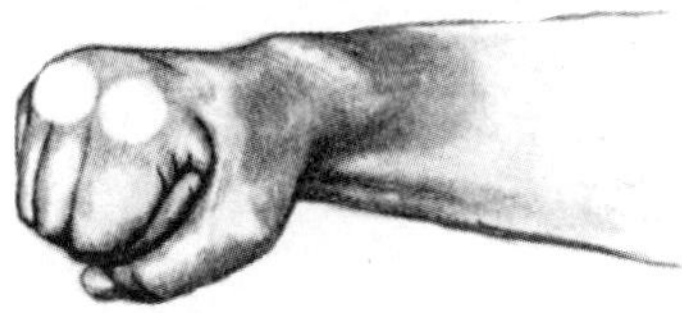

COSTAS DA MÃO

O punho cerrado pode ser lançado para trás ou para baixo de modo que o oponente seja atingido com as costas da mão. Esse soco é útil no combate corpo-a-corpo, em golpes que têm por alvo o rosto e as têmporas. Com ele, o corpo não fica desprotegido.

MARTELO

A parte lateral da mão é uma superfície forte e pouco sensível, que pode desferir um golpe no topo da cabeça do adversário.

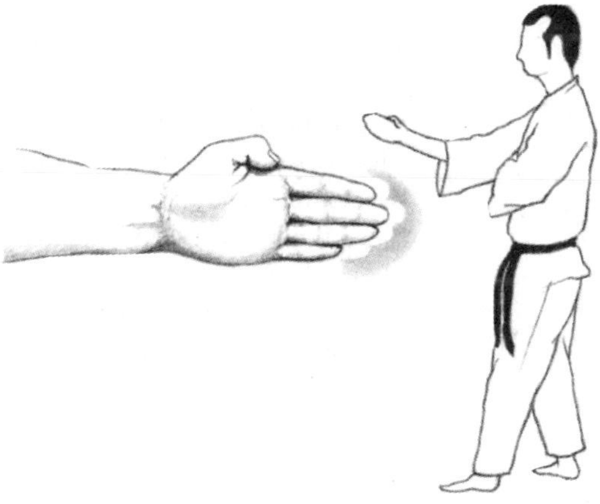

MÃO DE FACA 1

Quando a palma e os dedos ficam retos e na mesma linha do pulso, tornam-se armas poderosas. *Ao lado*, a mão dá uma estocada de frente no pescoço ou na virilha do adversário. No karatê, as técnicas de mão aberta são chamadas de “mão de faca”.

MÃO DE FACA 2

A parte lateral da mão, ossuda e pouco sensível, é usada para desferir-se golpes cortantes na lateral do pescoço ou nas costelas flutuantes do oponente. Com a mão na posição horizontal, as pontas dos dedos atingem o abdômen, o rosto e os olhos.

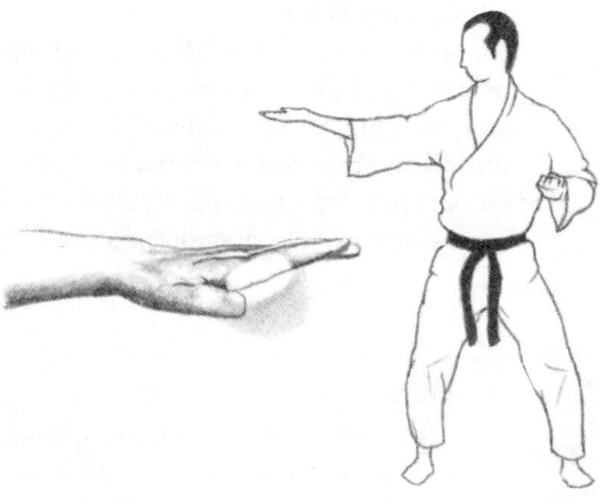

MÃO DE FACA 3

O lado interior da mão e a base do indicador podem ser extremamente eficazes num ataque horizontal desferido de perto.

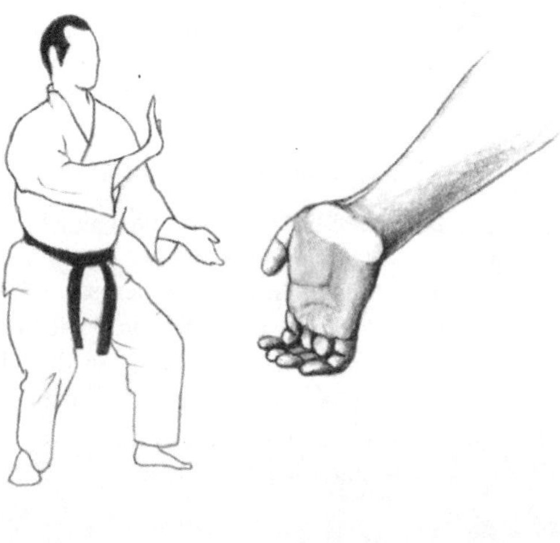

BASE DA MÃO

A base da mão aberta pode ser dirigida para baixo, para atingir a virilha num combate corpo-a-corpo, ao mesmo tempo que a base da outra mão, voltada para cima, atinge a clavícula do adversário. É essa a postura do tigre das artes marciais chinesas.

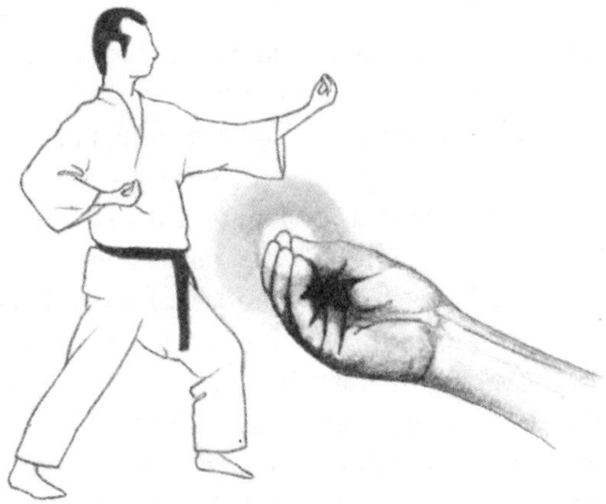

DEDOS AGRUPADOS
Os dedos podem ser agrupados para atacar o rosto do adversário, como um pássaro faria com seu bico; ligeiramente abertos, assemelham-se a garras e podem ser usados para arranhar, rasgar ou arrancar pedaços do corpo do adversário. Neste golpe, a mão está na posição horizontal.

co. É como se a energia do braço que se retrai passasse pelas costas, que ficam eretas, e chegasse ao braço de ataque. Para aumentar ainda mais a força, o punho gira 180 graus antes do contato com o oponente. O punho começa o movimento com os nós dos dedos para baixo, mas o golpe é desferido com um movimento de parafuso, que acelera a força de impacto do punho e aprofunda a penetração do soco. O interessante é que esses socos em parafuso são totalmente proibidos nas competições ocidentais de boxe, em virtude do seu efeito devastador.

Num soco simples aplicado ao rosto ou a várias partes do tronco do oponente, o impacto deve cair sobre os dois primeiros nós dos dedos somente (a base do indicador e do dedo médio) e o pulso deve ficar exatamente na mesma linha dos ossos do antebraço para não se dobrar. O braço deve ficar totalmente estendido no ponto de máxima penetração e depois deve ser retraído, ao menos até que o cotovelo esteja ligeiramente flexionado. Há várias maneiras de aumentar a força destrutiva do punho cerrado. Por exemplo: um dos dedos, o indicador ou o médio, é colocado um pouco à frente com o polegar por trás como apoio. Neste golpe, que pode ser tolerado por mãos condicionadas, é a articulação saliente do dedo que recebe o impacto inicial e aprofunda-se na carne do oponente antes de retrair-se junto com o punho. Esses golpes são extremamente perigosos para certas partes do corpo. Não nos surpreendemos ao descobrir que os mestres que praticavam a arte do ataque aos pontos vitais no sul da Índia, na China (tanto na escola dura quanto na escola mole) e em Okinawa usavam essas posições de punho para desferir golpes atordoantes ou mortais.

Quando comanda o treino de socos, o mestre especifica se os alunos devem treinar o soco "alto", no rosto, "médio", no peito, ou "baixo", no abdômen ou na virilha. Isso, porém, não passa de uma simplificação para os iniciantes. Os socos dados com mira atingem alvos muito pequenos, especialmente pontos vitais, que se espalham pela parte de cima do corpo do agressor. Os alunos mais avançados, durante o treino, devem mirar seus socos na localização precisa desses pontos. No Japão, a arte de atacar os pontos vitais é chamada *atemi*.

O punho também pode ser usado para socar com as costas das mãos, perto da base dos dedos: os nós dos dedos abatem-se assim sobre a cabeça ou sobre as têmporas do adversário. Do mesmo modo, o punho meio-cerrado, no qual as duas falanges superiores dos dedos flexionam-se sob a mão plana, tem também grande poder de penetração.

A mão chata e aberta é chamada de "mão de faca" no karatê. Trata-se de um nome muito apropriado, pois ela pode ser usada para estocar (com as pontas dos dedos), cortar ou decepar (com as laterais da mão). As estocadas são desferidas com a mão na horizontal ou na vertical e têm como alvo o rosto, a garganta, o abdômen ou a virilha. Os cortes descem verticalmente sobre o crânio, diagonalmente sobre o pescoço, as clavículas ou as costelas flutuantes e horizontalmente sobre o pescoço ou os rins. Também podem ser desferidos para trás.

Os praticantes do karatê conhecem uma enorme variedade de golpes com os dedos: dois dedos retos (contra os olhos); um único dedo (contra o rosto, a garganta ou o abdômen); ou os dedos em forma de garra, para rasgar e arranhar. A palma da mão, perto do pulso, também é uma arma dura e poderosa que pode ser usada contra vários alvos diferentes, do crânio à virilha. Este tipo de golpe pode ser dado com os dedos voltados para cima ou para baixo.

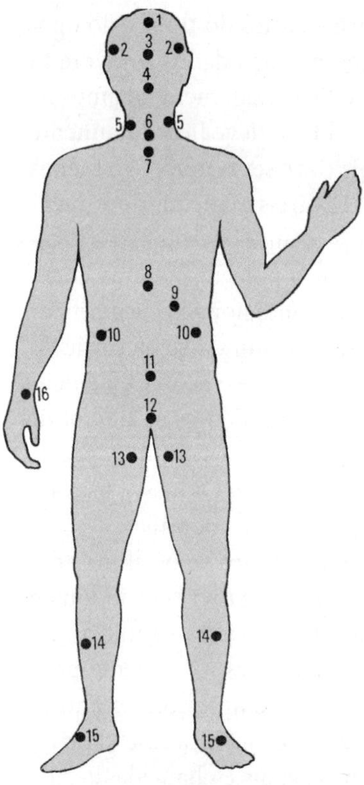

1. Crânio
2. Têmporas
3. Base do nariz
4. Lábio superior
5. Lados do pescoço
6. Pomo-de-adão
7. Traquéia
8. Plexo solar
9. Ângulo abdominal
10. Costelas flutuantes
11. Abdômen
12. Virilha
13. Parte interna das coxas
14. Canelas
15. Peito do pé
16. Pulso

Este diagrama ilustra os pontos vitais mais conhecidos sobre os quais os mestres de Okinawa instruem seus discípulos. Trata-se, porém, de um diagrama altamente simplificado, usado somente para a instrução dos iniciantes.

O uso das mãos como armas de ataque é eficaz quando o adversário está "ao alcance das mãos"; mas, no corpo-a-corpo, os golpes não podem ser tão fortes, pois não há espaço suficiente para retrair-se o braço e desferir-se o soco. No corpo-a-corpo, o karateka pode tirar vantagem do efeito devastador dos golpes dados com os joelhos, os cotovelos e o calcanhar.

Outras Técnicas de Ataque

Quando é atacado por trás, o karateka aprende a dar um chute na virilha do agressor com o calcanhar ou lançar-lhe uma cotovelada no plexo solar. De frente para o oponente e bem perto dele, pode lançar uma cotovelada de baixo para cima, atingindo-lhe o peito, o queixo ou, se estiver numa postura baixa, a virilha. Os cotovelos podem abater-se vertical ou horizontalmente sobre a cabeça ou o pescoço do agressor que usa uma postura baixa. Ataques que entram pelos lados também podem ser bloqueados com os cotovelos. O joelho pode ser usado para atingir a virilha do oponente ou, com efeito devastador, coordenar-se com o movimento de puxar para baixo a cabeça do oponente.

O karatê também dispõe de sistemas de bloqueio de todos esses golpes aplicados com os pés, as mãos, os cotovelos e os joelhos. Os principais instrumentos de bloqueio são os antebraços, usados para desviar golpes vindos de cima, dos lados e de baixo. Na maioria desses bloqueios, o ataque é recebido com o braço num ângulo de 45 graus; em seguida, o braço gira. Com isso, os músculos e os ossos ficam protegidos de quaisquer danos e o golpe é desviado para o lado. Se o bloqueio for efetuado num ângulo de noventa graus em relação ao ataque, o defensor pode quebrar o braço (especialmente se o agressor estiver usando uma arma); e os golpes só parcialmente desviados podem ainda atingir o defensor. Chutes dados de baixo para cima podem ser bloqueados eficazmente com os antebraços cruzados na linha de entrada do chute.

É importante deixar bem claro que os mestres okinawanos, como os chineses, perceberam que, para que esses movimentos de golpe e bloqueio tenham a máxima eficácia, a energia que os move deve originar-se na região do baixo abdômen, chamada em chinês de *tan-tien*. Os acupunturistas, os médicos tradicionais do Extremo Oriente e os artistas marciais sabem que essa região, onde fica o centro de gravidade do corpo humano, é o centro do *ki*, da energia vital do ser humano. É nesse centro que o ki é controlado, e é partir dele que flui para o corpo inteiro.

Quando os mestres de karatê ensinam que as técnicas de mãos acima descritas devem ser iniciadas com um movimento giratório dos quadris, e dizem que essa ação aumenta a força do golpe, estão absolutamente certos. Quando explicam que os melhores chutes começam com uma contração dos músculos do baixo abdômen, estão certos de novo. Com efeito, quaisquer que sejam as nossas ações, toda vez que nos movimentamos e depois voltamos ao repouso temos de restabelecer o equilíbrio do corpo em volta do centro de gravidade des-

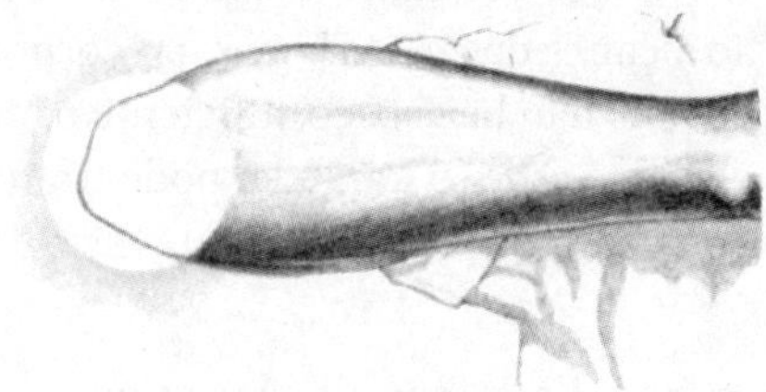

COTOVELADAS

Numa cotovelada, *acima*, a palma da mão deve estar voltada para o ombro. Caso ela gire noventa graus e fique de frente para a lateral da cabeça, o impacto pode ser prejudicial aos ossos do braço.

A cotovelada básica é lançada para cima e atinge a caixa torácica, *acima, à esquerda*. No caso de um ataque por trás, o cotovelo pode ser lançado com força nessa direção, *acima, à direita, centro*. Se a mão ficar presa ao corpo, o cotovelo pode ser trazido de trás para o lado num movimento que pode ser um bloqueio ou uma cotovelada, *à direita*. A cotovelada de baixo para cima, *à extrema esquerda, acima*, é um movimento arriscado, pois pode ferir os ossos.

A JOELHADA

O lutador põe as mãos por trás da cabeça do oponente e a traz para baixo de encontro ao seu joelho, que sobe até atingi-la no ponto de impacto, *ao lado, à direita*. Então, ambas as mãos do lutador passam do ponto de impacto e repousam ao lado do corpo, *ao lado, à esquerda*.

TÉCNICAS DE BLOQUEIO
A maioria das técnicas de bloqueio contra ataques desferidos com as mãos é efetuada com ambos os lados do antebraço, *acima, à direita.* O antebraço pode ser girado para cima em um quarto de círculo para desviar um soco ao rosto, *ao lado, à esquerda*; ou para baixo para desviar socos baixos ou chutes, *ao lado, à direita.*

te, o *tan-tien*. Temos, portanto, bons motivos para crer que o *tan-tien* é, de fato, um dos grandes centros de controle do corpo humano. Quando passam esse conhecimento aos seus discípulos, os mestres chineses e okinawanos transmitem-lhes um grau de compreensão da mecânica do corpo alcançado por poucos ocidentais.

Os golpes de mão, chutes e bloqueios são praticados isoladamente ou em seqüências. Os indivíduos trabalham sozinhos ou em duplas; nestas, um aluno ataca e golpeia enquanto o outro se defende com bloqueios. Em certos exercícios, o atacante vai avançando pela sala e o outro vai recuando. Depois de alguns passos, o sentido dos movimentos se inverte; o defensor torna-se o atacante e vice-versa. Os praticantes "marcham" para um lado e para o outro do dojô, às vezes acrescentando um grito de *ki-ai* no momento essencial do golpe.

Ki-ai significa literalmente "encontro dos espíritos" ou "concentração de energia". No combate, é esse o momento de impacto, quando o *ki* dos adversários se encontra e um dos dois sucumbe. No karatê, como também no bujutsu japonês tradicional da Tenshin Shoden Katori Shinto Ryu, os praticantes aprendem a exalar o ar nesse momento com um grito, que serve tanto para direcionar e expelir o *ki*, a força vital, quanto para protegê-la.

A FILOSOFIA DE HIGAONNA SENSEI

Higaonna Sensei nasceu em 1940. Seu pai, um policial, enviou a família para o sul do Japão antes de os norte-americanos invadirem Okinawa, em 1945. A família voltou para a cidade de Naha pouco depois do holocausto okinawano.

Higaonna tomou contato com o karatê na juventude:

"Vi o karatê pela primeira vez aos 13 anos. Meu pai estava ensinando um katá a um amigo íntimo da família, em nossa casa. Os chutes e socos do katá eram poderosos e achei o karatê algo maravilhoso. Comecei a praticar o karatê por uma razão muito simples: queria ser mais forte.

"Tive a bênção de ter tido bons instrutores e alunos mais avançados por meio dos quais vim a saber quão maravilhoso é o karatê; decidi então que o karatê era algo ao qual queria me dedicar por toda a vida.

"Na verdade, não tinha a intenção de ensinar karatê profissionalmente. Simplesmente adorava o karatê e queria praticá-lo para sempre e desenvolver-me por meio dele. Tinha mais ou menos 25 anos quando cogitei pela primeira vez a idéia de ganhar a vida com o karatê. Naquela época, eu havia acabado de me formar na universidade e dava quatro aulas por dia no Yoyogi Dojô, em Tóquio. Tinha cerca de cem alunos, o que não me deixava tempo nenhum para me dedicar a qualquer outro tipo de trabalho. Foi assim, de maneira mais ou menos espontânea, que me tornei um profissional."

Naquela época, os mestres de karatê de Okinawa estavam apenas começando a adotar para si o sistema japonês de graduação dos praticantes pelo uso de faixas de diversas cores e depois da faixa preta, a qual divide-se ela mesma em dez graus, do primeiro ao décimo dan. Higaonna Sensei usou por muito tempo uma faixa branca (de principiante). Quando seu mestre decidiu finalmente "promovê-lo", quando ele tinha vinte e poucos anos, atribuiu-lhe de imediato o quarto grau de faixa preta.

Higaonna ensinou em Tóquio por quinze anos, no decorrer dos quais estabeleceu uma federação internacional de goju-ryu de Okinawa. Mas, em 1980, decidiu voltar à ilha de origem. Ele nos explica por quê:

"No ano passado [1980], a FAJKO (Federation All Japan Karate-Do Organization — Federação Pan-Nipônica de Organizações de Karatê-Dô) começou a mudar a sua política e a voltar-se tão-somente para o karatê esportivo. Até o ano passado, os diversos estilos controlavam suas próprias organizações. Entretanto, a partir do ano passado todos começaram a organizar-se sob a FAJKO, e agora é a FAJKO que os controla.

"Não rejeito por completo o karatê esportivo, pois acho que ele é um dos estágios ou facetas do karatê e que é útil para popularizar o karatê entre os jovens. Entretanto, o karatê é uma coisa profunda, e, se você se aposentar depois de praticar somente o karatê esportivo, sua prática não terá tido sentido nenhum. Nosso objetivo é um karatê que possamos praticar aos 60, 70, 80 anos de idade. Nosso objetivo não é o de bater nos outros nem o de ganhar campeonatos.

"Não nego que há um certo treinamento da mente no karatê esportivo. Entretanto, a motivação principal é a de ganhar de um adversário numa competição. Nosso objetivo, por outro lado, é o de aprender corretamente e transmitir às gerações futuras as técnicas e katás corretos que nos foram legados por nossos antepassados. Nosso outro objetivo, evidentemente, é o de adquirir uma boa formação mental e física.

"O ideal é não entrar jamais numa situação em que sejamos obrigados a usar o karatê. Procuramos evitar essas situações por todos os meios. Entretanto, se somos atacados, não temos escolha: temos de nos defender. O objetivo do karatê é a autodefesa, e é por isso que todos os katás começam com um movimento defensivo. Há um antigo ditado japonês: *karate niwa sente nashi*, que significa que no karatê nós nunca fazemos o primeiro movimento, ou que no karatê não há um primeiro ataque. No caso de sermos

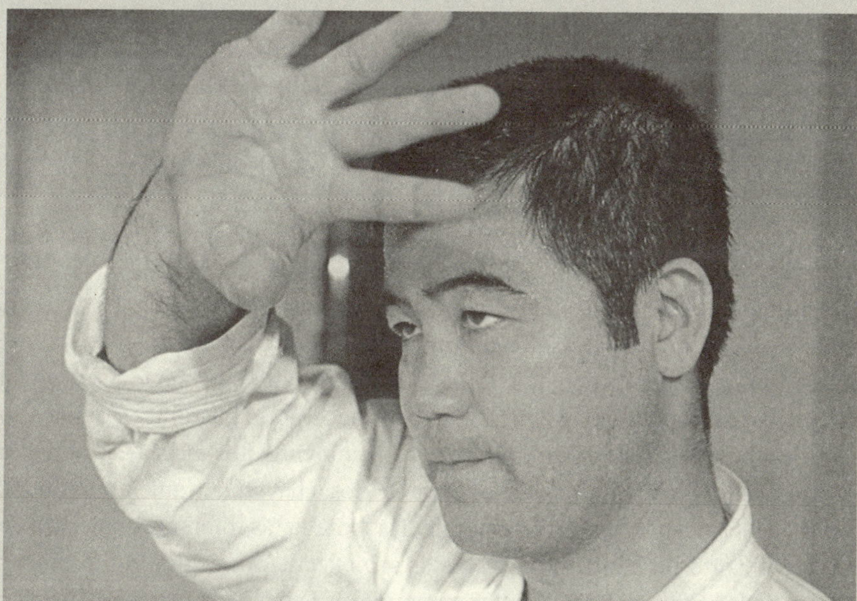

Higaonna Sensei faz muita questão do condicionamento dos nós dos dedos e das palmas das mãos. Toda manhã, ele passa cerca de uma hora ou mais batendo numa pedra com as palmas das mãos e, depois, socando uma estaca de madeira maciça chamada makiwara. A cada cinco minutos, mais ou menos, ele passa um pouco de óleo chinês na pele calejada de suas mãos e nós dos dedos.

agredidos, temos de controlar o agressor para nos defender. O karatê é uma filosofia pacifista.

"É uma arte marcial defensiva que não faz uso de armas. A pessoa que dominou todos os aspectos dessa arte é chamada de *bushi* em Okinawa. No Japão, o *bushi* é um samurai; mas, em Okinawa, é alguém que descobriu o modo correto de viver e alcançou a pacificação da mente por meio do treinamento do karatê. O treinamento é necessário para que os seres humanos atinjam esse estado da mente.

"O karatê é a minha vida. É o meu objeto de estudo. É como uma nuvem na qual não há nada de substancial, nada que se possa pegar. Praticando todos os dias, desafio o karatê e procuro captar algo dele, muito embora, na maioria das vezes, não consiga pegar muita coisa. O karatê é muito difícil, mas seu objetivo é treinar tanto a mente quanto o corpo. Comecei a treinar karatê porque era fraco. Se eu fosse forte, provavelmente estaria fazendo outra coisa hoje em dia. O karatê é algo que se pode fazer a vida inteira, e é isso que tento fazer quando pratico toda manhã. Nas lutas simuladas, você tem um oponente e tem facilidade para se mover porque se adapta aos movimentos do oponente. No katá, tudo o que existe é o espaço. Você e o espaço. Não há um oponente, nada que se possa pegar. Você imagina o oponente e luta contra ele. Digamos que, na prática, você estabeleça para si uma meta de cem repetições; quando chega na de número sessenta ou setenta, fica cansado e começa a enfraquecer-se mentalmente. Então, você se força a repetir o movimento mais uma vez, depois mais uma. É com esse esforço acumulado que o treinamento funciona."

Os Katás do Karatê

As técnicas do karatê incorporam algumas das maneiras mais rápidas e eficazes de defender-se contra um agressor e contra-atacar, mas o treinamento do karatê vai muito além da autodefesa quando essas técnicas se combinam em longas seqüências, ou katás. Os katás do karatê são constituídos pelas posturas, movimentos, golpes e bloqueios básicos, unidos entre si por movimentos mais avançados, como giros, esquivas, ataques e defesas combinados, chaves, lançamentos e fintas.

Cada katá tem o seu próprio nome. Há treze katás diferentes no estilo goju-ryu e dezoito no shorin-ryu. Os katás são executados segundo um modelo coreografado. Cada detalhe dos movimentos é ensinado ao principiante, e os conjuntos de movimentos duram cerca de um minuto ou mais. Esses movimentos são executados em diversas direções, mas dispõem-se essencialmente em linhas retas, não em círculos. O praticante avança, recua, vai para os lados e move-se em diagonal a partir do ponto onde começa o katá. As chaves ou bloqueios feitas numa certa direção costumam ser repetidas na direção oposta para dar

As técnicas básicas são muitas vezes praticadas em duplas. Nesta foto, Higaonna Sensei e um dos seus alunos mais antigos condicionam os antebraços, batendo-os um contra o outro.

uma aparência de simetria, e atribui-se grande importância à perfeição da execução sob todos os seus aspectos. O tempo correto dos movimentos, o equilíbrio, a economia e a harmonia entre respiração, corpo e espírito — tais são os objetivos do executante que desfia os movimentos de um katá. Embora sejam normalmente executados em grupo, nos katás não há confronto entre oponentes. O katá é criado para ser executado sozinho, de modo que só o executante tenha controle sobre os seus movimentos.

Enquanto estávamos em Okinawa, trabalhamos em íntima associação com Higaonna Sensei, do estilo goju-ryu. Seu principal interesse é o estudo dos katás. Em seu estilo, há um katá muito básico que combina exercícios de tensão muscular com uma respiração muito profunda e os movimentos marciais mais defensivos que se possa imaginar. Esse katá, como a postura já descrita, chamase *sanchin*. Nele, é preciso andar lentamente na postura correta, executando-se movimentos rítmicos de socos e bloqueios com os braços e punhos. Esse katá é tão fundamental para o estilo goju-ryu que diz-se que, no passado, alguns principiantes eram obrigados a praticar só ele por três anos antes de poderem começar a treinar no dojô do mestre. Higaonna Sensei explica os grandes méritos desse katá, que começa com a respiração:

"No sanchin katá, há duas maneiras de respirar. Uma delas consiste em conduzir o ar direto do nariz para o baixo abdômen. Na outra, imaginamos que o ar sobe, passa por trás da cabeça, desce pela coluna vertebral, passa pelo períneo e sobe até o baixo abdômen, onde se comprime como uma mola. Ambas essas ações exigem uma harmonização da respiração com o movimento. Na yoga, o corpo geralmente fica relaxado; a dificuldade do sanchin está no fato de que a respiração e os movimentos são feitos com o abdômen contraído, bem como outros músculos e articulações do corpo. No sanchin, a postura é a coisa mais importante. Com uma postura incorreta, é impossível respirar de maneira eficaz. Para executar o katá, é preciso que o executante assuma antes de mais nada a postura correta, trazendo o queixo para dentro, baixando os ombros, aproximando os cotovelos do corpo, juntando os joelhos, contraindo os músculos das nádegas, apertando o baixo abdômen como se fosse uma mola e colando os pés no chão. Depois de assumir-se essa postura e começar-se a respirar da maneira correta, é possível executar corretamente o sanchin katá."

No outro extremo da escala, o katá mais avançado praticado no estilo goju-ryu é chamado *suparimpei*. Trata-se de uma katá altamente complexo e difícil de executar, uma vez que contém boa parte das técnicas mais avançadas e secretas usadas nessa escola. Diz-se que é composto de 108 movimentos de luta. Higaonna Sensei fala mais sobre esse assunto:

"Suparimpei é a pronúncia okinawana dos caracteres chineses tais como são escritos na província de Fukien. O mesmo katá é chamado de *petchurin* por certas pessoas, mas ainda estou pesquisando os motivos desse fato. Os caracteres chineses representam o número 108, mas há duas teorias concernentes ao seu significado. Uma delas estabelece um vínculo com o Budismo, que tem uma doutrina acerca das 108 paixões ou desejos mundanos do homem. Segundo a ou-

O sanchin katá é executado sem a parte de cima do kimono, para que o mestre possa verificar a tensão muscular dos discípulos. As técnicas de respiração profunda são uma parte essencial do sanchin katá. Estes dois praticantes fazem uma careta ao expirar o ar a partir do abdômen.

O suparimpei é o mais avançado dos treze katás do goju-ryu. Segundo se diz, foi levado da província de Fukien, na China, para Okinawa há cerca de cem anos. Tem movimentos rápidos e lentos, uma respiração harmonizada e muitas das técnicas mais sofisticadas do karatê. Nestas fotografias, Higaonna Sensei demonstra algumas das posturas: *acima*, prepara um golpe com a mão de faca enquanto elimina com o calcanhar um inimigo caído; *abaixo*, prepara-se para agarrar um oponente.

tra teoria, 108 mestres de karatê colaboraram para o desenvolvimento deste katá. Entretanto, tudo o que nos foi transmitido é o nome. É ele o katá mais difícil de todos os katás do goju-ryu."

Esse katá, em particular, foi da China para Okinawa há cerca de cem anos. Talvez não seja por simples coincidência que diversos estilos de luta chineses concordem com a antiga doutrina sul-indiana de que existem no corpo humano exatamente 108 pontos vitais vulneráveis. O interessante é que os mestres do estilo goju-ryu, bem como o Sifu Hung de Taiwan (mestre das artes chinesas suaves), acham que há muito mais do que 108 pontos vitais no corpo, que esse total chegue a 350, e que esses pontos variam de acordo com a hora do dia, a estação do ano, o estado mental, etc.

Os katás do karatê têm um significado ainda mais profundo, explicitado de maneira eloqüente por Richard Kim, autoridade sobre o assunto e autor de muitos livros sobre as artes marciais. Explica ele que, fundamentalmente, o katá é um ritual religioso. O katá cria a possibilidade de atingir-se um objetivo espiritual mediante a prática constante. Esse objetivo é a superação do eu. No katá só existem oponentes imaginários; assim, o executante só tem a si mesmo como adversário na busca da perfeição. Se, depois de anos e anos de trabalho árduo, o praticante descobrir-se capaz de executar o katá sem pensar nos movimentos que está fazendo, terá atingido, em parte, o seu objetivo. O katá executa a si mesmo, sem que o eu do executante interfira. O controle corporal realiza-se sem o apoio da sensação ou do pensamento, e esse fato afeta imediatamente o controle do executante sobre qualquer situação, marcial ou não.

Nessa fotografia do katá suparimpei, *à esquerda*, Higaonna Sensei agarra o oponente com a mão direita e golpeia-o ao mesmo tempo com a esquerda, em mão de faca. A fotografia *abaixo* mostra a continuação do mesmo movimento.

A Filosofia do Karatê de Okinawa

Okinawa é cheia de histórias com uma moral, e os mestres de karatê gostam de contar a história do pobre pescador que atualmente é venerado num santuário localizado numa pequena cidade ao sul de Naha. Esse pobre homem havia emprestado dinheiro de um samurai japonês durante a ocupação japonesa. Quando chegou o dia de pagar a dívida, o pescador não tinha nada a oferecer, de modo que o samurai, enfurecido, desembainhou a espada, afiada como uma navalha. Enquanto preparava-se para cortar a cabeça do pescador, este gritou: "Antes de matar-me, deixa que te diga que comecei agora a estudar a arte das mãos nuas, e a primeira coisa que me ensinaram foi: 'Nunca ataque quando estiver com raiva.'" O samurai ficou tão impressionado com essa frase que deixou vivo o pescador.

Já era noite quando o samurai voltou para casa. Ao entrar, viu ele um facho de luz vindo da porta do seu quarto. Pé ante pé, foi até a porta do quarto e espiou; horrorizado, viu sua esposa na cama e, ao lado dela, um outro samurai. Desembainhou a espada e estava prestes a atacar o estranho quando lembrou-se das palavras do pescador: "Se atacares, não tenhas raiva. Se estiveres com raiva, não ataques." Saiu da casa e anunciou, em alta voz, sua chegada. Sua esposa saiu para encontrá-lo seguida de sua mãe, vestida com trajes masculinos. Explicou ela ao filho que havia se vestido assim para afugentar quaisquer intrusos.

No ano seguinte, o pescador veio entregar ao samurai o dinheiro que lhe devia. "Fica com o dinheiro", disse o samurai. "Sou eu que o devo a ti, e não tu a mim."

O aprendizado dos katás se dá pela prática em grupo. O aluno que aprende um novo katá é colocado no meio do grupo, e pode assim ver os movimentos executados pelos outros praticantes.

Higaonna Sensei dá um chute lateral durante a prática em seu dojô da cidade de Naha, em Okinawa. A fotografia *à esquerda* foi tirada um instante depois do momento de impacto do chute, mas a velocidade da execução faz com que o pé do mestre apareça ainda borrado.

O que vemos, portanto, no karatê de Okinawa, não é só a fusão das tradições marciais da China e do Japão, mas também o espírito da própria nação okinawana. O estoicismo pacífico de um povo que enfrentou a contínua ocupação de sua ilha por nações mais poderosas está incorporado na teoria e na prática do karatê. A disciplina de treinamento constante leva o karateka okinawano a um estado de tranqüilidade impassível, e a prática dos katás o conduz ao objetivo mais profundo das artes marciais: a iluminação do seu espírito e do seu caráter.

8 AS MODERNAS DISCIPLINAS MARCIAIS DO JAPÃO

Não será o Tao do céu semelhante ao estirar de um arco? Traz para baixo a parte alta; eleva a parte baixa; diminui a parte excedente (convexa); preenche a parte insuficiente (côncava).

Tao Te Ching,
de Lao Tzu

Musashi Miyamoto foi um dos mais famosos dentre os espadachins japoneses. Começou a duelar na juventude e derrotou mais de sessenta adversários em duelos até a morte. Depois de desenvolver a confiança na sua supremacia, passou a andar armado apenas com dois bokken, duas espadas de treinamento feitas de madeira. Era com elas que derrotava seus opositores.

Além de lutar com suas duas espadas, Musashi era excelente pintor e escrevia poesia clássica. Passou boa parte de sua vida vivendo como eremita nas montanhas do Japão. Seu *Livro dos Cinco Anéis* já é, há séculos, o principal manual sobre as estratégias de combate com a espada no Japão, e recentemente começou a ser conhecido também na Europa e nas Américas. Porém, embora as realizações artísticas de Musashi tenham sido excepcionais, ele foi um homem cruel e egocêntrico, cuja preocupação com a morte levou-o a tirar irresponsavelmente a vida de outras pessoas.

Musashi viveu de 1584 a 1645, durante o turbulento período da história japonesa que precedeu a unificação do país sob um único ditador militar, o Shogun Tokugawa Ieyasu, que atingiu esse objetivo em 1603.

Este famoso retrato de Musashi Miyamoto, espadachim do século XVII, mostra-o praticando o combate com um par de espadas de madeira ou bokken. Suas duas espadas permanecem embainhadas no cinto, mas prontas para uso.

Duas mulheres praticam o ken-jutsu, a arte da espada, num tradicional dojô japonês de madeira. Usam o bokken e envergam peitorais e guardas nos quadris, mas não usam nem luvas, nem elmo, nem armadura para os ombros.

Uma vez efetuada a unificação, o Shogun buscou consolidar sua posição mediante a redução do poder dos daimios ou senhores feudais. Exigiu-se de cada daimio que mandasse membros importantes de sua família para a capital, Edo (atual Tóquio), onde eram mantidos como verdadeiros reféns para garantir o bom comportamento de seus senhores. Dessa maneira, a independência dos domínios de cada daimio foi severamente tolhida e, pela primeira vez na história do Japão, uma única família, a Tokugawa, começou a reger a nação.

No passado, o Imperador jamais fora efetivamente capaz de controlar os senhores feudais que lutavam entre si; nos séculos que precederam o shogunato, o papel do Imperador fora principalmente simbólico e religioso. Com o poder político nas mãos do Shogun, esse papel ficou ainda mais reduzido, e o Imperador tornou-se um Chefe de Estado simbólico.

Com o fim das tradicionais hostilidades entre os daimios, ficou abalada a antiga necessidade de todos os jovens da casta guerreira aprenderem o *bujutsu* ou "sistema de combate com armas". Entretanto, como nos mostra o exemplo de Musashi, a prática das artes marciais não era a única fonte de alimento espiritual e intelectual do guerreiro japonês. Já havia séculos que o código do *bushidô* exortava os guerreiros a adquirir a integridade moral e intelectual pelo estudo da literatura e das belas artes.

Quando os Tokugawa puseram fim às guerras dentro do Japão, também encorajaram seus guerreiros a dedicar-se a essas artes refinadas. Atividades totalmente não marciais, como a *cha no yu* ou cerimônia do chá, a arte do arranjo de flores e a caligrafia disseminaram-se por entre a casta guerreira; ao mesmo tempo, certas pessoas começaram a incorporar sutilezas espirituais aos seus regimes de treinamento com armas. A busca da perfeição formal começou a predominar sobre os aspectos práticos e funcionais das escolas de combate armado.

Esse movimento penetrou em diversos graus nas várias escolas de combate com armas. Como explicamos no Capítulo 6, alguns estilos de *bujutsu* já estabelecidos, como a Tenshin Shoden Katori Shinto Ryu, não admitiram que nenhuma influência do novo *budô*, ou caminho marcial, penetrasse de alguma forma em suas escolas. Porém, entre as escolas mais novas, e especialmente nas que foram fundadas pelos espadachins excepcionais daquela época, atribuiu-se ao *budô* um lugar cada vez mais especial.

É interessante considerar a palavra japonesa *budô* e o caractere que a representa. Ela é composta das palavras *bu* e *-dô*, e tem o sentido literal de "via marcial" ou "caminho marcial", mas a sua derivação a partir dos caracteres é muito mais complexa. O caractere *budô* é composto de três caracteres básicos que significam respectivamente "parar", "dois" e "lanças". A tradução literal do caractere, portanto, é "parar duas lanças". Na interpretação de muitos artistas marciais japoneses, ele significa, portanto, "caminho marcial para a paz" ou "paz por meio do treinamento marcial".

Nenhuma inferência desse tipo pode ser feita a partir da palavra japonesa *bujutsu*, que significa "arte marcial"; mas, com o surgimento do termo *budô* em japonês, nasceu também a idéia de que tanto a paz interior e pessoal quanto a paz exterior e social podem ser alcançadas pela prática das disciplinas marciais.

Da Arte da Espada ao Caminho da Espada

Explicamos no Capítulo 6 que a arma mais importante usada pelos guerreiros japoneses era, de longe, a espada, e que foi na arte da espada que ocorreram as primeiras mudanças e as mais nitidamente perceptíveis. Até mesmo na época antiga, em que a guerra era uma realidade cotidiana, os mestres da arte da espada haviam percebido a impraticabilidade do treino de luta a dois com espadas de verdade; os riscos de danificar a espada, do ferimento ou da morte dos praticantes eram grandes demais.

Para superar esse problema, eles substituíram a lâmina de aço por uma de madeira, geralmente de carvalho. Essa arma de treino, embora diferente de uma espada de verdade quanto à aerodinâmica, conserva aproximadamente o mesmo peso, o mesmo comprimento, a mesma curvatura e a mesma empunhadura da espada de aço. Nas novas escolas de *kendô*, "a via da espada", porém, uma nova arma de treino foi desenvolvida. Tem ela um cabo muito longo e é extremamente leve, feita de bambu. A parte da lâmina é afilada em cima e embaixo, mas não tem curvatura; o lado correspondente ao fio da lâmina é marcado arbitrariamente por um cordão esticado entre as duas extremidades da arma. Os golpes dessa arma são ardidos, mas não são, de maneira alguma, tão doídos ou perigosos quanto os da espada de treino de carvalho.

No decorrer dos séculos XVII, XVIII e XIX, o uso dessa arma ganhou popularidade e marcou o declínio do conhecimento de combate na esgrima japonesa. O treino com a espada de bambu encorajava o usuário a executar "toques" extremamente rápidos e leves contra o oponente, toques que, de acordo com os especialistas, são totalmente inúteis quando executados com uma espada de verdade. O grande comprimento do cabo da espada de bambu também encorajava os praticantes a "girar" a arma, prática essa que, do mesmo modo, não teria valor algum num combate real.

Para diminuir ainda mais a possibilidade de ocorrência de ferimentos acidentais, muitas escolas de kendô fazem com que seus alunos treinem com uma armadura leve, semelhante à usada pelos guerreiros, mas menos rígida. Também por medida de segurança, quase todos os pontos-alvo da prática do kendô passaram a ser os protegidos pela armadura, e não as fendas e brechas que, num combate real, seriam as primeiras áreas a ser atacadas.

Essa transformação da arte do espadachim, de meio de sobrevivência em caminho de iluminação espiritual, operou-se em perfeita correspondência com a desmilitarização da nação durante o Período de Edo (1603-1867). Com efeito, constituiu um excelente meio de fusão das aspirações físicas e objetivos espirituais da casta guerreira, que, naquela época, tornara-se ociosa e aderira em grande medida ao Budismo Zen.

Outras escolas de armas enveredaram pelo mesmo caminho. O *iai-dô*, ou "caminho do desembainhar da espada", desenvolveu-se a partir da arte marcial *iai-jutsu*, a "arte do desembainhar da espada". Seus movimentos se tornaram muito mais lentos, mais perfeitamente formados e menos práticos.

Alunos praticam a luta a dois no kendô, a "via da espada". Nesta moderna forma esportiva de esgrima, a arma, chamada shinai, é uma espada feita de bambu. Todas as áreas do corpo que podem ser atingidas por golpes são protegidas por uma armadura.

Dois kendoka, espadachins, preparam-se para encetar uma luta de estilo livre. Os dois têm o pé direito à frente, como mandam as regras. Os movimentos da espada de bambu são tão rápidos que é impossível pensar antes de agir. É assim que o estado de mushin, "não-mente", de que falam os zen-budistas, se cria por meio do treinamento marcial.

No iai-dô, o praticante passa muito tempo procurando a postura e o equilíbrio perfeitos. A posição agachada, originalmente usada para ataques noturnos, é empregada com freqüência; mas, quando chega o momento de desembainhar a espada, o espadachim concentra-se na realização de um movimento lento e homogêneo. Depois, descreve com a espada movimentos de curvatura perfeita, limpa meticulosamente a lâmina e a devolve à bainha. Muitos grandes representantes do iai-dô usam espadas sem fio, eliminando assim o risco de sofrer um corte acidental no polegar ou nos outros dedos da mão.

Quando executado com perfeição, o iai-dô é feito de movimentos belíssimos, como se fosse uma espécie de dança com a espada, mas quase não tem relação com a velocidade, a atenção e a concentração que caracterizam a arte do iai-jutsu. O valor de combate do estudo do iai-dô, especialmente com uma espada sem fio, é quase nulo; mas, por outro lado, o objetivo do adepto dessa via não é o poder marcial, mas a harmonia e o progresso espiritual e corporal.

A Via da Arcoaria

Do mesmo modo, o *kyu-jutsu*, o uso do arco e flecha na guerra, transformou-se no *kyu-dô*, a "via" ou "caminho" da arcoaria. Nessa prática altamente refinada, todo o desejo de atingir o alvo durante os atos de estirar o arco, mirar e disparar a flecha é substituído pela concentração na harmonização perfeita da respiração, do pensamento e da ação. O objetivo confesso do praticante do kyudô é o de criar um elo entre o seu espírito e o alvo no momento do tiro. Atingir o alvo é um detalhe de importância secundária; o que importa de fato é que os movimentos preparatórios, como os de encaixar a flecha na corda do arco, levantar o arco e estirá-lo, sejam todos realizados segundo a forma perfeita. Cada movimento deve ser acompanhado pela respiração harmonizada e pela concentração mental, técnicas cujo desenvolvimento leva anos.

Há um antigo ditado do Zen a respeito da arcoaria: "Você pode encontrar o seu próprio caráter no momento do tiro." O disparar da flecha é uma expressão da perfeita tranqüilidade mental do arqueiro; e, quando a flecha atinge o centro do alvo, diz-se que o espírito humano ligou-se ao alvo pela união entre homem, arco e flecha. A compreensão e a prática desse princípio criam uma personalidade capaz de fundir-se harmoniosamente com todos os outros aspectos da vida.

No Japão antigo, o arco era considerado um objeto de boa fortuna, e o disparo de flechas com pontas ocas que assoviam pelo ar ainda marca o início de muitos rituais importantes da religião xintoísta. A flecha afugenta os espíritos malignos e aplaca e propicia os deuses. Hoje em dia, esses costumes são praticados de acordo com as doutrinas do Budismo Zen.

Por fim, até mesmo os usos da alabarda, de diversos tipos de bastão e de outras armas medievais transformaram-se em atividades semi-religiosas, nas quais o objetivo último não é a função, mas a perfeição da forma.

Especialização e Competição

Ao mesmo tempo, dois outros processos transformaram as artes marciais japonesas durante o Período de Edo. Em primeiro lugar, a transformação das artes de combate em caminhos marciais foi acompanhada por um processo de especialização. As escolas de várias armas continuaram a existir, mas, cada vez mais, os indivíduos tendiam a dominar uma só arma, e não todo um conjunto de armas. O Japão destaca-se entre os países da Ásia por ser o único em que ocorreu esse processo de especialização.

Em segundo lugar, mesmo na época de surgimento do kendô e de outras vias de armas, a maior atenção que se prestava à segurança dos praticantes — por meio de armas mais "leves" de bambu, equipamento de proteção e a imposição de regras ao combate — permitiu que um forte fator de competição individual penetrasse nas salas de treinamento dos caminhos marciais. Especialmente no kendô, o teste de habilidade pelo combate simulado tornou-se uma parte importante do regime de treinamento. A competitividade individual era desprezada nas escolas clássicas de combate, mas, nos novos caminhos marciais, o valor da competição era pelo menos admitido.

É difícil saber em que medida essa mudança é reflexo da mudança de valores ocorrida na sociedade japonesa no fim do Período de Edo. Deve-se salientar que a maioria das escolas, em seus regimes de treinamento, não atribuía lugar de honra à competição, mas o surgimento desse aspecto nos sistemas marciais dessa época preparou o caminho para as grandes transformações que ocorreram nos caminhos marciais japoneses nos últimos cem anos.

Sawada Sensei pratica o naguinata-jutsu clássico com uma aluna avançada. Em virtude do comprimento do cabo da naguinata ou alabarda, essa arma serve para atingir os membros inferiores. Nesta figura, Sawada Sensei ataca as panturrilhas da adversária.

O próximo marco histórico que afetou os sistemas marciais dos japoneses foi a restauração do Imperador Meiji, que arrancou o Japão do mundo pós-feudal e colocou-o no mesmo nível das potências do Ocidente europeu, em 1867. Do começo do Período de Edo, em 1603, até a Restauração Meiji, o Japão permanecera isolado das contínuas incursões das nações européias. Os europeus haviam chegado àquela parte do mundo na qualidade de comerciantes e missionários; vieram depois como conquistadores imperialistas que lutavam pelo domínio da Ásia Oriental. O Japão, porém, depois de entabular contatos breves e esporádicos com os ocidentais no século XVI, havia proibido os estrangeiros de desembarcar em suas praias. Quando os norte-americanos visitaram Okinawa e outras ilhas na década de 1850, várias figuras poderosas do Japão ficaram convictas de que a nação estava militar e tecnologicamente atrasada e encontrava-se, portanto, fraca e vulnerável.

Numa série de grandes reformas, o Imperador Meiji dissolveu rapidamente a velha ordem no Japão. Um dos seus primeiros atos, e dos menos populares, determinou o desarmamento da casta dos samurais. Os decretos que proibiam o porte das clássicas espadas longa e curta em público e obrigavam os samurais a cortar o tradicional tufo de cabelos que usavam no alto da cabeça provocaram pequenas insurreições, que foram rapidamente esmagadas pelo novo exército nacional permanente. O exército recrutava seus membros de todas as classes sociais e era treinado no uso de armas de fogo. Também uma força policial nacio-

Este biombo, pintado por volta de 1600, durante o Período de Edo, representa a chegada dos portugueses. As missões e postos comerciais que os europeus tentaram fundar no Japão no começo do século XVII duraram pouco. Os imigrantes logo foram expulsos e só voltaram depois de dois séculos.

nal foi criada e incumbida de manter a lei e a ordem, papel esse que fora tradicionalmente desempenhado pelos samurais.

Assim, pouco mais de cem anos atrás, desapareceram os últimos vestígios de poder independente da casta guerreira japonesa. O governo passou a ser cada vez mais influenciado pela classe mercantil e o Japão industrializou-se com uma rapidez incrível. Tanto o contexto material quanto o contexto ético da sociedade japonesa mudaram radicalmente. Fizeram-se diversas tentativas, em muitos níveis, de encontrar um meio de convivência entre a tradição japonesa e a nova ordem social, de origem basicamente estrangeira; e esse processo refletiu-se nas artes marciais dessa época.

O Desenvolvimento do Judô

Sempre houve escolas de combate sem armas dentro das artes marciais japonesas clássicas, mas muitos estilos eram subordinados aos sistemas de combate com armas. Em meados do século XIX, porém, vários estilos de *ju-jutsu*, "a arte da flexibilidade ou da suavidade", dominavam o panorama das lutas desarmadas. O ju-jutsu, conhecido no Ocidente como jiu-jitsu, empregava um grande número de técnicas de agarramento e lançamento, bem como golpes de mão, chutes e o *atemi*, a técnica de ataque aos pontos vitais do corpo.

Nessa época, um jovem chamado Kano Jigori começou a estudar esses sistemas. À semelhança de tantos mestres de combate desarmado cuja história conhecemos, Kano fora uma criança doente e voltara-se para o ju-jutsu para ganhar saúde e ficar mais forte. Dentro do ju-jutsu, porém, descobriu também o miolo ético da tradição guerreira japonesa.

Os japoneses aplicaram seus antigos conhecimentos marciais às técnicas de guerra moderna. No começo do século XX, a "via da baioneta" desenvolveu-se a partir das artes tradicionais da lança e da alabarda. Ela é, hoje, um esporte popular no Japão.

Na década de 1870, fez um estudo detalhado de vários estilos clássicos de ju-jutsu, ao mesmo tempo que assimilava também a atmosfera da sua própria época. Acreditava firmemente no valor cultural dos sistemas físicos e morais adotados pelo ju-jutsu, mas percebeu que, para propagá-los pela sociedade do período Meiji, precisaria eliminar os aspectos mais perigosos da arte e elaborar um regime de treinamento compatível com o sistema nacional de educação. Dedicou-se a isso com afinco e em 1882 já estava ensinando uma nova disciplina que chamou de *ju-dô*, "a via da flexibilidade".

O judô é, em essência, uma arte de luta corpo-a-corpo, e suas origens são antigas. Kano admitia que as raízes do ju-jutsu estavam nas artes marciais internas da China e procurou desenvolver esse aspecto suave do combate em sua nova via marcial.

O princípio central que está por trás do judô é a noção mecânica de usar a força do oponente para levá-lo do ataque à derrota. Assim, quando um agressor ataca o lutador de judô, este não se opõe imóvel ao ataque. Antes, tira vantagem da própria força do ataque, agarrando o oponente — geralmente pela roupa — e atirando-o no chão ou imobilizando-o.

Esses princípios essenciais são derivados diretamente da filosofia taoísta e são postos em prática nas artes chinesas internas, descritas no Capítulo 5. Técnicas como a de "empurrar as mãos", usadas por todos os praticantes de

O judô é praticado em esteiras de palha chamadas tatames. Os praticantes agarram os jalecos um do outro e procuram derrubar o outro no chão. Os movimentos assim criados, essencialmente circulares, foram captados nesta fotografia.

t'ai-chi, têm por objetivo desenvolver exatamente essa sensibilidade à força de ataque e essa flexibilidade de reação que caracterizam essencialmente o judô. Kano reconhecia as raízes chinesas de sua luta e trabalhava a partir delas.

Durante um período de cerca de dez anos, Kano formulou aos poucos um currículo de técnicas e métodos de ensino aos quais deu o nome de *kodokan judô*. *Kodokan* significa "o lugar do caminho da criação". A base do seu sistema

As tentativas de lançamento podem deixar os dois judocas presos um ao outro, como na foto *acima*. Quando não é possível executar-se um lançamento perfeito, os lutadores podem continuar a luta deitados, aplicando técnicas de chão. Essas técnicas terminam com uma chave de pescoço ou outro tipo de imobilização.

O judô é, atualmente, um esporte olímpico. Durante uma competição internacional, os árbitros observam os dois competidores no momento em que começam a luta.

são os movimentos dos pés. Dois competidores, geralmente agarrados nos jalecos um do outro, tentam desequilibrar o outro e lançá-lo ao chão. Um lançamento perfeito conta um ponto, mas, na maioria das vezes, ambos os competidores caem juntos no tatame. O objetivo, então, passa a ser o de aplicar uma chave de braço ou uma gravata ou de imobilizar o oponente por trinta segundos. No Japão, tradicionalmente, as gravatas ou chaves de pescoço eram aplicadas até que o oponente ficasse inconsciente, muita embora exista a opção da rendição. Os alunos mais adiantados aprendem a ressuscitar as vítimas de estrangulamento.

O regime de treinamento do judô gira em torno da prática da luta livre de agarrar, na qual um lutador enfrenta sucessivamente vários oponentes. Em pouco tempo, ele está exausto. Além disso, os alunos aprendem de maneira formal e cumulativa uma grande variedade de técnicas de lançamento e imobilização, bem como os katás, nos quais essas técnicas alinhavam-se em longas séries de movimentos. O judô é imensamente popular no Japão, talvez por não ter golpes de impacto e em virtude do seu histórico papel educacional. É praticado não só por homens, mas também por mulheres. Entretanto, é um sistema marcial enérgico e com alto índice de acidentes, que resultam principalmente em fraturas, estiramentos e lesões musculares nas pernas, nos braços e nas costas.

O judô era diferente da maioria dos outros sistemas marciais do final do século XIX por aprovar e estimular de forma explícita a competição por combate simulado. O complexo sistema de luta e contagem de pontos válidos para a competição, estabelecido por Kano, foi depois aperfeiçoado. Provavelmente é por causa desse elemento de competição, e não só pela respeitabilidade educacional, que o judô tem feito tanto sucesso no decorrer do século XX.

Num tempo relativamente curto, o judô tomou conta da nação japonesa. Logo tornou-se uma atividade comum nas universidades e, em 1911, o estudo do judô e do kendô passou a fazer parte do currículo educacional de todas as escolas do país. Isso não mudou nada de lá para cá, exceto por um curto período depois de 1945, quando a prática da maioria das artes marciais foi proibida no Japão.

Kano foi um dos grandes educadores do Japão. Sua abordagem científica do regime de treinamento do judô deu a essa luta uma força e uma complexidade que não encontram paralelo nas outras formas modernas de *budô*. Também a força de caráter de Kano foi capaz de criar um sistema de organização que permanece válido e unificado até hoje, a ponto de o judô ser, atualmente, o primeiro e único esporte olímpico de origem diretamente marcial*.

Não há dúvida de que o judô é o sistema marcial japonês mais disseminado e conhecido. Mais de oito milhões de pessoas praticam-no no Japão, e outros três milhões em outras partes do mundo. O fato de ter-se transformado de sistema feudal de combate em sistema educativo e esporte olímpico em menos de um século é uma prova da sua grande profundidade e versatilidade enquanto sistema físico, intelectual e moral.

A Chegada do Karatê

Depois do judô, o grande sistema marcial desarmado que apareceu no Japão foi o karatê de Okinawa. Em 1921, o Príncipe Hirohito, filho do Imperador, fez uma visita a Okinawa, onde assistiu a uma demonstração de karatê comandada por Funakoshi Gichin, mestre do karatê Shuri-tê. No ano seguinte, Funakoshi foi convidado a ir a Tóquio apresentar sua arte à na-

O aikidô, o "caminho da harmonia divina", é uma via marcial defensiva. Os praticantes, na reação aos ataques, aprendem a lançar o agressor ao chão e imobilizá-lo mediante a aplicação de pressão às articulações ou a certos pontos vitais.

* Lembremo-nos de que o livro foi escrito em 1981. Atualmente, em 2002, há outras formas esportivas de artes marciais que se contam entre os esportes olímpicos (N. do T.)

ção japonesa; e, partindo dessa origem humilde, seu estilo — depois conhecido como *Shotokan*, do nome do seu dojô ou salão de treinamento — cresceu até se tornar a corrente principal dos caminhos marciais japoneses. O estilo goju-ryu de karatê de Okinawa chegou ao Japão na década de 1930.

Alguns dos mais brilhantes dentre os alunos dos mestres okinawanos incorporaram técnicas de outras artes, japonesas e coreanas, nas quais não se fazia uso de armas, e criaram seus próprios estilos; o maior desses estilos "sintéticos" é o *wado-ryu*, criado por Hidenori Otsuka, aluno de Funakoshi. Os japoneses que criaram esses estilos também alteraram o currículo do karatê. Funakoshi era um mestre okinawano tradicional, que repudiava toda e qualquer forma de luta simulada e sempre atribuiu a máxima importância à prática do katá; não obstante, seu próprio estilo, o Shotokan, dá atualmente grande ênfase à competição.

Desde a época em que o karatê se estabeleceu no Japão, mestres okinawanos têm visitado a metrópole e praticantes japoneses têm ido estudar em Okinawa, mas a maioria dos karatekas admite hoje em dia que existe uma grande diferença entre os karatês de Okinawa e do Japão. A diferença não diz respeito principalmente à técnica, mas à atitude. No Japão, a proliferação de novos estilos intensificou a concorrência entre eles, de modo que a insistência na realização de torneios e no combate simulado tornou-se a marca distintiva do karatê japonês. O uso do karatê como elemento de treinamento militar antes de 1945 colaborou também para disseminar o lado mais brutal e indisciplinado da arte. Por fim, a grande importância que hoje se atribui ao combate de competição, caracterizado pelo uso de golpes de contato total e de trajes de proteção, corroeu ainda mais os seus objetivos mais profundos.

Pelo menos um mestre de Okinawa, Shoshin Nagamine, deixou claro que o karatê é absolutamente inadequado ao uso como esporte de competição. Diz o mestre que o karatê é, por sua própria natureza, muito perigoso; mas poucos têm dado atenção às suas palavras.

O Desenvolvimento do Aikidô

Na mesma época em que o karatê estava se espalhando pelo Japão, um outro grande mestre das modernas disciplinas marciais japonesas estava desenvolvendo suas habilidades. Havia então um estilo de combate sem armas que dava ênfase às técnicas de lançar o adversário ao chão e imobilizá-lo com chaves mediante o uso de movimentos circulares: o *aiki-ju-jutsu*, ou "arte marcial flexível da harmonia divina". A principal modalidade desse estilo era a *daito-ryu*, e, em 1917, um aluno muito talentoso, chamado Ueshiba Morihei, obteve sua licença de instrutor na escola daito-ryu. Ele já havia estudado outras formas de ju-jutsu e continuou assimilando idéias técnicas e teóricas de muitas outras disciplinas.

À semelhança de Kano, Ueshiba considerava evidentemente problemática a propagação de uma arte voltada para o combate, e chegou à conclusão de que os ideais mais elevados de uma via marcial, um *dô*, seriam mais benéficos para a sociedade japonesa do século XX. Em 1938, portanto, começou a ensinar sua nova "via da harmonia divina", ou *aikidô*.

O aikidô é um caminho marcial extremamente suave, quase totalmente defensivo, que atribui grande importância ao relaxamento perfeito do corpo e da mente. Todas as técnicas baseiam-se na reação a um ataque e envolvem movimentos de braços e pernas, quase todos circulares. As técnicas de evasão e a aplicação de pressão sobre pontos vitais são extensamente usadas para neutralizar os ataques, e a arte, em seu conjunto, é muito semelhante às escolas internas chinesas.

Um dos elementos centrais do aikidô é a compreensão detalhada da natureza do *ki* ou energia vital (*chi* em chinês), conceito explicado no Capítulo 5. Com efeito, os conceitos nos quais Ueshiba baseou a sua arte são todos diretamente derivados das grandes escolas neoconfucionistas da filosofia chinesa, os mesmos que compõem a base teórica das artes chinesas suaves. Na ação exterior, o aikidô não tem muito em comum com o t'ai-chi ch'uan ou o pa-kuá, mas o seu ser íntimo é quase idêntico ao dessas artes.

Ueshiba deu contornos clássicos à formulação da sua escola de aikidô. Salientava para os alunos a perfeição técnica aliada à sofisticação da mente e do espírito e desestimulava os aspectos esportivos e competitivos do treinamento. Uma vez que o aikidô é uma arte totalmente defensiva, a prática do combate simulado era logicamente inaceitável e moralmente repulsiva.

Entretanto, como ocorreu no karatê, muitos dos melhores alunos de Ueshiba decidiram, nas décadas de 1940 e 1950, desenvolver a seu modo os ensinamentos do mestre. O mais famoso desses alunos foi Tomiki, que já praticara o judô por muito tempo sob a orientação de Kano antes de dedicar-se ao aikidô. No final da década de 1940, Tomiki, impaciente com a abordagem clássica de Ueshiba, decidiu formular o seu próprio estilo de aikidô esportivo, que permanece vivo até hoje. O estilo de Tomiki associa um sistema abrangente de competição regrada com muitas técnicas especiais derivadas do judô, e é ensinado em muitas escolas e universidades do Japão.

O falecido James Elkin conversa com Ohba Sensei num jardim de Tóquio em 1981. Ohba Sensei é o chefe do estilo Tomiki de aikidô esportivo, e Mr. Elkin dirigia a filial britânica da mesma escola.

As Artes Marciais Modernas

A modernização das artes marciais japonesas não se resumiu à eliminação dos elementos combativos das escolas tradicionais. Embora esse processo tenha facilitado a popularização de diversos sistemas, muitos tradicionalistas continuaram, ao mesmo tempo, a treinar especificamente para o combate. Nas primeiras décadas do século XX, várias organizações foram incumbidas de transformar esses conhecimentos tradicionais em sistemas modernos de combate para o uso da polícia e das forças armadas do Japão.

A tarefa era muito mais complicada do que parece, pois a polícia e o exército têm necessidades muito diferentes. O objetivo principal do policial é, evidentemente, o de impedir e neutralizar um ataque e imobilizar o agressor provocando o mínimo de ferimentos nele próprio e no adversário. Na guerra, esses requintes simplesmente não existem. Além disso, o soldado se traja com botas e equipamentos pesados, ao passo que os policiais trajam roupas leves e usam um equipamento igualmente leve. No conjunto, portanto, as técnicas derivadas do *bujutsu* clássico eram adequadas às necessidades das forças armadas, mas precisavam ser modificadas antes de ser ensinadas aos policiais.

Quando criou-se a polícia no Japão, em 1874, as armas dos policiais eram pistolas e espadas. A polícia continuou armada depois da Segunda Guerra Mundial, mas as limitações impostas ao uso de armas de fogo e de corte forçou-a a buscar métodos mais adequados para o controle das multidões. Esses métodos foram derivados das formas tradicionais de combate com bastão e das escolas de combate sem armas desenvolvidas na década de 1920. Com base nas conclusões de uma comissão montada para examinar esse problema, a polícia aprovou a criação de dois novos sistemas de combate: o *keijo-jutsu* e o *taiho-jutsu*, cujas técnicas passaram a fazer parte do regime de treinamento da força policial.

Hoje em dia, o keijo-jutsu é praticado principalmente pela tropa de choque. As armas usadas por esse segmento da polícia podem ser vistas ao redor do Aeroporto Internacional de Narita, onde manifestantes têm promovido sérias perturbações da ordem pública. A tropa de choque usa um bastão de carvalho de 1,25 m de comprimento, chamado de *jô* no passado.

A polícia se utiliza principalmente de técnicas defensivas, muito embora a maior parte dessas técnicas seja derivada dos ensinamentos clássicos do *bujutsu*. O bastão é ideal para neutralizar ataques empreendidos com a maior parte das armas portáteis, e para desarmar, atordoar e, em casos graves, ferir agressores violentos. Pode ser usado também para capturar e imobilizar.

O taiho-jutsu é praticado sem armas ou com um cassetete de cerca de sessenta centímetros de comprimento. Todos os policiais jovens são instruídos nessa arte por vários anos. Aprendem um conjunto de técnicas básicas e algumas técnicas avançadas para desarmar, imobilizar e conduzir suspeitos.

Os policiais aprendem a classificar as potenciais situações de combate em três níveis diferentes. No primeiro, o oficial controla o agressor antes que este seja capaz de atacar; na segunda, defende-se de um ataque previsto e leva vantagem na luta; na terceira, é atacado de surpresa e contra-ataca. Além dessas técnicas básicas, muitas das quais são tiradas do judô e do karatê, os policiais aprendem o quanto é importante manter a postura correta e a distância de combate nos embates.

Afora as habilidades fundamentais, os policiais recebem uma formação cuidadosa no uso de dois outros tipos de cassetete, um dos quais, telescópico, diminui de tamanho. Aprendem também certos métodos para amarrar rapidamente um suspeito capturado. A destreza na feitura de nós é mais uma das habilidades tradicionais que a polícia japonesa decidiu usar como alternativa à algema. A corda é capaz de imobilizar uma pessoa com mais eficácia do que um par de algemas e, além de tudo, deixa os policiais livres para continuar trabalhando.

No Japão, portanto, as tradições marciais nacionais foram inseridas na era moderna na qualidade de técnicas de policiamento. Nos Estados Unidos, em que pese a predominância das armas de fogo, os oficiais de polícia vêm cada vez mais sendo treinados em métodos asiáticos de combate corpo-a-corpo. As forças policiais dos países europeus, entretanto, continuam equipadas com armas que não lançam projéteis, mas os policiais, em sua maioria, não sabem usar as armas de que dispõem.

Na Inglaterra, por exemplo, é bem pequeno o tempo dedicado ao aprendizado do uso do cassetete no curso de treinamento de dois anos por que passam os novos policiais. Nas rodas marciais, sabe-se muito bem que, em situações explosivas, jovens armados de clavas tendem instintivamente a levantar a arma acima do ombro e abatê-la com força sobre a cabeça do agressor. Só um treinamento muito bem feito pode coibir essa tendência mortífera.

Felizmente, a sociedade inglesa é extremamente passiva, e poucas pessoas foram feridas nos últimos anos em decorrência da falta de treinamento de uso do cassetete na polícia. Porém, quando alguém se machuca por motivos que poderiam ter sido evitados, isso é sempre uma tragédia; e quando são oficiais de polícia que causam o ferimento, a necessidade de um treinamento adequado no uso de armas torna-se evidente por si, tanto para a segurança do público em geral quanto dos próprios policiais.

Já as exigências das forças armadas são completamente diferentes. Os militares treinam para atacar e defender matando o inimigo, e não submetendo-o. O sistema de combate sem armas empregado pelo exército japonês chama-se *tusho kakuto*. Foi concebido especialmente para o campo de batalha moderno e tira vantagem dos calçados pesados, do terreno acidentado e do equipamento volumoso com que o soldado tem de se haver. Nele, o soldado aprende também a matar silenciosamente uma vítima. Os chutes e socos têm unicamente a finalidade de causar o maior estrago possível em áreas vitais do corpo.

A transformação do uso da baioneta numa arte de combate chamada *jukenjutsu*, “a arte da baioneta”, aconteceu em 1900 e continuou até a Segunda Guerra Mundial. O uso japonês da baioneta deriva de práticas anteriores com a lança, centradas no uso da estocada reta; mas muitas técnicas de golpe, bloqueio e contra-ataque foram incorporadas. Em 1956, constituiu-se uma federação para regulamentar um novo caminho marcial, o *juken-dô* ou "via da baioneta".

As Disciplinas Marciais no Japão do Pós-Guerra

Depois da derrota do Japão em 1945, o país foi ocupado pelos aliados — em sua maioria, soldados norte-americanos jovens e bem preparados fisicamente. Pouco depois da guerra, os aliados constituíram uma comissão para investigar a contribuição dos sistemas marciais do Japão para o nacionalismo e o militarismo que haviam estimulado a nação a encetar a expansão colonial e entrar em guerra com os aliados. Essa comissão concluiu que os sistemas marciais japoneses haviam desempenhado importante papel no desenvolvimento das atitudes nacionalistas e militaristas. Conseqüentemente, por certo tempo, a prática de todas as artes marciais — com a curiosa exceção do karatê — foi proibida. A proibição logo foi revogada, mas a essa altura os norte-americanos já haviam implantado firmemente os seus próprios esportes, como o beisebol e o futebol americano, no sistema educacional japonês.

Os efeitos da imposição dos valores culturais norte-americanos ao Japão do pós-guerra ainda não foram perfeitamente compreendidos, mas temos indícios de que vários sistemas marciais foram influenciados pela presença norte-americana. O kendô, por exemplo, ressurgiu nos anos 1950 sob uma forma ainda mais competitiva e regrada do que tivera antes de 1945, e uma nova forma esportiva do *naguinata-dô*, "o caminho da alabarda", foi desenvolvida especificamente para o uso das mulheres.

A Arte das Mulheres Samurais

O naguinata ou alabarda fora tradicionalmente uma das armas de escol do samurai, mas caiu em desuso durante o Período de Edo. Numa época de paz, não convinha andar pelas ruas com uma arma tão grande e tão perigosa; por isso, com o tempo, os homens passaram a deixá-las em casa. Aos poucos, a alabarda passou a ser vista como uma arma de mulheres, a ser usada para a proteção do lar. A lâmina afiada e curva na ponta do grande cabo dava à mulher um alcance e um poder de golpe muito maiores do que teria com a espada.

O comprimento da arma clássica variava um pouco de escola para escola dentro do Japão, mas, quando foi adotada pelas mulheres, o cabo tornou-se mais curto. Em meados do século XIX, o treinamento no uso de combate da alabarda era uma parte natural da formação da mulher samurai.

A arma de treino mais comum era feita de uma longa peça de carvalho com uma das extremidades curvada como uma lâmina curta. A prática de uso da arma se fazia de maneira altamente controlada: às vezes a praticante treinava so-

Nos últimos dois séculos, a naguinata — a alabarda ocidental — tornou-se a arma preferida das mulheres japonesas. A arte tradicional do naguinata-jutsu tem por objetivo o aperfeiçoamento do uso marcial dessa arma. *Acima*, as mulheres à direita golpeiam o pescoço, enquanto as da esquerda atacam as canelas. *Abaixo*, a defensora usa o cabo da alabarda para bloquear a investida da oponente. Esta escola usa a forma esportiva da arma, com lâmina de bambu.

zinha, executando golpes específicos ou katás; às vezes treinava com uma colega, alabarda contra espada. Entretanto, o uso vigoroso do grito *ki-ai* geralmente acompanhava as arremetidas.

Durante o Período de Edo, alguns estilos da arte da alabarda começaram a transformar-se no naguinata-dô e realizaram-se as primeiras experiências de competição. Para fins de competição, a lâmina da alabarda foi substituída por duas peças de bambu com uma ponta de couro, o que tornava a extremidade funcional da arma muito semelhante à espada de bambu ou *shinai*. Num dos usos populares que se dava a essa arma leve, ela era usada por uma mulher em luta contra um homem armado da espada de bambu shinai. Nessas ocasiões, usavam-se trajes de proteção.

A alabarda foi proibida junto com todas as outras armas depois da Segunda Guerra Mundial, mas o naguinata-dô esportivo foi um dos primeiros sistemas de uso de armas a ressurgir depois de suspensa a proibição dos aliados. Em sua nova forma, o caminho ficou muito mais voltado para as competições esportivas e ainda mais regrado do que era antes. Uma federação nacional foi constituída em 1956 e, hoje em dia, mais de dois milhões de mulheres praticam a forma esportiva, embora sejam poucas as que pratiquem as formas clássicas e mais austeras da disciplina. Entretanto, ao que parece, essa arte marcial só é praticada por mulheres no Japão.

A Proliferação no Pós-Guerra

Do mesmo modo, pouco tempo depois da guerra, o aikidô de Tomiki foi formulado e o judô continuou a ser ensinado como arte competitiva e recebeu o *status* de esporte olímpico em 1964. O sumô, a forma tradicional de esporte marcial do Japão, teve de rivalizar com o beisebol como o passatempo de maior apelo popular, ao passo que muitas disciplinas marciais tradicionais caíram em popularidade comparadas com suas formas esportivas modernizadas e com os esportes "puros" importados dos norte-americanos.

Ao mesmo tempo, a presença de sucessivas gerações de soldados norte-americanos no Japão colaborou muito para a disseminação dos sistemas marciais japoneses para outras partes do mundo. O judô e o karatê foram as primeiras disciplinas a atrair a atenção do público, e a primeira rapidamente tornou-se uma recreação popular. Na década de 1950, tornou-se até um elemento do programa de treinamento físico dos fuzileiros navais norte-americanos. Primeiro o karatê, e depois o aikidô, também foram levados aos EUA sobretudo pelas forças armadas, e o interesse pelas disciplinas japonesas colaborou para que os norte-americanos se interessassem também por outros sistemas marciais asiáticos.

Na década de 1960, os jovens adeptos de sistemas marciais japoneses foram os primeiros a querer conhecer os sistemas marciais — na época, altamente secretos — praticados pelas comunidades chinesa e filipina estabelecidas na Califórnia e em Nova York. Esse processo levou à rápida popularização desses sistemas pelo cinema e pela televisão. Sobreveio a era do "kung-fu", e Bruce Lee, que era de fato um grande artista marcial, tornou-se um nome conhecido em todos os Estados Unidos, na Europa e em boa parte do mundo.

Enquanto isso, os novos sistemas marciais têm proliferado no Japão nos últimos trinta anos. Quase todo ano aparece um novo sistema de autodefesa, de exercício, de saúde ou de desenvolvimento espiritual. Muitos desses sistemas são novos só de nome; em geral, uma pessoa que treinou diversas disciplinas estabelece uma nova escola ou um novo estilo com um nome inventado. Em outros casos, ocorreram tentativas genuínas de sintetizar as técnicas marciais com elementos da religião, da medicina asiática, da música, da dança e até da dietética. A maioria desses sistemas, porém, são ainda muito novos, e não sabemos quais deles hão de resistir à prova do tempo.

Devemos dizer, por fim, que o Japão perdeu muito pouco do seu rico patrimônio marcial. De tempos em tempos, os ventos da moda e das atitudes correntes levam o público japonês a pender mais para este ou aquele estilo ou sistema marcial, mas, enquanto isso, sempre há quem continue a praticar as outras disciplinas. Mais de mil escolas de *bujutsu* clássico subsistem nas cidades e na zona rural do Japão, e as diversas escolas de *budô* tradicional, dos caminhos marciais, têm uma clientela eminentemente estável.

O judô e o kendô, além de ser ensinados nas escolas, têm, cada qual, mais de cinco milhões de praticantes voluntários, e muitos outros milhões praticam o judô fora do Japão. O karatê conta com um enorme número de adeptos, tanto no Japão quanto fora de lá, e as diversas escolas de aikidô atraem para si pessoas de todas as classes sociais. Até mesmo a via nova e altamente eclética do Shorinji kempô tem mais de um milhão de seguidores no Japão e outro tanto no estrangeiro.

Não há dúvida de que, sejam quais forem as artes, caminhos, estilos ou disciplinas que atraírem a atenção do público em qualquer momento do tempo, a enorme riqueza marcial do Japão e o tremendo vigor que o povo japonês investe nessas disciplinas farão com que o Japão continue sendo o centro do mundo das artes marciais.

9 AS ETAPAS SEGUINTES

Trinta raios se unem num só centro,
E é por causa dessa parte onde não existe nada que podemos usar
a roda de carruagem.
A argila se molda em vasos,
E é por causa do espaço onde não existe nada que podemos
usá-los como vasos.
Portas e janelas são cortadas nas paredes de uma casa e, por
serem vazias, podemos usá-las.
Portanto, por um lado, temos o benefício da existência; por outro,
fazemos uso da não-existência.

Tao Te Ching,
de Lao Tzu

Nos capítulos anteriores deste livro, examinamos as artes marciais no contexto do seu desenvolvimento histórico. Consideramos também as relações que existem entre algumas das principais artes. Neste capítulo, vamos atualizar esse quadro e discutir a relação entre as artes marciais e a sociedade atual.

Nas últimas décadas, a evolução tecnológica mudou radicalmente o modo de vida da maioria dos povos do mundo. Nessas circunstâncias, muitos dos aspectos mais tradicionais da sociedade passaram repentinamente a ser considerados obsoletos. Ao mesmo tempo, porém, novas virtudes ou vícios são redescobertos nas crenças e práticas tradicionais, as quais, assim, recebem um novo sopro de vida. As artes mar-

Todo ano, a direção da Shorinji kempô organiza um encontro dos representantes de todas as suas filiais no Budokan ou "lugar dos caminhos marciais", no centro de Tóquio. Milhares de praticantes comparecem.

ciais, cujas técnicas servem para matar e aleijar, mas cujas filosofias baseiam-se no cultivo da paz, estão passando atualmente, no mundo inteiro, por um processo de reinterpretação.

A pessoa que toma contato pela primeira vez com as artes marciais tem dificuldade de crer que elas sejam pacíficas tanto na intenção quanto de fato, tal é a atmosfera de violência e mistério que paira sobre esse assunto. Em todos os livros, filmes e programas de televisão, a mensagem transmitida é a mesma: a violência. O que as pessoas podem fazer senão acreditar nisso? O artista marcial é tratado como o tradicional "mocinho" dos filmes de bangue-bangue: o bom xerife evita a todo custo envolver-se em brigas e é tido por todos como um fraco, mas, na hora H, é ele quem decide o tiroteio.

Em certa medida, essa atitude foi confirmada até pelos produtores que mais conhecimento têm do assunto. No filme *Os Sete Samurais*, Akira Kurosawa evidenciou o quanto o artista marcial deseja evitar os morticínios inúteis, mas, ao mesmo tempo, deixou claro o código de indiferença à morte que caracteriza os samurais.

Não obstante, é muito difícil transmitir a profunda vergonha que a maioria dos mestres sentiriam se fossem obrigados a usar a sua arte, mesmo que pelos melhores motivos. Este sentido do rompimento do código é omitido da imagem fictícia das artes marciais.

À medida que as artes marciais se difundem no Ocidente, as pessoas se preocupam com suas possíveis conseqüências sociais. Preocupam-se com a facilidade de acesso a técnicas de luta extremamente perigosas e com a aparente falta de controle sobre essas técnicas. Esse medo não é totalmente injustificado, especialmente em vista do clima de guerra de gangues que parece ter surgido em Hong Kong e foi descrito no Capítulo 4. Entretanto, é importante ter em mente que, de cada mil pessoas que começam a estudar artes marciais, só umas poucas perseveram até adquirir um bom grau de experiência e só uma adquire as capacidades necessárias para tornar-se um instrutor.

Além disso, esse medo baseia-se numa idéia errônea sobre o que um praticante mediano de artes marciais é capaz de fazer. É impossível aprender rapidamente uma arte de luta e, enquanto lutador, o praticante semitreinado é limitado por uma capacidade semi-adquirida. É só depois de vários anos de treino que as técnicas podem manifestar-se numa briga de verdade, e é exatamente a essa altura que a confiança advinda do domínio de uma arte difícil dá ao praticante a segurança de que ele precisa para não usar sua arte.

Além disso, esses anos de treinamento e prática são também anos de aprendizado doutrinal, aprendizado esse que ocorre indiretamente, com a linguagem física da arte, e diretamente, com as palavras do mestre. Esse aprendizado da doutrina, que ocorre constantemente no decorrer dos anos e anos de treinamento que são necessários para que alguém se torne de fato um mestre, tem o efeito de ir extirpando a agressividade dos praticantes. Muitos jovens vão treinar artes marciais imaginando-se como heróis invencíveis, que protegem a si mesmos e aos outros com as suas capacidades. Quando tornam-se bons o suficiente para empregar numa luta o seu conhecimento de artes marciais, já dispõem da autoconfiança necessária para não fazê-lo.

Se isso parece ficção ou simples imaginação, vale a pena conhecer as experiências de uma pessoa cuja história é um caso entre milhares de outros semelhantes. Trata-se da história de um jovem de Glasgow, na Escócia, que começou a praticar kendô, a forma esportiva da esgrima japonesa. A prática do kendô exige uma concentração intensa e reflexos fulgurantes. Os praticantes trajam armadura e usam uma espada de bambu fendido, leve o suficiente para não ser perigosa mas dolorida quando atinge o alvo.

Depois de praticar por alguns anos na Grã-Bretanha, esse estudante escocês decidiu sair de seu país para estudar kendô no Japão. Não sabia falar japonês, mas encontrou o caminho de um pequeno dojô em Kyoto. Não havia muitos praticantes nesse dojô, mas, como em tantos outros dojôs japoneses, os padrões de treinamento eram altamente exigentes.

O rapaz teve a força de vontade necessária para permanecer num país que, para ele, era muito estranho. Quase tudo o que sabe de kendô, não aprendeu por intermédio da língua, mas por meio da espada de kendô manipulada pelo mestre.

As palavras dele são importantes para este livro, não por serem excepcionais, mas porque ele fala sobre uma experiência partilhada pelos verdadeiros praticantes de artes marciais do mundo inteiro, seja qual for a arte que pratiquem.

As Palavras de um Praticante

Primeiro, ele nos falou sobre o que achou de treinar no Japão, o país que deu origem à arte de sua escolha:

"No Japão, a tendência dos mestres é a de não ensinar pela palavra falada. O mestre vai bater em você sempre no mesmo lugar, no seu ponto fraco; e vai continuar batendo até que, por fim, você aprenda pela dor a corrigir essa fraqueza. No kendô, meu ponto fraco é o pulso; por isso, o mestre de kendô me batia continuamente com a espada no pulso.

"No Japão, não há muitas explicações. Acho que, no Ocidente, as pessoas ensinam por meio da explicação verbal. No Japão, ensinam pela espada, de modo que você realmente aprende pela dor.

"Os mestres não batem em você o tempo todo. Eles também o encorajam. Nunca o espancam — o kendô não é jamais ensinado num espírito de violência ou raiva. Eles o atingem com a espada para ensiná-lo. O kendô nos faz aprender sobre o amor.

"Quando entrava no dojô, eu me sentia um absoluto estranho, mas todos foram muito bondosos comigo. O treinamento segue um padrão extremamente elevado, e, quando eles vêem que você está interessado e ansioso para aprender, eles realmente lhe ensinam. Muitos estrangeiros vêm ao Japão e querem aprender alguma arte, mas, na primeira vez em que se machucam ou sentem dor, param e negam-se a continuar. No Japão, o mais importante é continuar, por pior que você esteja ou ache que esteja. Se o mestre vir em você o espírito de determinação, vai caminhar em sua direção; se você então caminhar na direção dele, poderá avançar.

"Os ocidentais tendem a ser egoístas. Quando você se machuca no kendô, não é tanto o corpo que se machuca, mas o ego. Quando o ego se machuca, as pessoas param. Mas, se você quer um dia vencer os outros, tem de vencer primeiro a si mesmo, e isso significa vencer as suas próprias fraquezas. O kendô não é uma luta contra um oponente; é uma luta contra você mesmo, contra as suas próprias fraquezas físicas, mentais e espirituais. Se você continua, se não pára logo no princípio, pode tornar-se muito mais forte — não só fisicamente, mas no espírito de determinação.

"Quando cheguei, eu sofria; estava num país estranho e hostil e muitas vezes pensava em voltar para casa, mas também queria continuar. Minha determinação de ficar foi mais forte que minha vontade de ir para casa, e por isso continuei."

Os motivos pelos quais os jovens decidem dedicar uma parte do seu tempo livre à prática de artes marciais são muito variados. Muitos mestres asiáticos que conhecemos ou sobre os quais lemos começaram porque sentiam-se frágeis, doentes ou fisicamente fracos. Outros praticam porque gostam do exercício, do desafio e do entusiasmo do treinamento. Os praticantes que não param ao cabo de umas poucas aulas logo descobrem um sentido mais profundo em sua prática:

"Antes de começar a treinar kendô, eu era agressivo, muito agressivo. Comecei a praticar kendô porque era gordo, e, depois de perder peso, interessei-me pelo espírito do kendô, pela mente do kendô. Mas a arte pode realmente mudar você. Ela se torna toda a sua vida. O kendô não é como um esporte, que só serve como diversão. Os japoneses dizem que o kendô é uma prática espiritual, e foi esse aspecto da arte que começou a me interessar.

"A agressividade se baseia no medo. A pessoa agressiva é amedrontada em seu interior. Depois de alguns anos de prática dedicada, você perde esse medo. Eu treino uma arte de luta todos os dias, e não preciso lutar em nenhum outro lugar. Quero lutar só no dojô, e não em qualquer outro lugar.

"Acho que eu era uma pessoa insuportável antes de vir ao Japão. Agora que tenho um objetivo, sou muito mais tranqüilo e mais calmo — muito mais completo. Em Glasgow, a agressividade no comportamento e nas palavras, e a participação numa briga ocasional, é um modo de vida. Porém, antes de começar a treinar kendô, eu só tinha a agressividade, sem a capacidade de luta. É possível canalizar essa agressividade de maneira construtiva e benéfica, e por isso, agora, me afastei da violência. Agora tenho a capacidade de luta, mas não quero mais usá-la.

"De diversas maneiras, o treinamento aqui no Japão é muito mais duro que o treinamento na Inglaterra. Exige muito do praticante, tanto do ponto de vista físico quanto do mental. Uma vez — uma única vez —, fui atacado por um mestre no Japão. Às vezes os mestres o atacam para pôr à prova as suas reações, para ver como você reage; se você é capaz de resistir ao ataque e contra-atacar, eles ficam impressionados.

"No dojô, nós nos comportamos com ordem. Não cantamos, não assobiamos, não fumamos; agimos de maneira respeitosa."

Esse respeito pelo dojô vai além da simples etiqueta observada quando se está dentro do salão: permeia todo pensamento e toda ação do praticante durante o treinamento e torna-se particularmente importante quando um aluno se defronta com o outro num combate simulado:

"Os japoneses chamam a prática com o oponente de 'ter uma expressão', o que significa que cada vez é a última vez; cada luta é a última luta, de modo que você se envolve numa luta de verdade e tem de levar a sério as suas intenções. Sua atitude não pode ser displicente sob nenhum aspecto. Mesmo que você tenha ganho do seu adversário numa luta anterior, não pode deixar de ficar alerta e atento, e tem de ter respeito pelo oponente. Tem de ser como uma mola contraída, à espera de poder soltar-se, em busca de uma oportunidade de movimento, de modo que, ao identificar um ponto fraco no oponente, você possa aproveitar a deixa imediatamente. Ninguém sorri, não há motivo para se dar risada. Quando você está frente a frente com um adversário, a situação é extremamente séria. Já em equipe, como membro de um grupo, a exigência psicológica é menor. A prática do kendô deixa o praticante muito exausto.

"A respiração o ajuda a chegar a essa atitude mental. Você respira e força o ar a chegar no baixo abdômen, e o ar é a sua mola. Na mente, deve haver uma concentração total. Com uma única respiração, você deve ser capaz de golpear, atingir o seu objetivo e preparar-se para o próximo movimento."

Depois de meses ou anos de treinamento, o praticante começa a perceber a formação de uma unidade mais profunda do que jamais existiu antes. A mente, o corpo (que neste caso inclui também a espada) e a intenção fundem-se num único propósito. Os zen-budistas chamariam um tal estado de "iluminado".

"O grande triunfo mental é o de tornar-se uno com a espada. Os japoneses têm uma expressão para designar isso: eles dizem que o espírito, a espada e o corpo são como uma só coisa. Não acontece de você bater primeiro com a espada e depois seguir o movimento com o corpo. Tudo — o corpo, a espada, a mente e a intenção — deve estar unido. Depois de anos e anos de tentativas infrutíferas, chega um dia em que isso simplesmente acontece. Se você tentar provocá-lo conscientemente, não acontecerá. Se você relaxar, acontecerá quando tiver de acontecer.

"É preciso ter fé e confiança perfeitas nos mestres. É muito importante encontrar um bom mestre, e eu tive a sorte de conhecer muitos. Só de ver alguns praticantes, é possível saber quem são os mestres deles, pois o aluno adquire o mesmo estilo do mestre. É possível olhar para um homem do kendô e dizer que o mestre dele é fulano ou beltrano. Isso é semelhante, de certo modo, a alcançar a iluminação no Budismo.

"Em essência, o kendô e o Budismo Zen têm o mesmo objetivo, que é o de eliminar o ego. Os monges zen-budistas sentam-se para meditar; no kendô, você alcança o mesmo objetivo: o vazio; não pensar. Se você limpa a sua mente de todos os pensamentos, alcança uma espécie de nível mental no qual está muito acima de todas as pessoas. Não digo que você seja superior a elas. Quero dizer que você entra num estado de elevação mental. Durante a prática e depois da prática, você não pensa. Não tem pensamento nenhum; mas, no mesmo instante em que percebe que não tem pensamentos, está pensando de novo e volta à estaca zero.

"No kendô, você pratica os movimentos tantas vezes que eles ficam automáticos, como respirar ou piscar. Devem tornar-se um reflexo instantâneo numa situação. Seu oponente vai golpear, você age automaticamente e depois pensa: 'Como é que eu fiz isso?' Se você pensar sobre o que o oponente está fazendo, ele vai abatê-lo com facilidade. Se você não pensar, mas relaxar, permanecer alerta e atento, as técnicas virão automaticamente. Em outras palavras, o objetivo é a eliminação completa dos processos de avaliação e decisão que geralmente intervêm entre a percepção e a reação."

Esse estado de não-mente, porém, não é um estado em que os instintos puramente animais determinam as ações e reações da pessoa. Antes, o pensamento reflexivo é deixado de lado e a consciência total da mente toma controle das ações:

"No kendô, se você se deixar levar pelo instinto, será derrotado. Se o oponente fizer um movimento para atingi-lo na cabeça e você levantar as mãos para se defender, ele certamente vai atingi-lo em algum outro lugar. Os principiantes, em especial, deixam-se levar pelo instinto e levantam as mãos para proteger a cabeça, deixando o corpo totalmente vulnerável. No treinamento, você tem de superar os seus instintos e ficar de pé com coragem diante dos ataques.

"A sua simples presença pode bastar para derrotar o seu oponente no kendô. Se você enfrentar alguém cujo grau é muito mais elevado que o seu, pode ser que você já esteja mentalmente derrotado antes de pisar na arena. É preciso superar reações como essa. Você não pode se deixar impressionar pelo grau, pelo equipamento ou pela maneira de agir confiante do seu oponente. São todas coisas superficiais, que devem ser ignoradas. Você deve olhar para o espírito dele, seu coração, seus olhos. Deve vê-lo tal como ele é. Em outras palavras, tem de superar não somente o seu próprio ego, mas também o do seu oponente.

"Sua atitude mental é muito importante. Pode determinar se você vai derrotar seu oponente ou derrotar a si mesmo, se vai ganhar ou perder. Se você começar pensando: 'Ah, ele é muito melhor do que eu', já estará derrotado. Estará psicologicamente derrotado antes de desferir o primeiro golpe.

"Há um tipo específico de humildade que você tem de alcançar para ter êxito no kendô. Um dos meus mestres é um sujeito muito tímido, quieto e humilde, mas o kendô dele é impressionante. Ele tem o verdadeiro espírito. Quero ser como ele, mas ele tem toda uma vida de prática. Quando você diz 'Quero ser como ele', joga muita responsabilidade nos ombros do mestre. Tenho certeza de que todos os alunos desse mestre querem ser como ele. Parece, a princípio, que ele deve ter muita dificuldade para continuar humilde, sendo tão respeitado.

"O que os alunos admiram são certas qualidades dentro dele. São qualidades muito boas. O mestre de kendô é como uma cenoura pendurada numa vara. Você quer ser igual a ele, e então se esforça para tanto e ele o encontra na metade do caminho, encorajando você a ser tão bom quanto ele."

O verdadeiro mestre de artes marciais não precisa satisfazer sua própria vaidade, cultivando a adulação dos seus alunos; também não precisa impressioná-los com uma exibição ininterrupta da sua habilidade superior. Este praticante gostou muito de nos contar sobre uma recente atitude do seu mestre:

"Um dos meus mestres de kendô ganhou um campeonato e recebeu uma medalha. Era uma medalha muito bonita, e ele a deu para mim. Explicou depois que é isso que você faz quando tem um aluno bom e quer que ele se torne tão bom quanto você. Dá a ele o prêmio, como forma de encorajá-lo: 'Seja tão bom quanto eu.' Então, eu tenho uma medalha de um campeonato de sétimo dan no qual não lutei. Foi um gesto extremamente bondoso, que me deixou tão contente quanto se eu tivesse ganho o campeonato. Se eu o tivesse ganho, não daria o prêmio a ninguém; ficaria sentado em casa olhando para ele. Meu mestre teve a verdadeira humildade, pois o prêmio nada significou para ele.

"O kendô se torna toda a sua vida. Afeta o seu comportamento dentro do dojô; afeta o modo pelo qual você trata as outras pessoas, o respeito que demonstra ter por elas e a civilidade com que as trata fora do dojô. Influencia todos os aspectos da sua vida. Se o kendô não passasse de um esporte, eu jamais teria vindo ao Japão para praticá-lo. É certo que o kendô tem um aspecto esportivo, e é gostoso ganhar uma luta de kendô esportivo. Mas a prática comum, de todos os dias, é um autotreinamento de disciplina mental, espiritual e física."

As Artes das Filipinas

Por mais filosófico que seja o efeito das novas artes marciais sobre os indivíduos que as praticam, seria errado de nossa parte tentar passar a impressão de que essas novas artes podem evoluir pacificamente. As técnicas precisam ser postas à prova, e isso só se pode fazer num combate real. Pode ser que essa prova tenha ocorrido há seiscentos anos, como na Tenshin Shoden Katori Shinto Ryu, descrita no Capítulo 6; mas uma nova arte tem de encontrar um modo de pôr-se à prova agora.

Há um sistema muito eficaz, chamado *eskrima* ou *arnis de mano*, que vem das Filipinas. Foi durante séculos uma arte popular. Baseava-se provavelmente na luta de bastão dos nativos, influenciada depois pelas técnicas espanholas de esgrima no decorrer do longo período em que as Filipinas foram uma colônia da Espanha. Até há cinqüenta anos, a eskrima havia permanecido a mesma por muito, muito tempo; porém, isso mudou quando, em 1932, um pequeno clube de eskrima chamado Doce Pares ("Doze Pares") foi fundado em Cebu pela família Canete.

Os Canete tinham doze filhos, oito meninos e quatro meninas. Todos eles aprenderam com seu pai e seus tios a forma tradicional de eskrima. O filho mais novo foi ensinado principalmente pelos irmãos mais velhos. No fim, ele mostrou ser aquela espécie de pessoa que é capaz de repensar os padrões aceitos de pensamento e ação. Cacoy Canete elevou enormemente o nível técnico e o das habilidades usadas na eskrima. Concentrou-se no uso de um bastão leve, de madeira dura, com cerca de 75 centímetros de comprimento. Já aceitou mais de cem desafios e nunca perdeu nenhum. Esses desafios são lutas de verdade, nas quais o uso de armadura ou proteção é proibido e que só terminam com o desmaio ou a rendição do perdedor. Foi com essas lutas que Cacoy aprendeu o que havia de bom em suas técnicas e o que podia fazer para avançar.

Cacoy não tem nenhum dos princípios pacíficos que caracterizam os mestres das artes tradicionais. Jamais deixaria permanecer no Clube Doce Pares um aluno que recusasse um desafio. É essa a genuína experiência de luta que tem de acontecer em algum momento da história de uma arte de luta para que ela adquira a verdadeira força. Mesmo assim, os membros do Clube desenvolveram aquela autoconfiança que torna a agressividade desnecessária.

Quando Cacoy era novo, seus irmãos mais velhos já eram grandes lutadores de eskrima à moda antiga. Haviam dominado as técnicas baseadas no uso de dois bastões, um bastão, bastão e adaga e de combate sem armas. Na eskrima, ao contrário do que acontece na maioria dos outros sistemas, as técnicas de armas são, na verdade, o ponto de partida, e a pergunta que fica é a seguinte: "O que você faz quando perde a arma?" A resposta é que você puxa outra arma ou usa as mãos.

Tentar recuperar a arma perdida é sempre uma tática perigosa. Por isso, os alunos de eskrima aprendem a fazer movimentos das mãos e dos braços que podem ser executados com ou sem armas, além dos movimentos criados especialmente para as armas.

Sempre houve técnicas de desarmamento na eskrima, mas, quando Cacoy era jovem, essas técnicas limitavam-se a certos usos do bastão e ao emprego da mão livre para puxar ou girar o bastão do adversário, arrancando-o de suas mãos. Os lutadores raramente empregavam chaves ou técnicas de lançamento para desarmar ou derrubar no chão o oponente, e usavam golpes de bastão para atingir esses mesmos fins.

Foi nessa área que Cacoy e Mumoy, seu irmão mais velho, começaram a fazer experiências. Logo descobriram que as técnicas simples de alavanca po-

Mestre Cacoy foi o principal "aperfeiçoador" da eskrima, a luta de bastão das Filipinas. Aqui, ele inicia um golpe para trás.

diam ser muito mais elaboradas do que eram na eskrima tradicional. Cacoy percebeu que, se segurasse o bastão a cerca de um palmo da extremidade, poderia usar essa extremidade protuberante para prender-se ao oponente e desarmá-lo.

Na década de 1950, Cacoy estudou judô e karatê e logo incorporou rasteiras, golpes de derrubar e golpes de chão ao seu repertório. Aprendeu também que a postura baixa e larga empregada na eskrima clássica é excelente para uma luta de fa-

Cacoy Canete prende o bastão de seu filho com a mão esquerda e ao mesmo tempo desfere-lhe com a mão direita uma bastonada na cabeça. Cacoy especializa-se há várias décadas no uso da mão esquerda.

ca, mas pouco prática para o desferimento de uma rápida sucessão de bastonadas sobre o adversário. Para fazer isso, era melhor usar uma postura sólida, mas alta.

Fazendo um sem-número de experiências, Cacoy descobriu que o poder dos pulsos é fundamental para a luta de bastão. Inventou uma nova técnica na qual vibra o bastão para a frente e para trás, atingindo constantemente o oponente. Na eskrima clássica, a maioria dos golpes são dados em ângulos fixos. Cacoy aumentou enormemente a variedade de ângulos de ataque dados por seus pulsos fortes, e, assim, é capaz de penetrar as defesas e guardas tradicionais.

No final da década de 1950, Cacoy considerou o seu estilo pessoal suficientemente diferente da eskrima clássica para dar-lhe um novo nome. Chamou-o de *eskridô*, usando o sufixo japonês que significa "via" ou "caminho". Ele e sua família desempenharam papel de destaque no redespertar do interesse pela luta de bastão nas Filipinas, e estão até começando a ensinar sua arte aos filipinos que moram nos EUA.

Quando o primeiro torneio nacional de eskrima foi realizado em Manila, em 1977, os concorrentes foram divididos em três classes. A terceira só admitia mestres, e Cacoy venceu sem perder nenhum ponto para outro mestre. A mesma coisa aconteceu num evento subseqüente, em 1979. Atualmente, portanto, seu domínio sobre a arte está firmemente assegurado.

Cacoy Canete trabalhou quase a vida inteira para a Coca-Cola na cidade de Cebu, mas todos os seus esforços e o seu interesse estiveram voltados para o desenvolvimento de sua arte de luta com o bastão. Aos 63 anos de idade, ele está começando a registrar seu conhecimento em livros, além de dar aulas no seu grande clube. Entretanto, ele ainda encontra tempo para inventar pelo menos uma nova técnica ou combinação de técnicas todos os dias.

A Arte do Shorinji Kempô

Há um outro caso, mais sofisticado, de um lutador que reestruturou toda uma arte de luta e fundou uma grande organização. Estamos falando do homem chamado Doshin So, que, da experiência de uma vida nas artes marciais chinesas e japonesas, criou um sistema de luta chamado *Shorinji kempô*, ou "caminho dos punhos do Templo de Shaolin". Sua vida foi extraordinária.

Ele nasceu em 1911, no Japão, mas em 1919, quando seu pai morreu, foi morar na Manchúria com seu avô. De acordo com o relato que deu da sua vida, por quase vinte anos pertenceu a diversas sociedades secretas enquanto trabalhava como espião para o governo japonês. Na qualidade de membro do serviço secreto, suas atividades oficiais são obscuras e envoltas em mistério.

Revelou que, quando tinha 18 anos de idade, era membro de uma organização secreta na Manchúria. Para encobrir suas atividades, tornou-se discípulo de um monge taoísta, Mestre Chin Ryo. Esse monge era mestre de um estilo de kungfu Shaolin e membro do comitê central de outra organização secreta, provavel-

Na sede central da Shorinji kempô, em Tadotsu, na ilha de Shikoku, no Japão, o instrutor-chefe Yamasaki Sensei voa pelo ar depois do lançamento rápido do instrutor-sênior Arai Sensei.

mente um ramo das Tríades chinesas. Doshin So viajou com ele por dois anos, visitando outros grupos secretos e aprendendo técnicas chinesas de luta. Pegou tifo, voltou ao Japão e, enquanto treinava para juntar-se à Força Aérea Japonesa, teve um ataque cardíaco. Esperava-se que não vivesse mais do que um ano.

Com o coração enfraquecido, voltou à Manchúria, onde o Mestre Chin Ryo tratou-o com uma forma avançada de *seiho*, a medicina japonesa tradicional, que faz uso de massagens, manipulações e pressão de pontos correspondentes aos pontos da acupuntura.

Em março de 1932, Doshin So foi com o Mestre Chin Ryo a Pequim, onde encontrou-se com o vigésimo Grão-Mestre de uma outra escola de kung-fu Shaolin, a Giwamonken. Doshin So imediatamente fez-se discípulo desse novo mestre, Bunta So, que, quatro anos depois, transformou seu discípulo japonês no vigésimo primeiro Grão-Mestre da Escola Giwamonken de Shaolin do Norte.

Entretanto, foi em sua primeira visita ao Templo de Shaolin que ele teve sua primeira visão sobre o que deve ser uma arte marcial. Estudou as grandes pinturas murais e foi levado a captar a idéia de competição amigável entre os monges chineses e indianos ali representados. Sentiu que era esse o caminho a seguir.

Dez anos depois estava de novo na Manchúria, e estava lá quando, em 1945, os russos entraram na guerra contra o Japão. As coisas que viu afetaram-no profundamente. Gravou uma entrevista para a televisão japonesa pouco antes de sua morte:

Os alunos avançados praticam embu, ou formas de luta a dois do Shorinji kempô. Embu é praticada por dois parceiros e desenvolvida em formas complexas no decorrer de vários meses. Aqui, um parceiro apara um soco e leva o outro ao chão.

Doshin So

"Baseados no que vimos e no que sentimos depois da derrota do Japão, desenvolvemos um modo de vida... Espero que todos os meus alunos compreendam como nos recuperamos do caos que seguiu-se à Segunda Guerra Mundial.

"O Exército Imperial Japonês na China abandonou o povo japonês que lá vivia e fugiu. Se houver ex-combatentes presentes, talvez me considerem rude, mas foi isso que aconteceu. Oficialmente, era uma transferência de exércitos, mas o fato é que eles deram as costas para as mulheres e crianças que os procuravam para ser salvas. Vi tudo isso com estes meus olhos, na Manchúria, onde vivia.

"'Será que esses homens são de fato japoneses?', pensei. Quando envergavam seus uniformes de exército, consideravam-se superiores aos outros japoneses, a quem tratavam com desprezo; vi isso também. Enquanto estavam vencendo, sentiam-se tremendamente superiores; mas, quando foram derrotados, ficaram totalmente desacreditados, embora tentassem fingir que nada mudara.

"Nossa educação nunca fez questão de incentivar as boas relações entre as pessoas. Isso tudo é muito vergonhoso, mas acredito que nenhum outro exército no mundo inteiro teria fugido e deixado para trás mulheres e crianças indefesas, suas compatriotas. Foi por isso que criei a Shorinji kempô: para criar um nível melhor de relacionamento entre os japoneses."

Depois da Segunda Guerra Mundial, em 1946, Doshin So voltou a um Japão derrotado e desorientado, um país que nunca fora realmente o seu lar. Sabe-se que, depois da sua volta, ele estudou várias disciplinas marciais japonesas, e até o boxe ocidental. Parece, entretanto, que as coisas que vira na China

Mestre Doshin So, fundador da Shorinji kempô, morreu em 1981. Sua filha, agora também chamada de Doshin So, herdou, por insistência dele, o comando da Shorinji kempô. Nesta foto, ela discursa no encontro anual da organização, realizado em Tóquio em 1981.

continuavam a dominar seus pensamentos. Depois de alguns anos, ele decidiu fundar o seu próprio movimento e tentar, recriar o modo de vida do Templo de Shaolin. Suas primeiras atitudes, porém, foram tomadas em resposta à situação desesperada que se vivia no Japão do pós-guerra:

"Depois que a guerra terminou e eu voltei da China, vivi por um ano com meu primo em Osaka. Não tinha dinheiro nem família e, por isso, trabalhei como intermediário no mercado negro.

"Naquela cidade arruinada, não havia nada para se fazer, exceto o mercado negro. Ele era comandado por gângsteres que agiam a seu bel-prazer, ao passo que as pessoas honestas não tinham poder para fazer nada; limitavam-se a sofrer as conseqüências do comportamento dos gângsteres. Eu não podia fingir que não via o que estava acontecendo; por isso, ajudava as pessoas pobres e desamparadas, como continuo fazendo até agora.

"Se você quer se proteger, tem de ser fisicamente forte; por isso, aproximei-me dos jovens e sugeri: 'Venham comigo e vou ensiná-los a lutar e ficar mais fortes. Vamos construir, pelo nosso próprio poder e esforço, uma sociedade melhor.' Essa mensagem humilde difundiu-se aos poucos, e nunca tive de fazer propaganda para ter alunos.

"Antes e durante a Segunda Guerra Mundial, os japoneses costumavam afirmar que a força de vontade é o princípio mais importante, mas não acho que isso seja verdade; a força de vontade só é importante quando é associada à força física. Quando você dá um passo à frente para se proteger, tem de ter a mais absoluta confiança na sua capacidade de se defender. Entretanto, o importante não é só ser forte, mas também ter a atitude mental correta."

Doshin So organizou um pequeno grupo de pessoas para lutar contra os gângsteres que dominavam, naquela época, a sua cidade natal. Aplicaram uma justiça rigorosa e limparam a pequena cidade portuária de Tadotsu, na ilha de Shikoku. Foi lá que ele constituiu a sua casa e, depois, a sede da sua organização.

Em 1946 ele tinha cerca de 40 anos de idade, mais de vinte anos de experiência das artes marciais chinesas e algum conhecimento das artes marciais japonesas. Usou essa combinação de habilidades para lutar contra os gângsteres, e, por causa dessa experiência, começou a ensinar o Shorinji kempô.

Tentou recriar em sua organização sua visão de como os monges do templo original de Shaolin viviam e estudavam tanto o Budismo quanto as artes marciais. O Shorinji kempô é uma organização explicitamente religiosa. Sua sede, notável, é um templo, um lugar de estudo e pesquisa do Budismo e um centro de prática dessa arte marcial. Trata-se de um grande conjunto de edifícios, uma vez que a organização, que no começo não tinha nada, agora é rica. O que a auxilia é o seu *status* de religião, que lhe dá vantagens fiscais. Com isso, as contribuições dos seus um milhão ou mais de membros podem ser aproveitadas ao máximo.

Shorinji kempô é uma organização hierárquica. É dirigida atualmente pela filha de Doshin So, de 24 anos de idade, que foi nomeada sucessora do pai depois da morte deste, em 1981. Mestre Suzuki, um dos monges mais velhos, é o encarregado do lado acadêmico e religioso, ao passo que dois outros monges são encarregados do treinamento da arte marcial.

Há cerca de vinte alunos ou discípulos que estudam lá em tempo integral, dividindo seus dias como Doshin So pensava que se fazia no Templo de Shaolin: entre a limpeza e a arrumação dos edifícios, a prática de luta, o estudo e a meditação. Em intervalos regulares, milhares de pessoas chegam para participar de cerimônias especiais e para praticar nos dojôs enormes, semelhantes a templos. A chave dos ensinamentos que elas recebem está na reação de Doshin So às pinturas murais que viu no Templo de Shaolin quando de sua primeira visita ao local, acompanhado do mestre Bunta So, em 1936. Um dos murais foi reproduzido no Capítulo 4 deste livro; o sentimento de Doshin So é explicado pelo Mestre Suzuki:

"No templo de Shorin, onde originou-se a arte marcial de Shorin, ainda existe um salão chamado Salão das Vestes Brancas, no qual há uma famosa pintura mural. Pintada em cores vivas, ela representa vários monges de pele escura e de pele clara praticando contentes, aos pares, as técnicas do kempô. Doshin So sentiu-se profundamente impressionado e inspirado pelo mural. Embora as técnicas que aprendera fossem as mesmas que estavam representadas no mural, ele sentiu que, no seu treinamento, não recebera nenhum ensinamento filosófico. Porém, quando viu na pintura os monges felizes, mas praticando a sério suas técnicas, teve uma visão diretamente inspirada pela filosofia budista.

"Doshin So compreendeu instantaneamente que a arte marcial de Shaolin fora transmitida desde a Índia por Bodhidharma, através da Rota da Seda. A arte era chamada *Tenjiku naranokaku* em japonês, e Doshin So viu esse nome no mural. *Tenjiku* significa 'Índia' e *naranokaku* significa 'técnicas de luta para treinar o corpo'. *Tenjiku naranokaku*, portanto, significa 'kempô indiano original'. É isso que se depreende da pintura mural. Ela lhe deu um vislumbre do que Bodhidharma ensinou originalmente aos monges durante a sua estadia de nove anos no Templo de Songshan Shaolin.

"Doshin So pregava que, se a arte marcial indiana de Bodhidharma fora transmitida da mesma maneira que a sua filosofia zen-budista, ela necessariamente se alterara no decorrer dos 1.500 anos que se passaram desde a sua visita ao Templo de Songshan Shaolin. Nesse caso, o ensinamento das técnicas também teria se alterado. Doshin So percebeu que, embora tivesse aprendido as técnicas para ser executadas por uma só pessoa e sem nenhuma filosofia básica, os monges representados na pintura mural estavam praticando dois a dois. Isso levou-o a compreender que a filosofia por trás do treino não era a de abater o oponente, mas de praticar a dois para o benefício de ambos os praticantes. Compreendeu que o treinamento que recebera não era feito para obter dos alunos o melhor resultado possível, pela partilha do processo de aprendizado."

As crenças de Doshin So sobre Bodhidharma refletem a versão convencional da tradição, e não a versão mais histórica e factual que apresentamos no Capítulo 2. Ele não só pregava uma retomada dos antigos princípios da luta como também pensava que os japoneses seguiam uma forma corrupta do Budismo, de modo que também no campo religioso deveria haver uma volta às origens:

"O Budismo teve a sua origem na Índia, de onde passou pela China e chegou ao Japão. No decorrer do tempo, ele mudou muito em relação aos ensinamentos originais. No processo de transmissão pelos diversos países do Extremo Oriente, foi influenciado pelas religiões e culturas locais. No Japão, por exemplo, as pessoas veneram muitos deuses desde tempos imemoriais, e esse politeísmo misturou-se com o Budismo para criar uma religião na qual a veneração dos espíritos dos mortos é encorajada. No entanto, as pessoas oram aos mortos também para pedir a cura de doenças, dinheiro e a satisfação de outros desejos mundanos.

"O Budismo original pregado pelo Buda Gautama pedia que todo ser humano envidasse o máximo esforço possível para usar o seu espírito e as suas capacidades a fim de fazer a vida valer a pena. Mesmo o menor dos esforços dá um sentido à vida, uma vez que é um reconhecimento e uma aceitação da vida.

"No Japão atual, o Budismo tornou-se um ritual cerimonial para os mortos, e o esforço pessoal é simplesmente ignorado. Além disso, o antigo conceito indiano de reencarnação foi adotado e o Budismo tornou-se uma via de salvação por meio da fé e da especulação metafísica. A garantia de um bom lugar no paraíso tornou-se mais importante, para o budista, do que a busca da perfeição neste mundo. A doutrina da reencarnação é usada como desculpa para a ociosidade, pois a pessoa não pode ser considerada responsável pelo destino que a sua vida anterior lhe deu.

"Na Shorinji kempô, independentemente do Budismo pregado na China e no Japão, nós o pregamos tal como era pregado pelo Buda Gautama, no que diz respeito a como a pessoa deve viver. Compreendemos e seguimos o que o Buda nos ensinou: aperfeiçoar a nós mesmos e ao nosso espírito. A mensagem por trás da doutrina é a de usar a nossa capacidade ao máximo.

"Há muitos sutras (textos sagrados budistas), e estes, quando foram traduzidos da língua indiana original para o chinês, foram grandemente influenciados pela filosofia chinesa local. É difícil saber quais são os sutras originais e quais foram criados pelos chineses. No passado, pensava-se que havia na China 84.000 sutras, e por isso era difícil saber quais eram os que tinham sido de fato pregados pelo Buda. O mesmo problema existia no Japão até há pouco tempo.

"Em virtude do progresso da moderna análise textual, ocorrido no século XX, professores europeus de Budismo primitivo, especialmente do Reino Unido, da França e da Dinamarca, têm-nos ajudado a descobrir quais são os sutras originais."

Os ensinamentos de Doshin So baseavam-se nesse retorno aos princípios fundamentais, e acabaram por tomar as feições de uma cruzada. Achava ele que a prática das suas artes de luta desenvolve tanto a mente quanto o corpo, colaborando para que os praticantes se transformem em pessoas equilibradas, pessoas dotadas da força mental necessária para resolver os problemas da vida e da força física necessária para agir quando isso é preciso.

O ponto curioso da Shorinji kempô é que, embora Doshin So pensasse que estava recriando a arte indiana da luta, o resultado parece muito japonês. O que mais o preocupava era o espírito, e, evidentemente, ele não viu problema algum na incorporação de técnicas do judô ou do aikidô para tornar mais eficaz o seu sistema de luta.

Os ataques aos pontos vitais fazem parte dos ensinamentos avançados. Esses mesmos pontos só são conhecidos pelos alunos adiantados dos sistemas chineses e indianos. No Shorinji kempô, os pontos também fazem parte do sistema de medicina chamado *seiho*. Trata-se de uma versão japonesa da acupuntura associada à massagem; os pontos não são tratados com agulhas, mas com a pressão das mãos.

O Caminho Dual

A doutrina de Doshin So determina também que a arte marcial seja praticada a dois, e diz que essa prática é o equivalente da oração. Os alunos são encorajados a praticar regularmente com o mesmo parceiro a fim de criar um *embu*, um movimento muito semelhante ao de um katá japonês ou um kati chinês, exceto pelo fato de que é criado pelos praticantes e, depois de certo tempo, abandonado. Juntos, os praticantes criam uma seqüência de movimentos executados a dois e que dure de um a dois minutos.

Os parceiros praticam um contra o outro as suas técnicas de ataque e defesa, buscando sempre a perfeição. O objetivo é o de que, praticando juntos, os dois se tornem fortes. É esse também o objetivo da filosofia budista, segundo a interpretação da Shorinji kempô: ajudar o seu parceiro, partilhar o prazer de trabalhar juntos e criar a felicidade que vem das realizações.

Doshin So, um líder carismático, criou uma organização formada por cerca de um milhão de pessoas treinadas para lutar. Seus ensinamentos têm por base a moral, muito embora seus seguidores tenham de esforçar-se para criar em si a força física e a força de vontade necessárias para defender o que lhes parece certo. Não é necessária muita imaginação, nesse contexto, para visualizarmos o líder de um grupo de artistas marciais dedicando-se deliberadamente a constituir um exército particular com membros recrutados, talvez, dentre os jovens desempregados.

O último exército de artistas marciais de que tivemos conhecimento foi o dos Boxers, sobre os quais falamos no Capítulo 4. Entretanto, o exemplo do destino que lhes sobreveio não significa que, com uma liderança adequada, uma organização semelhante não possa vir, no futuro, a ter um poder político imenso. O terrível exemplo da Alemanha dos anos 1930 nos mostra como um pequeno exército de pessoas treinadas e violentas pôde derrubar todo um sistema político num país cujo povo estava descontente.

Por isso, é preocupante o fato de muitos instrutores ocidentais das artes marciais ensinarem as técnicas sem fazê-las acompanhar de todo o seu conteúdo moral. Esses instrutores alegam que seus alunos só querem aprender a lutar para se defender e não vêem sentido em nenhum outro ensinamento. É verdade que o processo físico de aprendizado tem um efeito sobre os alunos; mas, se o instrutor for indiferente ao sentido profundo da arte que está ensinando, a reação dos alunos aos ensinamentos ficará enfraquecida.

Na República Popular da China, por exemplo, parece que as artes marciais são ensinadas do mesmo modo que todas as outras atividades, desde a ginástica até as artes mágicas. Lá, a moral predominante não é nem a do Taoísmo nem a do Budismo, mas a do Estado; e os alunos não são ensinados por um mestre, mas por um treinador. É pouco provável que esse treinamento tenha o mesmo efeito sobre o praticante do que o treinamento dado por um mestre tradicional.

Hoje em dia, muitos sistemas marciais tradicionais estão cedendo às pressões da comercialização, dos esportes e das tendências competitivas, por um lado, e da mistificação espiritual, por outro. Porém, apesar dessas pressões, a grande maioria dos herdeiros das tradições de artes marciais do mundo inteiro têm grande respeito pela herança que lhes coube.

Não há dúvida de que todos os mestres que encontramos têm uma profunda consciência da necessidade de que as artes marciais conservem uma forte disciplina interna. As conseqüências dos estilos de treinamento desses mestres evidenciavam-se claramente em seus discípulos. Da Índia ao Japão, todos eles eram fisicamente bem preparados, pessoas confiantes e tranqüilas, e ninguém pode duvidar de que a vida de todos eles foi beneficiada e valorizada pelos anos de prática.

Os esportes não substituem adequadamente os melhores dentre esses sistemas, que têm a virtude de desenvolver a mente do jovem, além de mantê-lo forte e saudável desde a juventude até a velhice. É nesse sentido que, independentemente de raça, religião, inteligência, pobreza ou riqueza, as artes marciais são um verdadeiro modo de vida.

10 SISTEMAS MARCIAIS DO MUNDO INTEIRO

O homem segue as leis da terra;
A terra segue as leis do céu;
O céu segue as leis do Tao;
O Tao segue as leis da sua própria natureza intrínseca.

Tao Te Ching,
de Lao Tzu

Os sistemas marciais estão vivos e saudáveis no mundo inteiro; por isso não podemos fechar este livro com uma conclusão. Decidimos, em vez disso, dedicar este último capítulo a um exame sumário dos sistemas de artes marciais de todo o mundo. Não vamos falar somente das artes e caminhos marciais, mas também dos diversos esportes de combate que florescem em muitos países e culturas diferentes.

No Capítulo 8, falamos sobre o crescimento vigoroso do interesse dos europeus e norte-americanos pelas artes asiáticas de luta nas últimas décadas. É difícil identificar os motivos específicos desse interesse, mas é possível que certos aspectos profundamente arraigados da cultura e da história da Europa estejam por trás do atual gosto ocidental pelos sistemas marciais asiáticos. Na primeira parte deste capítulo, pois, consideraremos sob essa luz alguns aspectos da história marcial européia.

O boxe tailandês é um esporte popular de ringue na Tailândia. Os boxeadores atraem um grande número de pessoas aos ginásios e suas lutas costumam ser transmitidas pela televisão. Nesta fotografia, um dos boxeadores ataca e o outro contra-ataca com um chute na virilha.

A História Marcial da Europa

As primeiras disciplinas marciais puramente européias de que temos conhecimento foram os diversos eventos de combate que giravam em torno dos jogos rituais dos gregos. Dentre estes, os mais famosos eram os Jogos Olímpicos, onde, ao lado de atividades armadas, como o lançamento do dardo, praticavam-se também várias formas de boxe e luta corpo-a-corpo. O pancrácio, luta competitiva que às vezes terminava com a morte do perdedor, era o mais medonho desses eventos, mas temos de nos lembrar que esses jogos, por mais sangrentos que fossem, eram essencialmente eventos esportivos, feitos em público para fins recreativos. Ao que parece, os objetivos mais profundos de desenvolvimento pessoal simplesmente não faziam parte dessas atividades, as quais, portanto, não podem ser consideradas artes ou vias marciais no sentido em que esses termos são usados neste livro.

Cerca de mil anos depois, a Europa medieval assistiu ao surgimento de uma classe especializada de guerreiros que foram, de diversas maneiras, o arquétipo europeu do artista marcial. Os cavaleiros medievais, com as habilidades e o espírito temperados pela guerra, viviam segundo um código no qual o uso de armas desempenhava papel central. Alguns historiadores acreditam que a ética desses guerreiros montados era essencialmente pagã, emprestada das grandes tribos nômades e guerreiras da Ásia Central; crêem também que as crenças e atividades dos cavaleiros conflitavam habitualmente com as da Igreja cristã. Outros historiadores, por sua vez, acham que essa distinção tem sido grandemente exagerada. Todos, porém, concordam em que as habilidades marciais e de montaria constituíam o próprio coração da cavalaria, conceito que pode ser traduzido, sem muito rigor, como "a via do cavaleiro".

As pesquisas sobre as habilidades marciais e os regimes de treinamento dos cavaleiros medievais são manifestamente incompletas e é quase nada o que sabemos sobre as técnicas por eles empregadas. Entretanto, chegou a nós uma imagem da vida cotidiana desses nobres. Eles aprendiam suas habilidades de luta sobretudo dentro da família e tinham de praticar com afinco praticamente todos os dias. O uso de armas fazia parte da educação do jovem, junto com a equitação, a caça, a falcoaria, o canto e a dança, a luta livre, a arte de trinchar a carne e o conhecimento da etiqueta a ser adotada perante os superiores e as pessoas do sexo oposto. Os membros mais velhos da casa instruíam os jovens nessas virtudes.

As habilidades marciais eram demonstradas nos torneios. Quando surgiram, esses combates simulados entre homens armados e montados freqüentemente degringolavam em horrendos banhos de sangue. Sabe-se que sessenta pessoas morreram num torneio realizado em 1249 perto de Colônia, na Alemanha. Mais tarde, os torneios tornaram-se mais controlados. O torneio, no qual podia haver um grande número de combatentes de ambos os lados, era diferente da justa, uma luta entre dois cavaleiros armados de lanças. Na alta Idade Média, esses exercícios tinham a finalidade de simular as condições de batalha para dar experiência aos jovens, mas, com o tempo, foram se tornando cada vez mais refinados e regrados.

O torneio era marcado por grande pompa e circunstância, e praticamente deu origem à arte da heráldica. No espetáculo como na guerra, o rápido reconhecimento dos oponentes era essencial; e, quando os cavaleiros usavam elmos com visores que lhes cobriam o rosto, os escudos pintados com figuras que não poderiam ser confundidas eram importantíssimos naqueles encontros em que o combate era a ordem do dia.

As artes marciais da era medieval eram praticadas somente pelos cavaleiros, pela casta dos nobres. Assim, aqueles nobres que mais se dedicavam às habilidades de combate esforçaram-se por criar uma ideologia compatível com a sua arte. Uma vez que a insistência cristã numa vida pacífica conflitava abertamente com o código de cavalaria, alguns cavaleiros adotaram um modo de vida ascético e místico. O interessante é que essa busca dos cavaleiros foi marcada, de fato, por ideais cristãos.

A procura da conquista da Terra Santa e da sua reintegração à Cristandade tornou-se a obsessão de grupos de cavaleiros que constituíram sociedades altamente exclusivas e secretas, com nomes como os de Cavaleiros Templários e Cavaleiros de Malta. Alguns especialistas chamaram esses grupos de "monges guerreiros". Algumas dessas sociedades existem até hoje, embora suas habilidades marciais pareçam ter sido perdidas. Ecos de muitas escolas marciais atuais da China e do Japão ressoam nessa curiosa página da história européia.

Outro movimento aparentado ao tema das artes marciais começou na Europa durante a Idade Média. Por vários séculos, os camponeses e membros de outras classes não-aristocráticas divertiam-se e treinavam com a quintana. Tratava-se de uma espécie de manequim ou alvo que, quando atingido, girava e atingia com um saco de areia o lutador que o havia atingido. As lutas contra a quintana eram feitas não só a cavalo, mas a pé, em barcos e até uma pessoa sobre as costas da outra.

No século XV, entretanto, começou a surgir um sistema mais sério. Certas pessoas começaram a estabelecer-se nas cidades da Inglaterra intitulando-se "mestres das nobres artes da autodefesa". Esses homens, alguns dos quais receberam depois privilégios especiais de Sua Majestade o Rei Henrique VIII, ensinavam técnicas de luta para civis e militares. Suas principais especialidades eram o bastão com ponta de ferro, a espada e o escudim (um escudo que ficava preso ao braço esquerdo), além da luta com as mãos (luta de socos).

Pouco se sabe sobre esses antigos mestres, mas parece que a tradição sobreviveu na Inglaterra pelo menos até o começo do século XVIII. Em 1719, um mestre chamado James Figg estabeleceu-se em Londres como instrutor dessas artes, arrogando-se o título de campeão. Essa propaganda provocativa motivou diversos desafios, que ele venceu com sucesso até que, em 1733, foi derrotado. Durante a sua época de campeão, Figg atraiu a atenção de muitos políticos e aristocratas de Londres, e foi da combinação da habilidade de Figg com o entusiasmo desses outros que nasceu o esporte do boxe. Essa tradição espalhou-se depois pelo resto do globo e, hoje em dia, o boxe divide com a luta romana o título de esporte de luta mais popular do mundo.

Do mesmo modo, o uso da espada como arma de combate diminuiu muito no decorrer do século XVI em virtude da disseminação das armas de fogo. A espada ainda era usada, porém, para a luta corpo-a-corpo, especialmente em duelos. Foi no século XVIII que surgiu a idéia de usar-se a espada leve da época, o florete, para fins esportivos, e surgiu assim o esporte da esgrima. A tentativa de revivificação da utilidade desse esporte para o combate pode ser vista na introdução do sabre nas escolas de esgrima do século XIX; mas há mais de cem anos que a esgrima é essencialmente um esporte.

No geral, portanto, a maioria dos sistemas marciais da Europa foram esvaziados há séculos de qualquer conteúdo ideológico que pudessem ter. Além disso, nunca foram intimamente ligados à medicina, como acontece no Oriente. O fato é que constituem agora uma das extremidades do grande espectro de atividades esportivas nas quais as pessoas dispendem a sua energia, em geral para fins recreativos e competitivos.

Curiosamente, porém, existe na França um sistema que apresenta diversas semelhanças técnicas com os sistemas de luta da Ásia. Originalmente chamado savate ou *chausson*, foi elaborado no século XIX e transformado num sistema conhecido atualmente como *boxe français* (boxe francês). Acredita-se que seja derivado de uma arte popular de combate na qual não eram permitidos somente socos, mas também chutes e rasteiras. Suas técnicas são semelhantes às do karatê, e pode ser que o sistema francês tenha sofrido algumas modificações quando as artes asiáticas começaram a popularizar-se na Europa. Apesar dessa semelhança técnica, porém, seu uso parece ter sido limitado às atividades recreativas e de autodefesa, e o boxe francês nunca teve a pretensão de oferecer aos seus adeptos um "modo de vida".

Há outra curiosidade no Brasil. Lá, a arte chamada *capoeira* é praticada por uma parcela da população, originalmente a de origem negra, mas hoje de todas as raças. O estilo da arte é bastante incomum: o lutador desce para uma postura semi-agachada, com as mãos apoiadas no chão, e desfere muitos chutes rápidos no adversário, atingindo-o com os pés e os tornozelos. A capoeira é dançada ao som do berimbau, e os que ficam em volta dos lutadores cantam e tocam percussão durante a luta. Embora o elemento surpresa possa tornar a capoeira muito eficaz em situações de combate, ela não é praticada por motivos marciais, mas sim, antes de mais nada, pelo prazer e pelo exercício. Diz-se comumente que a capoeira foi inventada pelos escravos africanos mandados ao Brasil no século XVII. Com as mãos amarradas, eles aprenderam a usar os pés para defender-se e divertir-se. Entretanto, parece mais provável que a capoeira constitua, na verdade, os vestígios das danças rituais dos guerreiros de certas tribos angolanas.

A Luta de Agarrar — A Recreação Original

A luta chamada sambo é muito popular na Rússia. Aqui, um dos dois lutadores tenta derrubar o outro, mas está sendo levado ao chão junto com seu oponente.

Nos capítulos precedentes deste livro, mostramos o quanto as artes marciais asiáticas empregam técnicas pelas quais o oponente é agarrado, derrubado no chão e lá forçado a submeter-se. O fato de essas técnicas serem usadas é uma prova da sua eficiência em combate; provavelmente, porém, não é por mera coincidência que, em praticamente todos os países da Ásia em que se praticam as artes marciais, há tradições de luta de agarrar que coexistem com as tradições marciais.

Com efeito, as artes da luta de agarrar são muito mais disseminadas pelo mundo do que as artes especificamente marciais. Não há pai ou mãe que não tenha visto seus filhos pequenos rolando pelo chão, brincando de brigar e gostando da brincadeira. Entre os adultos, a luta de agarrar e levar ao chão é popular no mundo inteiro como um passatempo agradável que envolve algum grau de capacidade de luta.

As raízes da luta de agarrar estão na antigüidade. No Capítulo 1, reproduzimos uma estátua de dois lutadores com quase cinco mil anos de idade, e sabemos que os cidadãos das antigas civilizações chinesa, indiana, suméria, egípcia, grega e romana gostavam desse tipo de luta.

Na Europa medieval e no Japão, técnicas de agarrar (das quais o sumô é um excelente exemplo) foram desenvolvidas para o uso no campo de batalha. Não há sentido em que dois adversários trajados de armadura pesada tentem socar e chutar um ao outro depois de perder suas armas. A única verdadeira esperança de um derrotar o outro está na tentativa de lançar o oponente ao chão.

O número de estilos diferentes de luta de agarrar é imenso. Só no Reino Unido, pelo menos cinco estilos regionais distintos são ainda praticados ao lado do estilo greco-romano e do estilo livre, praticados internacionalmente. A Rússia tem a sua própria tradição, chamada *sambo*. A Turquia, a Suíça, o Irã, a Índia, a Islândia e muitas outras nações têm também os seus próprios estilos.

Dentre os povos que não conhecem a escrita, a luta é muitas vezes a única forma de recreação. Muitas tribos da América do Norte e da Amazônia praticam a luta de agarrar, como também muitos povos africanos. Existem tradições de luta diferentes em praticamente todos os países do continente asiático. Hoje em dia, a luta greco-romana é um esporte internacional e olímpico, que conta inclusive com um circuito profissional, muito embora os movimentos dos participantes assemelhem-se muito mais a danças ensaiadas do que a provas de força e ha-

ÁSIA

As antigas tradições marciais continuam a ser praticadas, ao mesmo tempo que proliferam as novas formas. Além disso, os povos asiáticos são grandes praticantes e apreciadores dos esportes de luta tradicionais do ocidente, como o boxe e a luta greco-romana.

Índia
Kalaripayit
Sistemas de luta com bastão e adaga
Sistemas autóctones de luta sem armas

Birmânia
Bando (thaing)
Banshei
Tradições de kick-boxing (luta com os punhos e os pés)

Tailândia
Boxe tailandês
Krabi krabong (sistema de luta com armas)

Camboja, Laos e Vietnã
Tradições de luta com as mãos
Sistemas de luta com armas

Malásia
Bersilat

Indonésia
Pentjak silat
Sistemas autóctones de luta com armas

Filipinas
Técnicas de luta sem armas e tradições de luta com bastão e com faca: Eskrima (Arnis de mano; Estocada; Pagkalikali)

Ilhas Ryukyu
Karatê de Okinawa
Kobudô de Ryukyu

Japão
Tradições de luta sem armas:
Judô
Shorinji kempô
Aikidô
Sumô
Principais sistemas de luta com armas:
Kendô/ken-jutsu
Kyudô/kyu-jutsu
Iai-dô/iai-jutsu
Naguinata-dô/naguinata-jutsu
Jukendô/juken-jutsu
So-jutsu
Nin-jutsu

Coréias do Norte e do Sul
Sistemas principais:
Tae kwon dô
Tang su dô
Hwarang dô

República Popular da China, Hong Kong e República da China (Taiwan)
Sistemas de luta com armas: vários

Sistemas de luta sem armas (wushu ou kung-fu):

Artes duras (externas):
Kung-fu Shaolin do Norte
Kung-fu Shaolin do Sul

Artes moles (internas):
Hsing-i
Pa-kuá
T'ai-chi ch'uan

EUROPA E AMÉRICA DO NORTE

As artes marciais da Europa transformaram-se, no decorrer da História, em esportes de luta. Porém, tanto a Europa quanto a América do Norte estão passando agora a importar os sistemas marciais asiáticos. Com o tempo, novos sistemas marciais poderão nascer da síntese entre esses sistemas asiáticos e os poucos esportes e artes marciais autóctones que restam:

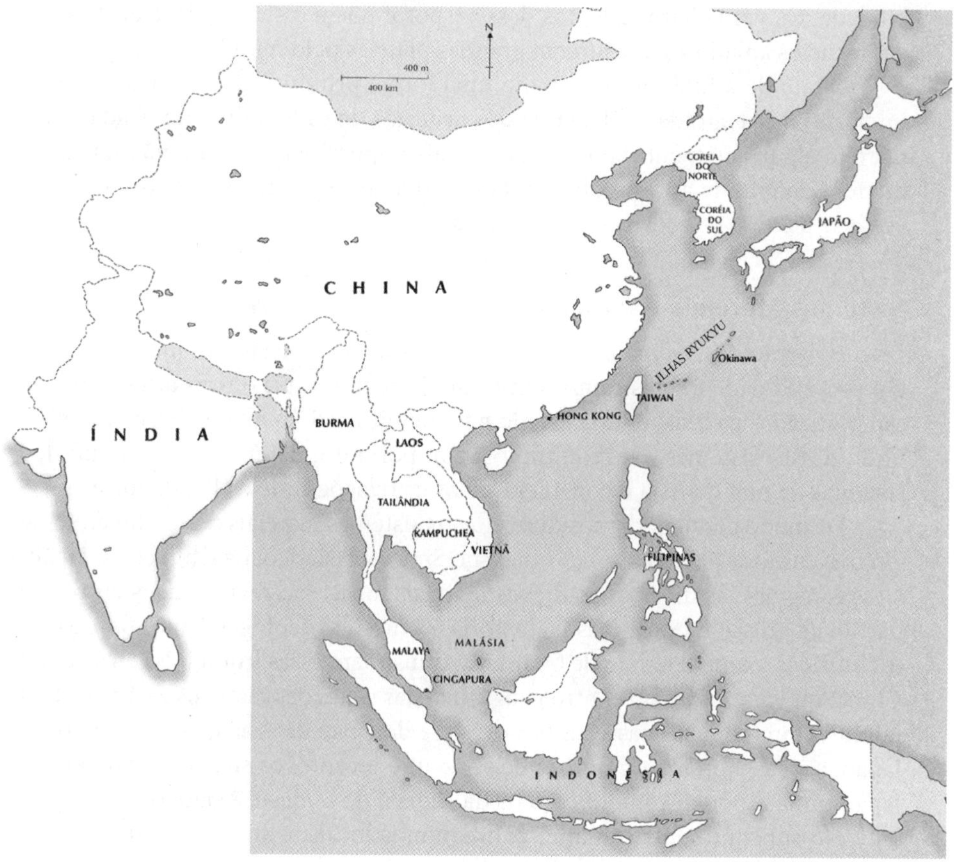

Boxe
Luta greco-romana
Esgrima

Artes asiáticas, especialmente:
Judô
Karatê
Kendô
Kung-fu
T'ai-chi ch'uan

AMÉRICA DO SUL
Os esportes de luta internacionais são praticados no mundo inteiro sob a forma de competições, ao passo que as artes marciais autóctones, como a capoeira do Brasil, continuam sendo praticadas num nível não-competitivo. A América do Sul está assistindo hoje em dia a uma invasão de sistemas marciais asiáticos.

ÁFRICA
As artes de luta nativas, entre as quais vários sistemas de luta com armas e estilos de boxe e luta de agarrar, são praticadas ainda entre as comunidades tribais de muitos países africanos. O conhecimento que temos deles ainda é mínimo.

AUSTRÁLIA
As artes de luta asiáticas são muito populares entre a população branca. Os esportes internacionais de luta são ensinados nas escolas e comumente praticados no decorrer da idade adulta.

bilidade. Os verdadeiros adeptos desse esporte põem a sua capacidade à prova em torneios amadores que atraem grandes platéias pelo mundo afora.

O fato de a luta ser vista como uma forma primitiva de combate ou uma interação física agradável depende dos critérios de cada indivíduo. Cada sistema tem alguns elementos aos quais dá mais importância. Porém, não há como duvidar da grande atração que a luta corpo-a-corpo exerce sobre todos os povos e as pessoas de todas as classes sociais.

Sistemas Marciais Asiáticos

Este livro tratou principalmente dos sistemas marciais asiáticos que estudamos em profundidade e registramos em filme. Porém, muitas outras artes marciais são praticadas na Ásia, e seria errado não incluir neste livro uma breve apresentação desses sistemas. Nesta última seção, portanto, daremos um resumo dos sistemas de luta da Ásia e consideraremos as relações que os ligam entre si.

De modo geral, podemos dizer que os sistemas marciais desenvolveram-se em três culturas principais: na Índia e no Sudeste Asiático, na China e no Japão. Nessas regiões, as diversas tradições marciais locais são relacionadas entre si e partilham grosso modo a mesma história e a mesma ideologia. Umas poucas artes híbridas, como o karatê de Okinawa, transpõem essas fronteiras. As artes da China, que repousam no centro geográfico das tradições marciais asiáticas, têm relação tanto com as suas vizinhas do sul e do oeste da Ásia quanto com as do Japão, a leste. Porém, até uma época bastante recente, os sistemas marciais do Japão tinham pouco contato com os da Índia e do Sudeste Asiático.

No subcontinente indiano, conseguimos localizar uma arte específica, o kalaripayit, descrita no Capítulo 3. Hoje em dia, essa arte é praticada somente no sudoeste da Índia, mas sabe-se que, em outras regiões do país, existem sistemas de luta com o bastão e a adaga. Outros sistemas marciais de luta desarmada podem existir em outras partes do subcontinente*. Os esportes de luta (boxe e luta greco-romana) são extremamente populares na Índia e no Paquistão e já são praticados por lá há bastante tempo.

O kalaripayit é praticado pelos povos de língua tâmil e malaiala, que estão presentes em grande número no Sri Lanka e na Malásia. Pode ser que eles tenham apresentado suas técnicas aos habitantes das regiões onde se fixaram, mas pode ser também que o kalaripayit tenha sido transmitido da atual Malásia para o sul da Índia por comerciantes, diplomatas e outros viajantes habituais. Nas artes indianas de luta com armas, os bastões ou armas de corte são, em geral, girados rapidamente pelo ar de modo a constituir uma tela defensiva fluida em torno do lutador. Esse método é fundamental em todas as artes do Sudeste Asiático e na maioria dos sistemas usados na China, mas é raro no Japão.

* Citemos como exemplo a arte do *vajramuti*, praticada pela minoria sikh do noroeste da Índia. (N. do T.)

A Birmânia tem uma arte marcial completa e sutil denominada *bando* ou *thaing* e um sistema de luta com armas chamado *banshei*, além de várias tradições locais de luta com os punhos e os pés. Na vizinha Tailândia, o famoso boxe tailandês é o esporte nacional, praticado profissionalmente por centenas de jovens. As competições atraem um público extenso e são cobertas pela televisão; grandes somas de dinheiro são investidas nas apostas relacionadas às lutas. O treinamento é extremamente enérgico. Os lutadores especializam-se em golpes de cotovelo e joelho e em chutes altos e muito rápidos. Há quem acredite que os sistemas tailandeses pecam pela falta de golpes fortes, mas todos admiram a velocidade, a resistência e a capacidade de receber golpes dos boxeadores tailandeses.

Como a Tailândia é um país budista e tem tido contato com o sul da China há séculos, é muito provável que a tradição de kung-fu Shaolin do sul tenha exercido alguma influência sobre o desenvolvimento histórico do boxe tailandês. À semelhança do Shaolin do sul, o boxe tailandês é essencialmente uma arte externa, dura, e muitas técnicas são comuns a ambos os sistemas. As técnicas de chutes altos, que existem na Tailândia mas não no Shaolin do sul, resultam provavelmente de décadas e décadas de campeonatos cujas regras proibiram o uso dos golpes que tornam ineficaz o uso de chutes altos. A Tailândia dispõe também de um sistema de luta com armas chamado *krabi-krabong*.

Sabe-se que sistemas semelhantes existiram em toda a Indochina, ou seja, no Camboja, no Laos e no Vietnã; mas a turbulência militar e política que prevaleceu na região nos últimos cem anos tem impedido que o Ocidente receba informações sobre o estado atual das artes marciais naquela parte do mundo. O pouco que sabemos nos permite supor que as artes típicas da península indochinesa sejam aparentadas com as do sul da China.

Mais ao sul e mais a leste, as artes da Malásia e de Cingapura são chamadas *bersilat* e, como os seus praticantes, são intimamente ligadas às da Indonésia. Estas últimas são chamadas de *pentjak silat*, o que significa "treinamento para o combate", muito embora sejam conhecidas pela sua leveza e sutileza. Alguns estilos são tão graciosos que são executados pelo espetáculo nos festivais e casamentos, mas suas qualidades diáfanas ocultam técnicas de combate altamente eficazes.

Há séculos que comerciantes e mercadores chineses residem nas regiões litorâneas da Malásia e da Indonésia, e a influência chinesa faz-se sentir nos sistemas marciais dessas áreas. Só na Indonésia há 150 estilos. Entretanto, muitos dos estilos de bersilat e pentjak silat parecem mais baseados nos sistemas marciais nacionais do que nos chineses. As diferenças estilísticas provavelmente relacionam-se com as distinções culturais e étnicas que diferenciam os muitos povos que habitam a região. Além das mãos nuas, grande variedade de armas são utilizadas. Dentre elas, a mais famosa é a *kris*, uma pequena espada (ou, sob outro ponto de vista, uma adaga grande e pesada) com lâmina ondulada.

Muitas partes da Indonésia e da Malásia foram incorporadas ao Império Majapayit entre os séculos XIII e XVI d.C., e o mesmo império exerceu sua soberania sobre algumas ilhas do arquipélago das Filipinas. Por isso, não nos surpreendemos ao constatar que as técnicas e armas das Filipinas assemelham-se às da Indonésia. As artes das Filipinas têm vários nomes diferentes: *kali*, *eskrima*, *arnis de mano*, *estocada* e *pagkalikali*, entre outros. Entretanto, as artes não são tão diferentes entre si; a maioria delas baseia-se no uso enérgico das mãos nuas, de facas, bastões e espadas sozinhos ou combinados de diversas maneiras.

As Ilhas Filipinas fizeram parte do Império Espanhol por quase trezentos anos, e alguns estilos de luta com bastão e faca foram, conseqüentemente, influenciados pelas técnicas européias de esgrima dos séculos XVIII e XIX. Essa influência também se faz sentir no extenso uso de nomes castelhanos para as armas, os estilos (*eskrima*, por exemplo) e até as técnicas.

Os Sistemas da China

Com a sua enorme extensão e uma população constituída por representantes das mais diversas etnias, a China é imensamente rica em sistemas de artes marciais. Há séculos que lá se usam armas tão diversas quanto o arco e flecha, a alabarda e a lança, por um lado, e o leque, o espanta-moscas e a flauta, por outro; e os sistemas de luta sem armas são inúmeros. Estes últimos podem, por conveniência, ser classificados nas escolas duras ou externas e nas escolas moles ou internas. Embora essa divisão não seja absoluta, ela é de fato um reflexo de diferenças fundamentais não só de estilo e técnica, mas também de história e filosofia.

Os estudiosos ocidentais, de maneira geral, partem do pressuposto de que os estilos mais antigos são os da escola dura. Sabe-se que essa escola existe desde há pelo menos 1.500 anos e é tradicionalmente associada à escola Ch'an ou Zen do Budismo, nascida no grande Templo de Shaolin, na Província de Honan. A verdade é que antigamente havia muitos estilos duros em todas as partes da China, mas a fama do boxe do Templo de Shaolin fez com que os representantes da maior parte desses estilos reclamassem para si uma descendência do estilo de Shaolin em algum momento da História.

As escolas duras ou externas podem ser classificadas ainda em estilos do norte e estilos do sul. As "pernas do norte" dão mais importância às técnicas de salto e de chute desenvolvidas pelos habitantes das planícies ressequidas da China setentrional. Já os "punhos do sul" baseiam-se em técnicas poderosas de soco e nos sistemas de luta corpo-a-corpo criados pela população ribeirinha da China meridional, remadores dotados de braços, troncos e ombros fortes. Nos filmes e livros, essas artes são chamadas genericamente de "kung-fu", mas essa denominação não é rigorosamente correta. *Kung-fu* significa simplesmente "a prática diligente e o domínio perfeito de uma arte", ao passo que o termo que significa "arte ou sistema marcial", em chinês, é *wushu*.

A outra grande escola das artes marciais chinesas, a escola mole ou interna, baseia-se principalmente na antiga filosofia taoísta e sublinha a importância do fluxo, do relaxamento e do controle mental no combate. As artes internas são associadas aos eremitérios taoístas da Montanha de Wu Tang, na Província de Hopei.

Hoje em dia, são três as principais artes internas. No hsing-i, os praticantes executam formas baseadas nos movimentos de doze animais e nos cinco elementos da cosmologia chinesa. O pa-kuá baseia-se no *I-Ching*, o *Livro das Mutações*, e é, de todos os sistemas de movimento já inventados, o que mais se aproxima de uma tradução literal da filosofia para o movimento do corpo. O t'ai-chi ch'uan é uma execução lenta de boa parte dos melhores movimentos e técnicas marciais das artes chinesas. As artes suaves não ensinam somente a autodefesa; promovem também a saúde, a longevidade e a tranqüilidade mental e espiritual.

Já há muito tempo que a ilha de Taiwan tem sido um refúgio para os lutadores chineses, e hoje em dia muitos dos melhores mestres vivem lá. O mesmo vale para Hong Kong, mas a situação da China continental é obscura. Todos os governos chineses admitiram que as artes marciais nacionais têm excelentes qualidades, mas muitos também temeram-nas e, portanto, atacaram-nas. Dezenas de mestres saíram da China continental antes de 1949 porque seus pontos de vista mais tradicionais conflitavam com os do novo governo republicano; outros, porém, ficaram e desenvolveram suas artes sob o novo regime. Criou-se assim um ensino organizado e espetáculos extremamente divertidos, mas não sabemos em que medida os mestres transmitem os valores filosóficos e marciais aos seus alunos. O t'ai-chi ch'uan é imensamente popular em toda a Ásia chinesa e também no Ocidente.

Okinawa e Coréia

Os povos da Coréia e das Ilhas Ryukyu (cuja capital é Okinawa) mantiveram, nos últimos mil anos, um contato muito próximo com a China e com o Japão. Tanto a Coréia quanto Okinawa esforçaram-se por conservar algum grau de independência em relação a seus vizinhos mais fortes, e isso se reflete em suas artes marciais. Na Coréia, os principais estilos são o *tae kwon dô*, o *tang su dô* e o *hwarang dô*. A especialidade dos coreanos são os chutes altos e fortes, muitas vezes desferidos em pleno ar (voadores); mas, quanto ao mais, as artes coreanas são evidentemente compostas de uma fusão de estilos chineses e japoneses.

Do mesmo modo, o karatê, que é a arte marcial nacional de Okinawa, reflete a força e a determinação das artes japonesas, mas também aproveita a sutileza e a elegância das artes chinesas. Com efeito, a palavra *kara-tê* significava originalmente "mão chinesa" e "mãos nuas"; mas, hoje em dia, só este último significado é utilizado.

Muitas escolas de karatê admitem que sua arte é derivada originalmente do boxe do Templo de Shaolin, e a observação nos permite relacionar com segurança certos elementos do karatê às tradições marciais chinesas do norte. Do mesmo modo, o tae kwon dô, com seus chutes altos e posturas abertas, é sem dúvida um parente próximo do Shaolin do Norte. Entretanto, sabe-se que a tradição coreana de luta com os pés existe há cerca de dois mil anos, e é possível que originalmente tenham sido os coreanos a ensinar essas técnicas aos chineses, e não vice-versa.

O tae kwon dô emprega pouquíssimas técnicas marciais suaves, mas um dos dois estilos marciais de Okinawa sofreu evidentemente uma forte influência da tradição suave. Admite-se explicitamente que os exercícios de respiração profunda e técnicas de luta corpo-a-corpo do karatê goju-ryu foram importados no decorrer dos últimos duzentos anos da Província de Fukien, no sul da China. O karatê-dô e o tae kwon dô são atualmente, no mundo inteiro, as duas formas mais populares de arte marcial de punhos e pés.

Há também um sistema okinawano de luta com armas chamado *ryukyu kobudô*, que especializa-se no uso de ferramentas agrícolas e armas ocultas.

As Tradições Marciais Japonesas

Em nenhum outro país do mundo as artes marciais proliferaram tanto e atingiram um tão alto grau de desenvolvimento quanto no Japão. Nos primeiros séculos do segundo milênio da era cristã, a capacidade marcial dos japoneses foi crescendo e atingiu o seu grau máximo há cerca de seiscentos anos. No decorrer de todo esse período de desenvolvimento, o Japão comerciava e às vezes guerreava com a China. Há indícios abundantes de que, nessa época, tanto as técnicas de luta quanto as doutrinas marciais chinesas foram assimiladas pelos japoneses. Entretanto, em muitos casos, os japoneses alteraram radicalmente e desenvolveram o conteúdo técnico das artes que aprenderam dos chineses.

Naquela época, o treinamento marcial tinha por único objetivo a vitória no campo de batalha, e levava o nome de *bujutsu*. Um grande número de armas alcançou a perfeição técnica na manufatura e no uso, desde as famosas espadas e alabardas até armas menos comuns, como os dardos de metal e a foice com corrente. As artes da espionagem, da fortificação, do movimento de tropas e das comunicações também eram estudadas. Hoje em dia, ainda há mais de mil escolas de *bujutsu* onde ainda se pratica com energia e dedicação essas habilidades que vêm sendo transmitidas desde há séculos.

Com a pacificação da nação sob o shogunato Tokugawa, na virada do século XVII, a necessidade da perícia em combate diminuiu drasticamente e os guerreiros do Japão procuraram meios para integrar suas habilidades marciais com outros aspectos de sua cultura e, em particular, com suas normas religiosas. Foi desse movimento que nasceu uma atitude perante as artes marciais que passou a ser conhecida como *budô*, "a via ou caminho marcial". Esse processo avançou ainda mais depois que o Imperador Meiji praticamente decretou a modernização da nação japonesa, no último quartel do século XIX.

Hoje em dia, as vias marciais ou *budô* predominam no Japão, e muitas delas espalharam-se para outros países do mundo. Com o desarmamento forçado da casta guerreira na década de 1870, os japoneses voltaram-se cada vez mais para as disciplinas marciais de luta desarmada. O judô, desenvolvido no século XIX como uma "via da suavidade ou flexibilidade", transcendeu a condição de via marcial e tornou-se um dos principais esportes olímpicos.

Dentre as outras vias marciais, podemos citar o kendô, "a via da espada"; o aikidô, "a via da harmonia divina"; o kyu-dô, "a via da arcoaria"; o iai-dô, "a via de desembainhar a espada"; o naguinata-dô, "a via da alabarda"; o juken-dô, "a via da baioneta"; e o Nippon Shorinji kempô, "a via japonesa dos punhos do Templo de Shaolin". Boa parte do karatê-dô ensinado no Japão e no resto do mundo consiste numa síntese japonesa moderna e difere bastante da arte okinawana original.

No decorrer dos últimos quarenta anos, boa parte dos sistemas marciais mais secretos da Ásia, entre os quais quase todas as artes chinesas, algumas artes japonesas e muitas dentre as das Filipinas e da Indonésia, tornaram-se exteriormente acessíveis e permitiram que um público muito maior viesse a ter contato com os seus conhecimentos e o seu regime de treinamento. Esse fato deu margem a uma boa dose de charlatanice, mas alguns mestres que estudaram uma ou mais artes conseguiram, por outro lado, desenvolver as artes marciais já existentes e criar artes novas. O aikidô, criado na década de 1920 por Ueshiba Morihei, é um exemplo desse processo, que continua até hoje. Alguns mestres acreditam que esse processo acarretará consigo, inevitavelmente, o fim de suas artes; outros vêem nele a melhor esperança de sobrevivência dessas mesmas artes.

O Tao gera o um; o um gera o dois; o dois gera o três; o três gera todas as coisas.
Todas as coisas têm por trás de si a Sombra (Yin), à sua frente a Luz (Yang), e são harmonizadas pelo Sopro (Ch'i) imaterial.
O que os outros ensinam, também ensino eu: "Os audazes e os violentos não morrerão de morte natural." Esta máxima, tomá-la-ei como minha mestra.

Tao Te Ching,
de Lao Tzu

GLOSSÁRIO DE TERMOS TÉCNICOS

Agarrar, luta de: Luta que consiste em agarrar os braços, as pernas ou o tronco do adversário e procurar levá-lo ao chão.

Aikidô: Termo japonês que significa, literalmente, "a via da harmonia divina". O aikidô, um caminho marcial defensivo de combate sem armas, foi criado no Japão na década de 1920 por Ueshiba Morihei.

Aiki-jujutsu: Termo japonês que significa literalmente "a arte de combate da harmonia divina". Trata-se de um tipo de jujutsu (*q.v.*) e é o estilo tradicional japonês de combate sem armas no qual baseou-se o aikidô (*q.v.*).

Alabarda: Arma de corte com cabo de madeira de pouco mais de 2,5 m de comprimento. O fio da lâmina serve não só para estocar, mas também para cortar e decepar.

Arnis de mano: *Ver* **Eskrima**

Arte Marcial: Disciplina de luta que tem por objetivo o desenvolvimento da habilidade de combate. As espadas longa e curta eram as armas usadas pelo guerreiro japonês ou *bushi* (*q.v.*). Eram usadas juntas ou separadas.

Asan: Termo que significa "mestre" em língua tâmil.

Atemi: A arte japonesa de ataque aos pontos vitais (*q.v.*).

Ayurvédica, medicina: O mais antigo sistema medicinal da Índia.

Bloqueio: Técnica pela qual um golpe é desviado ou impedido de atingir o alvo. Teoricamente, qualquer membro do corpo pode ser usado para bloquear, mas na prática o principal instrumento de bloqueio é o braço: num bloqueio alto, o antebraço é erguido acima da cabeça; num bloqueio de altura média, movimenta-se à frente do tronco; e num bloqueio baixo, o cotovelo fica à frente do corpo enquanto o antebraço gira para baixo.

Bo: Termo japonês que significa "bastão". O bo tem cerca de dois metros de comprimento. (*Ver também:* **Jo**)

Bodhisattva: Uma encarnação do Buda. Uma divindade que renuncia temporariamente ao nirvana, ou seja, à libertação em relação ao ciclo dos nascimentos e renascimentos, a fim de trabalhar pelo alívio do sofrimento dos seres humanos e dos outros seres deste mundo.

Bokken: A espada japonesa de treinamento, feita de madeira dura.

Boxe do Templo de Shaolin: A arte marcial que teria evoluído a partir dos exercícios transmitidos por Bodhidharma aos monges do Templo de Shaolin, localizado nas Montanhas Songshan, Província de Honan, na China Central. Supõe-se que as artes marciais duras (*q.v.*) da China provêm do boxe do Templo de Shaolin.

Budô: *Ver* **Via ou caminho marcial**

Bujutsu: *Ver* **Arte Marcial**

Bundi: Arma usada no estado de Bundi, na Índia. A bundi é uma adaga com lâmina de dois gumes e um cabo com suportes laterais que se estendem pelos lados do antebraço até o cotovelo.

Bushi: Termo japonês que significa "guerreiro". Literalmente: "homem marcial".

Bushidô: Termo japonês que significa literalmente "a via do guerreiro". O bushidô é o equivalente japonês do código de cavalaria (*q.v.*) da Europa medieval.

Caractere: Um símbolo gráfico que representa um som, uma idéia ou ambos.

Cavalaria: O código de ética marcial do cavaleiro europeu medieval, a "via do cavaleiro".

Ch'an: Palavra chinesa que significa literalmente "meditação". A escola budista Ch'an, síntese do Budismo Mahayana e do Taoísmo, é a equivalente chinesa da escola indiana Dhyana (*q.v.*), a escola meditativa do Budismo, chamada Zen (*q.v.*) em japonês.

Cha no yu: A Cerimônia do Chá japonesa. Originou-se no fim do século XIV ou começo do XV. Era, na origem, o ato ritual de beber chá depois da prática da meditação zen-budista (*q.v.*).

Chave: Manobra na qual se aplica força ao corpo do oponente a fim de imobilizá-lo. Qualquer articulação que só possa ser flexionada numa determinada direção — o pulso, o cotovelo e o ombro, por exemplo — é um lugar onde potencialmente se pode aplicar uma chave.

Chi: Termo chinês que significa literalmente "energia vital". O *chi* é um componente básico de todos os níveis do cosmos e designa inclusive a força vital que circula no corpo humano. A acupuntura (*q.v.*) manipula o *chi*, e os artistas marciais fazem exercícios para cultivar e fortalecer o *chi*. (*Ver também:* **Ki**)

Chicote, efeito de: A retração dos músculos no ponto de impacto de um golpe, garantindo uma velocidade e penetração maiores.

Chute: Golpe desferido com os pés. Muitos tipos diferentes de chute são empregados nas artes marciais, entre os quais chutes altos, médios e baixos que têm por alvo a frente, os lados e as costas do adversário, usando-se diversas partes do pé para atingir o oponente.

Daimio: Senhor feudal ou líder militar japonês.

Daito-ryu: O estilo de aiki-jujutsu (*q.v.*) a partir do qual desenvolveu-se o aikidô (*q.v.*).

Dardo: Uma lança (*q.v.*) leve outrora usada na guerra, mas agora atirada num esporte de competição.

-dô: A transliteração japonesa da palavra chinesa *tao* (*q.v.*). Em japonês, *-dô* é um sufixo que significa "via" ou "caminho".

Dojô: Palavra japonesa que significa literalmente "lugar do caminho". O dojô é o salão de treinamento das artes marciais japonesas.

Dura ou externa, arte: Uma arte marcial (*q.v.*) baseada em dois princípios fundamentais: primeiro, o de que as reações físicas precedem as reações mentais; segundo, o de combater a força do adversário com uma força igual e oposta. O karatê (*q.v.*) e o tae kwon dô (*q.v.*) são artes duras.

Elementos: Na cosmologia chinesa, os elementos fundamentais a partir dos quais o universo foi criado: madeira, fogo, terra, metal, água. Na cosmologia ocidental, os elementos são fogo, terra, água e ar. (N. do T.: Ver a nota da página 112.)

Eskrima: Arte marcial filipina que emprega bastões, espadas (*q.v.*), adagas e técnicas de mãos nuas (*q.v.*). Também chamada arnis de mano, pagkalikali e kali.

Espada: Arma laminada, de 75 a 125 cm de comprimento, dotada de cabo numa de suas extremidades. Pode ser segura com uma mão ou com as duas. Em geral, a espada tem uma lâmina curva com fio de um só lado e termina em ponta.

Espada de lâminas flexíveis: *Ver* **urumi**

Estilo: Um sistema de artes marciais completo e diferenciado.

Externa, arte: *Ver* **Dura, arte**

Flexão de braços: Exercício no qual as mãos são colocadas no chão, o corpo fica o máximo possível na horizontal e os braços são distendidos e flexionados alternadamente, de modo a levantar e abaixar o tronco.

Forma: Uma série de movimentos coreografados que incorporam uma ou mais técnicas (*q.v.*) e que todos os estudantes de artes marciais praticam repetidamente durante o treinamento. Pela prática incessante das formas, os praticantes aprendem tão bem as técnicas que elas contêm que, em combate, são capazes de reproduzi-las quase sem pensar.

Go: Termo japonês que significa "duro" ou "rígido".

Goju-ryu: O nome moderno de um dos dois principais estilos de karatê (*q.v.*) de Okinawa. A palavra significa, literalmente, "a escola do duro e do mole". O estilo é derivado do Naha-tê (*q.v.*) e originou-se na cidade de Naha.

Gurrukal: Nome que significa "mestre" nas línguas tâmil e malaiala do sul da Índia.

Hara-kiri: A prática japonesa do suicídio ritual pela auto-evisceração. Chamado também seppuku.

Heiho: Palavra que, quando escrita com os caracteres japoneses, significa "o método do soldado", e, quando escrita com os caracteres chineses, significa "a via da paz". Os chineses têm um trocadilho semelhante: o caractere chinês *ping fa* (*heiho* em japonês) significa literalmente "método militar". Se for escrito, porém, com uma pequena alteração, como *p'ing fa*, significa "método da paz".

Hsing-i: Arte suave (*q.v.*) ou interna chinesa cujas posturas fundamentam-se nos cinco elementos (*q.v.*) da cosmologia chinesa e cujas formas baseiam-se nos movimentos de animais. Os movimentos são executados em linha reta. Pode ser que o hsing-i seja a mais antiga das artes marciais chinesas.

Iai-dô: Termo japonês que significa literalmente "a via de desembainhar a espada". O iai-dô é uma forma refinada do método de desembainhar a espada (*q.v.*), golpear, limpar a lâmina e recolocá-la na bainha. Trata-se de um método de treinamento, executado sem oponente.

Iai-jutsu: Uma arte marcial japonesa, literalmente "a arte de desembainhar a espada", na qual o espadachim rapidamente tira a espada (*q.v.*) da bainha, abate seu oponente e recoloca a espada na bainha.

Ideograma: Forma de escrita na qual idéias ou conceitos são representados por símbolos que não dão indício algum de qual seja o nome do objeto.

Interna, arte: *Ver* **Suave, arte**
-jitsu: *Ver* **-jutsu**
Jiu-jitsu: *Ver* **Ju-jutsu**
Jo: Palavra japonesa que significa "bastão". Um jô é um bastão leve de madeira dura, com cerca de 1,3 metros de comprimento. (*Ver também:* **Bo**)
Ju: Termo japonês que significa "suave", "flexível"; geralmente é usado como prefixo em palavras japonesas como judô (*q.v.*) ou ju-jutsu (*q.v.*).
Judô: Arte marcial suave japonesa, literalmente "a via da flexibilidade". Essencialmente uma arte de agarrar (*q.v.*), o judô foi criado no final do século XIX por Kano Jigori.
Judoca: Termo japonês que significa "pessoas que praticam judô", literalmente "homens do judô".
Ju-jutsu: Sistema tradicional de combate sem armas do Japão, chamado "jiu-jitsu" no Brasil. O termo significa literalmente "artes ou habilidades suaves ou flexíveis".
Juken: Termo japonês que significa "baioneta".
Juken-dô: Um sistema marcial japonês recém-fundado, "a via da baioneta".
Juken-jutsu: Uma arte marcial japonesa, literalmente "a arte da baioneta", que desenvolveu-se antes do começo do século XX a partir das artes da lança e do bastão para o uso em combate.
-jutsu: Sufixo japonês que significa "habilidade" ou "arte". No mundo marcial, denota as artes clássicas de combate com armas, como por exemplo o ken-jutsu (*q.v.*) ou "arte da espada", o ju-jutsu (*q.v.*) ou "arte da flexibilidade", etc.
-ka: Sufixo japonês que significa "pessoas que" ou "homens que".
Kalari: Termo que significa "lugar ou campo de batalha" nas línguas tâmil e malaiala do Sul da Índia. O termo é usado hoje em dia para designar o campo de treinamento do kalaripayit (*q.v.*).
Kalaripayit: A arte marcial do sul da Índia. Significa literalmente "treinamento para o campo de batalha" nas línguas tâmil e malaiala da Índia meridional.
Kali: *Ver* **Eskrima**
Karatê: A "arte das mãos vazias" de Okinawa. Introduzida no Japão em 1922, espalhou-se subseqüentemente pelo mundo inteiro, sobretudo em sua forma japonesa, ligeiramente modificada.
Karatê-dô: "A via das mãos vazias". O nome moderno da arte okinawana.
Karateka: Termo japonês que significa "pessoas que praticam o karatê", literalmente "homens do karatê".
Katá: Termo japonês que significa "forma" ou "conjunto".
Katana: A tradicional espada longa da casta guerreira japonesa.
Kathakali: Drama dançado clássico hindu, criado durante o século XVII no estado de Kerala, no sul da Índia. As companhias de Kathakali freqüentemente fazem excursões pela Europa e pelos EUA.
Kendô: Termo japonês que significa literalmente "a via da espada". O kendô é a moderna esgrima japonesa.
Kendoka: Pessoas que praticam a arte do kendô.

Ken-jutsu: Termo japonês que significa literalmente "a arte da espada".

Ki: Termo japonês que significa "energia", "força vital" ou "essência vital". *Ki* é a transliteração japonesa da palavra chinesa *chi* (*q.v.*).

Ki-ai: Termo japonês que significa literalmente "encontro dos espíritos". O ki-ai é o nome do grito que os artistas marciais soltam no momento em que desferem um golpe mortal.

Kick-boxing: Tradição de luta na qual tanto os pés quanto as mãos são usados para golpear. O boxe tailandês é um exemplo de uma antiga tradição de luta de punhos e pés que sobrevive até hoje.

Kodokan: Termo japonês que significa literalmente "lugar para aprender o caminho". Kodokan é o nome que Kano Jigori deu ao seu estilo de judô. Hoje, é usado em vários países.

Kris: Adaga de lâmina ondulada, usada na Malásia.

Kshatriya: Casta ou divisão social estabelecida pouco depois de 1500 a.C., quando os povos arianos migraram para a Índia. O rei era o detentor do poder temporal e o primeiro entre os *kshatriyas*, que constituíam a casta guerreira e aristocrática, encarregada de manter a paz e administrar a justiça. Ao contrário do que se pensa, os kshátriyas nunca foram a primeira das quatro castas da sociedade hindu, mas a segunda. A primeira casta sempre foi a dos *brahmans*, brâmanes, portadores da autoridade espiritual e sacerdotal.

Kung fu: Termo chinês que significa literalmente "um adepto" ou "homem realizado". O termo foi adotado erroneamente no Ocidente como nome das artes duras (*q.v.*) da China.

Kung-fu Shaolin: *Ver* **Boxe do Templo de Shaolin**

Kuo shu: Termo genérico para designar as artes marciais chinesas que significa literalmente "boxe chinês", subdivididas em artes duras e artes moles.

Kyu-dô: Termo japonês que significa literalmente "a via" ou "o caminho da arcoaria". O kyu-dô é uma prática refinada, na qual os aspectos militares e combativos da arcoaria foram subordinados a uma concentração no ato de estirar o arco, mirar e disparar a flecha, e cujo objetivo, influenciado pelo Budismo Zen (*q.v.*), é o de criar um elo entre o espírito do arqueiro e o alvo.

Kyu-jutsu: Arte marcial japonesa, literalmente "a arte da arcoaria". O kyu-jutsu é um sistema de arcoaria para combate.

Lança: Arma pontuda com cabo de quase três metros de comprimento. Era usada pela infantaria para estocadas e lançamentos a distância, e sua ponta não tem fio para corte. Pode ser atirada. Não deve ser confundida com a lança das justas européias medievais, que é uma arma dotada de cabo longo, de madeira, e ponta afiada, geralmente de metal, usada por cavaleiros. É empregada para estocar ou para tirar do cavalo um adversário montado, mas, em geral, não é atirada.

Lançamento: Manobra na qual o oponente é agarrado, desequilibrado e depois passado sobre os ombros ou as costas do combatente e lançado ao chão.

Leque: Arma chinesa e japonesa, um leque com hastes de metal usado para bloquear, golpear ou estocar um oponente no combate corpo-a-corpo.

Luta, arte de: Disciplina de luta dotada de diversos objetivos além da habilidade de luta, entre os quais a promoção da saúde, a longevidade, a boa forma física, etc.
Luta greco-romana: Esporte muito antigo em que o objetivo do lutador é agarrar o oponente, lançá-lo ao chão e lá forçá-lo a render-se.
Maça: Arma medieval européia com cabo de madeira. Uma pesada bola de madeira, geralmente dotada de pontas, liga-se ao cabo por meio de uma corrente.
Machado de batalha: Arma desenvolvida a partir do machado de lenhador. Tem uma lâmina pesada de metal fixada num ângulo de noventa graus em relação ao cabo de madeira. Era usada em combate para decepar partes do corpo dos adversários.
Mantra: Invocação mística recitada pelos hindus ou pelos budistas.
Mão aberta, técnicas de: Técnicas de luta nas quais a mão fica aberta e os dedos, os lados da mão ou a base da palma são usados para atingir o oponente. São chamadas também de técnicas de mãos vazias (*q.v.*).
Mãos vazias, técnicas de: Técnicas de luta sem armas (*Ver também:* **Mão aberta, técnicas de**)
Marma-adi: Termo indiano que significa literalmente "os ensinamentos secretos". O marma-adi, que é o aspecto mais esotérico da arte indiana do kalaripayit (*q.v.*), é às vezes ensinado independentemente. Trata essencialmente do ataque aos pontos vitais (*q.v.*).
Massagem: A esfregação ou manipulação do corpo de um paciente, geralmente com as mãos ou os pés, a fim de induzir o relaxamento muscular ou promover a cura de ossos ou músculos feridos. O sul da Índia é o único lugar em que a massagem é usada para alongar e amolecer os músculos dos praticantes das artes marciais, com o fito de aumentar-lhes a capacidade de prática.
Mikkyo: Escola mística do Budismo japonês.
Naguinata-dô: Caminho marcial japonês, "a via da alabarda", uma das tradições marciais das mulheres samurais praticadas pelas mulheres do Japão moderno.
Naguinata-jutsu: Arte marcial japonesa, "a arte da alabarda". O naguinata-jutsu é a arte tradicional de combate com a alabarda.
Naha-tê: Termo japonês que significa literalmente "mão de Naha", a tradição marcial de Naha, cidade de Okinawa. Atualmente chamada goju-ryu (*q.v.*), é um dos dois estilos principais do karatê (*q.v.*) de Okinawa.
Ninja: Um grupo de espiões e assassinos do Japão medieval. Atualmente, não existe nenhum ninja autêntico.
Nin-jutsu: Termo japonês que significa "a arte da espionagem". Esta arte inclui habilidades especiais no uso de armas, estratégia e tática.
Pa-kuá: Arte marcial suave (*q.v.*) chinesa, criada no século XVIII e baseada nos oito trigramas do antigo texto confucionista do *I-Ching* ou *Livro das Mutações*. O nome significa literalmente "oito sinais" ou "oito diagramas". O pa-kuá baseia-se em movimentos circulares (*q.v.*).
Pés, trabalho de: Movimentos dos pés que seguem um padrão predeterminado. Seu objetivo é o de aumentar a eficiência marcial.

Pictograma: Forma primitiva de escrita baseada em imagens que representam diretamente os objetos.

Pontos vitais: Certos pontos do corpo que, quando atingidos de um determinado modo, podem causar dor intensa, paralisia ou mesmo a morte. Pensa-se que existem, no corpo, mais de cem pontos desse tipo; eles marcam as junções de nervos, tendões e vasos sangüíneos. (*Ver também:* **Atemi**; **Marma-adi**)

Postura: Modo de posicionar o corpo para o ataque ou para a defesa. Muitas posturas usadas no treinamento de artes marciais são baseadas nas posturas de animais.

Princípio de expulsão: A expulsão forçada de um oponente. O princípio de expulsão é usado, por exemplo, no t'ai-chi ch'uan (*q.v.*), quando a energia contida no ataque do agressor é usada para afastá-lo.

Ryu: Termo japonês que significa "escola" ou "tradição".

Ryuku bujutsu: *Ver* **Ryukyu kobudô**

Ryukyu kobudô: Termo japonês que significa "arte marcial de Ryukyu", as artes de combate das Ilhas Ryukyu, cuja capital é Okinawa. Empregam uma larga variedade de armas especializadas.

Sabre: Espada dotada de lâmina curva, usada originalmente pelos soldados de cavalaria; atualmente é usada como espada leve na esgrima.

Samurai: A casta guerreira da época do Japão feudal; os funcionários militares dos daimios (*q.v.*).

Seiho: O sistema medicinal tradicional do Japão, baseado nos sistemas chineses. O Seiho, que faz parte do currículo da arte do Shorinji kempô (*q.v.*), faz uso da acupressura (aplicação de pressão aos pontos de acupuntura) e da manipulação de ossos.

Sensei: Termo japonês que significa "mestre".

Seppuku: *Ver* **Hara-kiri**

Shaolin ch'üan-fa: Termo chinês que significa literalmente "método dos punhos do Templo de Shaolin". O termo designa a maior parte dos estilos de arte marcial dura (*q.v.*) que supostamente nasceram do boxe do Templo de Shaolin (*q.v.*).

Shastra: Antigo tratado indiano, escrito em sânscrito. Os shastras são manuais religiosos ou científicos.

Shiai: Termo japonês que significa "disputa" ou "competição".

Shinai: A espada de bambu fendido usada pelos japoneses na arte de esgrima chamada kendô (*q.v.*).

Shinto: Termo japonês que significa literalmente "o caminho dos deuses". O Shinto ou Xintoísmo, que é a antiga religião do Japão, baseia-se no animismo e na veneração dos antepassados.

Shito-ryu: Estilo de karatê (*q.v.*) baseado no Shorin-ryu (*q.v.*) e no Goju-ryu (*q.v.*) de Okinawa. Foi criado por Mabuni e está sediado em Osaka, no Japão.

Shogun: Antigamente, o supremo general e ditador militar do Japão.

Shorinji kempô: A tradução japonesa do termo chinês "Shaolin ch'üan-fa" (*q.v.*) ou "via dos punhos de Shaolin". A moderna síntese de estilos chineses e japoneses desenvolvida recentemente por Doshin So é chamada Shorinji kempô.

Shorin-ryu: Termo japonês que significa literalmente "escola do pinheiro flexível". É um dos dois principais estilos contemporâneos de karatê de Okinawa. O Shorin-ryu surgiu no final do século XIX e representa uma síntese do Shuri-tê (*q.v.*) e do Tomari-tê (*q.v.*). Essa tradição tem agora vários estilos diferentes. "Shorin" pode ser também uma referência ao Templo de Shaolin, centro das artes marciais duras da China.

Shotokan: Termo japonês que significa literalmente "o lugar de Shotô". Funakoshi Gichin, que introduziu no Japão o karatê Shuri-tê (*q.v.*), usava o pseudônimo "Shotô" e mais tarde deu ao seu estilo o nome Shotokan.

Shuriken: Arma de ferro, para lançamento, usada pelos ninja (*q.v.*) ou assassinos-espiões do Japão. Os shuriken podem ser pontiagudos ou afiados e têm várias formas, inclusive a circular com pontas.

Shuri-tê: Termo japonês que significa "mão de Shuri". É um dos dois estilos principais do karatê (*q.v.*) de Okinawa, atualmente chamado Shorin-ryu (*q.v.*).

Sifu: Termo cantonês que significa "mestre".

Silambam: Arte de luta com bastão do sul da Índia.

Soco: Golpe dado com o punho cerrado de modo que os nós dos dedos, na base, atinjam o oponente. Nas artes marciais, os socos podem ser baixos, médios ou altos, dependendo da altura do alvo, e podem ser desferidos com diversos movimentos de braço e com o pulso na vertical, na horizontal ou descrevendo um movimento de giro durante o soco.

So-jutsu: Arte marcial japonesa, literalmente "a arte da lança". O so-jutsu é a habilidade tradicional de combate com a lança (*q.v.*).

Suave ou interna, arte: Uma arte marcial baseada em dois princípios fundamentais: primeiro, o de que a mente determina as ações; segundo, o de usar a força do oponente para derrotá-lo.

Sumô: Um antigo esporte japonês de agarrar (*q.v.*), que é sempre acompanhado por um ritual elaborado. O lutador tenta lançar seu oponente para fora do ringue.

Sutras: Textos do Hinduísmo, do Budismo e do Jainismo que expõem princípios religiosos ou científicos, geralmente de forma narrativa.

Suvadu: Termo que significa "forma" nas línguas tâmil e malaiala do sul da Índia.

Tae kwon dô: A arte marcial dura da Coréia, que incorpora elementos das tradições japonesa e chinesa.

T'ai-chi ch'uan: Arte suave ou interna (*q.v.*) chinesa; literalmente, "os punhos do pólo supremo". O t'ai-chi ch'uan baseia-se no conceito taoísta de *chi* (*q.v.*) e no princípio de ceder ao adversário. Os exercícios sobre os quais baseia-se esta antiga arte foram concebidos para promover a saúde e a longevidade.

T'ang-shou-dao: Termo chinês que significa "caminho marcial chinês", o nome tradicional das artes marciais na China. É também o nome adotado pelo Mestre Hung I-hsiang para a arte suave que ele ensina em Taiwan.

T'ang-tê: Termo okinawano que significa "mão chinesa"; é o nome que o karatê (*q.v.*) tinha no século XVIII.

Tao: Termo chinês que significa "caminho" ou "via". O sistema filosófico chamado Taoísmo baseia-se nos escritos atribuídos a Lao Tzu, filósofo chinês que viveu no século IV a.C.

Te: Termo japonês que significa "mão"; é o nome original da arte okinawana de luta sem armas que depois foi chamada karatê (*q.v.*).

Te-ate: Palavra japonesa que designa uma série de nove posições das mãos (*mudrâ*) usadas para fins mágicos no Budismo esotérico japonês.

Técnica: Nas artes marciais, um método de ataque ou defesa.

Técnicas circulares: Movimentar o corpo em arcos, semicírculos e círculos.

Tenshin Shoden Katori Shinto Ryu: Na tradução literal do japonês, esse nome significa "a escola do [Santuário] Katori Shintô inspirada diretamente pelo céu". É a mais antiga escola de artes marciais tradicionais do Japão.

Tomari-tê: Termo japonês que significa "mãos de Tomari". É o estilo de karatê de Okinawa praticado em torno da cidade de Tomari. Atualmente, foi em sua maior parte absorvido pelo estilo Shorin-ryu (*q.v.*).

Trava: A imobilização de um oponente ou de um ou mais de seus membros.

Urumi: Uma espada de lâminas flexíveis feita de duas ou três tiras de metal com fio dos dois lados, unidas por um cabo numa de suas extremidades. A urumi, que parece existir somente no sul da Índia, é girada rapidamente ao redor do corpo do praticante para confundir o oponente.

Via ou caminho marcial: Disciplina de luta cujo objetivo é o de promover o desenvolvimento espiritual dos seus praticantes por meio do treinamento de luta com ou sem armas.

Wado-ryu: Estilo de karatê japonês desenvolvido a partir do estilo Shotokan (*q.v.*) de Funakoshi Gichin.

Wu-shu: Termo chinês que significa literalmente "artes militares".

Wu-te: Termo chinês que significa "virtude marcial". É o conteúdo moral das artes marciais, supostamente introduzido na China por Ta-Mo, ou Bodhidharma.

Yang: Termo chinês que significa literalmente "luz, luz do sol". Na cosmologia chinesa, o yang e seu complementar, o yin (*q.v.*), são os princípios fundamentais do universo.

Yin: Termo chinês que significa literalmente "sombra". É o oposto complementar de yang (*q.v.*).

Zanshin: Termo japonês que designa o estado de consciência total no momento de ataque ou de defesa.

Zen: O nome japonês da escola Dhyana (*q.v.*) ou escola meditativa do Budismo. Supostamente levado ao Japão por Bodhidharma (chamado Dharuma em japonês), o Zen salienta o cultivo da intuição e a realização do *satori*, que é um estado espontâneo de unidade com a natureza e com o universo, alcançado com a meditação.

SUGESTÕES DE LEITURA

Berk, William R. (Org.). *Chinese Healing Arts (Internal Kung Fu)*. Peace Press, 1979.

Black Belt Magazine e *Karate Illustrated: 20th Century Warriors: Prominent Men in the Oriental Fighting Arts*. Ohara Publications Inc.

Ch'en, Kenneth K. S. *Buddhism in China: A Historical Survey*. Princeton University Press, 1964.

Cuyler, P. L. *Sumo: From Rite to Sport*. John Weatherhill Inc., 1975.

de Beaumont, C-L. *Fencing, Ancient Art and Modern Sport*. A. S. Barnes & Co., 1979.

Derry, T., & Blakeway, M. *The Making of Early and Medieval Britain*. John Murray Ltd., 1968.

Draeger, Donn F. *Martial Arts and Ways of Japan* (Vols. 1-3). John Weatherhill Inc., 1973-75.

_____. & Smith, Robert W. *Asian Fighting Arts*. Kodansha International, 1978.

Fleming, Peter. *News from Tartary*. Jonathan Cape Ltd., 1936; Macdonald Futura (Macdonald & Co. Ltd.), 1980.

Harrison, E. J. *The Fighting Spirit of Japan*. Foulsham & Co. Ltd., 1955.

_____. *Manual of Karate*. Sterling Publishing Co., 1975.

Howard, Michael. *War in European History*. Oxford University Press, 1976.

Huang, W. S. *Fundamentals of T'ai-ch'i-ch'uan* (Org.: East and West Culture Institute). South Sky Book Co., 107-115, Hennessey Road, Hong Kong, 1973.

Hyams, J. *Zen in the Martial Arts*. J. P. Tarcher Inc., 1979.

Kerr, G. H. *Okinawa: The History of an Island People*. Charles E. Tuttle Co. Inc., 2-6 Suido I-chome, Bunkyo-ku, Tóquio 112, Japão, 1958.

Lao Tzu. *Tao Te Ching* (tradução de Ch'u Ta-Kao). George Allen & Unwin Ltd., 1937.

Lee, Bruce. *Tao of Jeet Kune Do*. Ohara Publications Inc., 1975.

Leggett, Trevor P. (Org.). *Tiger's Cave: Translations of Japanese Zen Texts*. Routledge & Kegan Paul Ltd., 1977.

Lu Gwei-djen & Needham, Joseph. *Celestial Lancets: History and Rationale of Acupuncture and Moxa*. Cambridge University Press, 1980.

MacKenzie, Norman (Org.). *Secret Societies*. Aldus Books Ltd., 1967 (Inglaterra); Macmillan Inc., 1971 (EUA).

Manuel Raj, J. D. *Silambam Fencing from India*. Manuel Raj, YMCA College of Physical Education, Nandanam, Madras 600 0 35, Tamil Nadu State, Índia, 1975.

Mintz, M. D. *The Martial Arts Films*. Thos Yoseloff Ltd., 1978.

Musashi, Miyamoto. *Book of Five Rings* (trad.: V. Harris). Allison & Busby Ltd., 1974 (Inglaterra); Overlook Press, 1974 (EUA).

Nagamine, Shoshin. *The Essence of Okinawan Karate-do*. Charles E. Tuttle Co. Inc., 1976.

Needham, Joseph. *Science and Civilization in China* (Vols. 1-5). Cambridge University Press, 1954.

Nitobi, Inazo. *Bushido, the Warrior's Code* (Org.: Lucas, Charles). Ohara Publications Inc., 1975.

_____. . *Bushido: The Soul of Japan*. Charles E. Tuttle Co. Inc., 1969.

Ohashi Watari. *Do-It-Yourself Shiatsu* (Org.: Vicki Lindner). George Allen & Unwin Ltd., 1977; Dutton Inc., 1976.

Otake, R. *The Deity and the Sword: Katori Shinto Ryu* (Vols. 1-3) (trad.: Donn F. Draeger). Minato Research and Publishing Co. 1977 (Distr.: Japan Publications Trading Co., 200 Clearbrook Road, Elmsford, N. Y. 10523, EUA).

Plasait, E. *Défense et illustration de la Boxe Française: savate; canne; chausson*. SEDIREP SARI, 37 Rue de la Belle Feuille, 92, Boulogne, França, 1970.

Purcell, Victor. *The Boxer Uprising*. Cambridge University Press, 1963 (Inglaterra); Shoe String Press Inc., 1974 (EUA).

Reich, Schavere. *Japan: History of a Nation*. Alfred A. Knopf Inc., 1970.

Sargeant, J. A. *Sumo: The Sport and the Tradition*. Charles E. Tuttle Co. Inc., 1959.

Smith, John. *Basic Karate Katas* (Vols. 1-5). PH Cromptom Ltd., 638 Fulham Road, Londres SW6, 1973.

Smith, Robert W. *Chinese Boxing: Masters and Methods*. Kodansha International Ltd., 1974.

_____. *Hsing-i*. Kodansha International Ltd., 1974.

_____. *Pa-Kua: Chinese Boxing for Fitness and Self-Defense*. Kodansha International Ltd., 1967.

_____. *Secrets of Shaolin Temple Boxing*. Charles E. Tuttle Co. Inc., 1974.

Sollier, A., & Zselt, G. *Japanese Archery: Zen in Action*. Weatherhill Inc., 1969.

Spear, Percival. *A History of India* (Vols. 1 e 2). Penguin Books Ltd., 1965.

Staple, M. *Tibetan Kung Fu*. Unique Publications Inc., 7011, Sunset Boulevard, Hollywood, Califórnia 90028, EUA, 1980.

Sun Tzu. *The Art of War* (Org.: Samuel Griffiths). Oxford University Press, 1971 (Inglaterra).

Tadashi Yamashita. *Shorin-Ryu Karate*. Ohara Publications Inc., 1976.

Toguchi, Seikichi. *Okinawan Goju-Ryu Karate* (Org.: Tamano, Toshio & Gordon Sherry, trad.). Ohara Publications Inc., 1976.

Tsing-I. *A Record of Buddhist Religion as Practised in India and the Malay Archipelago* (trad.: J. Takakusu). Oxford at the Clarendon Press, 1896.

Waley, Arthur. *Three Ways of Thought in Ancient China*. Allen & Unwin Ltd., 1939 (Inglaterra); Doubleday Publishing Co., 1956 (EUA).

Watts, Alan W. *The Way of Zen*. Penguin Books Ltd., 1970 (Inglaterra); Pantheon Books Inc., 1957; Random House Inc., 1974 (EUA).

Wilhelm, Richard (trad.). *I Ching or Book of Changes* (trad. para o inglês de Cary F. Baynes). Routledge & Kegan Paul Ltd., 1968.

Williams, B. (Org.). *Martial Arts of the Orient*. Hamlyn Publishing Group Ltd., 1975.

Wu Ch'eng-en. *Monkey* (trad. de Arthur Waley). George Allen & Unwin Ltd., 1982 (Inglaterra); Grove Press Inc., 1958 (EUA).

Wong, Douglas L. *Shaolin Fighting: Theories and Concepts*. Unique Publications Inc., 7011, Sunset Boulevard, Hollywood, Ca. 90028, EUA, 1977.

Ying Zi e Weng Yi. *Shaolin kung-fu*. Kingsway International Publications Ltd., P.O. Box 3897, KCPO, 201F, Ritz Building, 625 Nathan Road, Kowloon, Hong Kong, 1981.

AGRADECIMENTOS DOS AUTORES

Embora os autores tenham de assumir toda a responsabilidade pelo conteúdo deste livro, reconhecem que não poderiam jamais ter reunido todas as informações aqui presentes sem uma grande ajuda de outras pessoas. Como em todos os livros que tratam de expor fatos, o material aqui apresentado é uma síntese das idéias e das ações de muitos.

Em 1976, O Dr. Peter Silverwood-Cope, amigo e supervisor de campo de Howard Reid, começou a ensinar-lhe o karatê e a despertar seu interesse por outras artes marciais; na época, os dois residiam no Brasil. Em 1980, John Shearer, da British Broadcasting Corporation (BBC), chegou à conclusão de que uma série de documentários sobre as artes de combate sem armas suscitaria o interesse do público, e contratou Howard Reid para fazer as pesquisas e organizar a série. Alguns meses depois, naquele mesmo ano, Shearer convidou Michael Croucher para dirigir os programas. O apoio que ele nos deu sempre foi bem-vindo.

As obras pioneiras de um certo autor, estudioso e mestre das artes marciais nos foram de enorme valia durante a produção deste trabalho. Os escritos de Donn Draeger tratam principalmente do Japão, mas falam também sobre outros países da Ásia. Foi com grande tristeza que recebemos o comunicado de sua morte pouco antes de este livro ir ao prelo. A obra da vida de Draeger consistiu essencialmente na criação de uma nova disciplina acadêmica, o estudo dos sistemas marciais, e forneceu-nos os primeiros textos realmente confiáveis sobre o assunto.

No decorrer de nossas viagens pelo estrangeiro, Val Mitchell, nossa assistente de produção, forneceu-nos sempre o seu inabalável apoio, e os membros das várias equipes de filmagem da BBC com quem trabalhamos socorreram-nos com sua amizade e sua alegria em momentos que, de outro modo, poderiam ter sido desagradáveis. Nosso sincero muito obrigado, pois, a Val e a Gerald Cobbe, Red Denner, Maurice Fisher, Roger Long, John Palmer, Ron Robinson, Keith Rodgerson, Jim Saunders e Martin Saunders.

Além dos mestres de artes marciais e dos seus discípulos, a quem agradecemos separadamente no começo do livro, muitas pessoas pelo mundo afora auxiliaram-nos sobremaneira com seus conselhos e seus serviços. Gostaríamos agora de agradecer a todos:

Na Inglaterra, agradecemos à Comissão de Artes Marciais, especialmente a David e Paula Mitchell e a John Von Hoff. Somos profundamente gratos ao falecido James Elkin por ter partilhado tão generosamente conosco do seu profundo conhecimento das artes marciais, tanto em Londres quanto no Japão. Obrigado também a Danny Connors do *Oriental World*, em Manchester.

Em Hong Kong, agradecimentos especiais a Bill Yim, nosso intérprete, e a muitos outros.

No Japão e em Okinawa, agradecemos a Watanabe Kisaburo do Budokan e a Inaba Shinji da Rede NHK de Televisão. Funakoshi Naeko foi um excelente intérprete e amigo no Japão e em Okinawa. Na Tenshin Shoden Katori Shinto Ryu, Phil Relnick foi um organizador e um conselheiro de primeira, e Seiko e Larrie Bieri foram bondosos e pacientes na qualidade de intérpretes e tradutores. Em Tóquio, a senhorita Miyagi e sua colega Shigetoshi Fujii foram extremamente delicadas conosco; na Ilha de Shikoku, Ohta Mitzusuki e sua esposa Fay partilharam o fardo de nos servir de intérpretes e combinar as filmagens; e Suzuki Sensei cedeu-nos o seu tempo e a sua paciência. Les Denniston apresentou-nos ao kendô e fez-nos compreender um pouco do espírito do mundo marcial japonês de Kyoto. Em Okinawa, Miyagi Nozo Sensei recebeu-nos em sua escola de dança clássica e Alanna Higaonna ofereceu-nos sua amizade e sua calorosa hospitalidade.

Em Taiwan, Daniel Reid foi um excelente intérprete e uma fonte constante de ajuda e informação. Do mesmo modo, nossos amigos Howard Brewer e Marnix St. John Wells deram-nos muitos bons conselhos. Jennie Wu também ajudou-nos bastante e deu-nos preciosas informações sobre a Ópera de Pequim. O escultor Ju Ming passou muitas horas conversando e trabalhando conosco, e somos-lhe gratos por isso.

Nas Filipinas, somos gratos ao General Wilfredo Estrada pelo seu auxílio logístico, e a Diony, Katy e Amorito Canete pela camaradagem e pela capacidade de organização.

Na Índia, nosso especialíssimo muito obrigado ao amigo e consultor Moses Thilak e a sua esposa Usha. Gratos também ao seu assistente, o Sr. Reddy, que organizou com a máxima eficiência nossas visitas, e ao Mestre Andyar Lakshman, que nos apresentou à beleza eterna da dança indiana em sua academia, em Madras.

Por fim, embora este livro tenha sido essencialmente um projeto conjunto, é evidente que tivemos de dividir um pouco a carga de trabalho. Assim, Michael Croucher escreveu a maioria das descrições de pessoas, e Howard Reid redigiu as descrições técnicas. O Prefácio e o Capítulo 2 foram escritos a quatro mãos; mas Michael Croucher escreveu a maior parte dos Capítulos 1, 4, 6 e 9, e Howard Reid escreveu a maior parte dos Capítulos 3, 5, 7, 8 e 10.

ÍNDICE DE PALAVRAS CHINESAS

A romanização Wade-Giles, que é o sistema mais conhecido e mais usado para a transliteração do chinês para as línguas européias, foi usada no texto do livro. Em 1958, porém, o pînyîn foi adotado como sistema oficial de transliteração pela República Popular da China. Assim, acrescentamos em apêndice esta tabela que dá os equivalentes em pînyîn das palavras em mandarim (e algumas palavras dos dialetos do sul) usadas no texto.

Wade-Giles	**Pīnyīn**	**Wade-Giles**	**Pīnyīn**
Ch'an	Chán	ma pu	mă bú
Ch'ang-an	Cháng-ān	Ming	Míng
chen	jen	nan-ch'üan	nán-quán
ch'i	chì	nan-chi'üan pei-t'ui	nán-quán bĕi-tuí
Ch'ien	ciăn	O-mei	o-mei
Ch'ing	Chīng	pa kua	bā guà
ch'uan pu	chuán bú	pei t'ui	bĕi tuí
chung-nan	zhōngnán	ping fa	bīng fā
Chu-Yuan-Chang	Zhu-Yuan-Zhang	p'ing fa	píng fā
Fang Chung-hsüeh	Fang Zhong Xui	shang	shàng
Han	Hàn	Shaolin	Shăo Lín
Han Wu-Ti	Han Wu-Di	Shaolin ch'üan-fa	Shaolinquán
Honan	Hénán	Sian	Xian
Hopei	Hébĕi	Sung Shan	Sōng Shān
hsia	xià	sun	son
Hsiao-wen	Xiaowen	Sung	Sòng
hsing	xíng	Sun Tzu	Son Zu
hsing-i	xíng-yí	t'ai-chi ch'üan	tài jí quán
Hsi Yousan	Xi Yousan	Taipei	Taibei
hsin-i	xīn-yí	T'ai Tsung	Tái Zōng
Hsuan-Chien	Xuan-Jian	Taiwan	Táiwān
Hsüan-tsang	Xuan-cang	Ta-Mo	Dá-Mó
Hua Tuo	Hua Duo	T'ang	Táng
Hung I-hsiang	Xong Yi-xiang	T'ang shou tao	Táng shŏu dào
Hung Hsien-mien	Hong Xian-mian	tan-tien	dān-diàn
Hung Hsi-kuan	Hong Xi-guan	tao	dào
Hung kuen	Hong guen	Tao Tê Ching	Dàt Dé Jing
i	yī	Ting yun-peng	Ding Yun-beng
I Ching	Yí Jing	Tze Han	Ze Han
I-He-Ch'üan	Yì-Hér-Quán	tso	zuò
I-Tsing	Yì-Zing	t'u	tŭ
k'an	kăn	tui	dui
K'ang Hsi	kāng xī	Tung Hai-ch'üan	Tong Hai-quan
ken	gen	Wei	Wēi
k'un	kūn	wing chun	wàn chūn
kung fu	kōng fū	Wong Pai-hung	Wong Bai-hong
K'ung Fu Tze	Kōng Fū Zĕ	Wu-dan	wu-dan
kuo shu	gúo shù	Wutang	Wudang
Kuo Yun-shen	Guo Yun-shen	wu-tê	wŭ-dé
Lam Sai-wing	Lam Sai-wing	Wu Ti	Wu-di
Lao Tzu	Lăo Cĕ	wu shu	wŭ-shù
Li	Lì	yang	yáng
Liu-Ch'iu	Liu Chiu	Yang Hsuan-chih	Yang Xuan-ji
Loyang	Loyang	yin	yìn
Lo-yang chia-lan-chi	*Loyang jiā-làn-jí*	Yüan	Yúan
Mao Tse-tung	Máo Zedong	Yung Ning	Yong-Ning